语言数字人文系列

基于Python的语料库翻译

数据分析与理论探索

管新潮 陆晓蕾◎著

内容提要

本书旨在依托 Python 编程语言就语料库翻译这一方向展开理论深化与技术创新方面的融合式探索，其内容不仅涉及学界的语料库翻译学，也涉及业界的语料库与翻译。全书分为九章内容：语料库翻译概述、多变量协同效应、译文可读性、翻译对等的短语特征、翻译知识库的构建与应用、语言结构识别与译后编辑、翻译质量评估、文本情感对比分析以及双语工具开发与应用。第 1 章是对语料库翻译的学界研究和业界应用的综合性概述与分析；第 2~8 章均以翻译理论为原点，探索翻译理论与当下技术实现融合的可能性。第 9 章呈现了多种双语 Python 技术解决方案。全书既有理论描述，也述及实践应用，强调了理论与实践并驾齐驱的可行性。本书适合高等院校翻译学等专业的师生以及从事语言服务或翻译实践活动的爱好者阅读使用。

图书在版编目(CIP)数据

基于 Python 的语料库翻译：数据分析与理论探索／管新潮，陆晓蕾著．—上海：上海交通大学出版社，2022.8

ISBN 978-7-313-27035-1

Ⅰ.①基… Ⅱ.①管…②陆… Ⅲ.①软件工具—程序设计—应用—语料库—翻译学—研究 Ⅳ.①H059-39

中国版本图书馆 CIP 数据核字(2022)第 110810 号

基于 Python 的语料库翻译——数据分析与理论探索
JIYU Python DE YULIAOKU FANYI——SHUJU FENXI YU LILUN TANSUO

著　　者：管新潮　陆晓蕾
出版发行：上海交通大学出版社　　地　　址：上海市番禺路 951 号
邮政编码：200030　　电　　话：021-64071208
印　　制：上海万卷印刷股份有限公司　　经　　销：全国新华书店
开　　本：710mm×1000mm　1/16　　印　　张：14.75
字　　数：226 千字
版　　次：2022 年 8 月第 1 版　　印　　次：2022 年 8 月第 1 次印刷
书　　号：ISBN 978-7-313-27035-1
定　　价：78.00 元

总序 ▶▶▶

数字人文是将数字技术运用于传统人文学科研究与教学的新兴交叉研究领域。20 世纪 50 年代,意大利耶稣会牧师罗伯托 · 布萨神父在工程师的帮助下将一千余万词拉丁语著作做索引标注,此项标注工作被普遍看作数字人文的发端。20 世纪六七十年代,研究者们接受了具有跨学科属性的实证社会科学,这也标志着注重思辨的传统人文研究与注重实证的硬科学开始结合。20 世纪后半叶则见证了数字人文研究的飞速发展,数字人文领域的两本期刊《计算机与人文》(*Computers and the Humanities*)和《文学与语言计算》(*Literary and Linguistic Computing*)相继创刊,标志着“人文”研究离不开数字“计算”已成为业界共识,“人文计算”或数字人文研究渐成燎原之势。21 世纪以来,数字人文进入 2.0 阶段,研究者开始突破传统学科界限,“生产、管理和交互‘天生数字化’的知识”。近年来,国内的数字人文研究也方兴未艾。2019 年被称作国内“数字人文元年”,首份专业期刊《数字人文》创刊,学术会议交流等活动在各地举行,多所大学成立数字人文研究中心、开设数字人文课程,数字人文在国内俨然呈现井喷发展态势。

语言学研究者,特别是计算语言学、语料库语言学等领域的研究者,似乎与数字人文研究有着天然的亲近感,他们积极参与数字人文研究。究其原因,计算语言学或语料库语言学研究与数字人文研究都基于问题和数据驱动,大多数数字人文研究也与语言或文本分析与处理紧密相关,因此很多数字人文学者已然将语言学相关研究视作数字人文研究的有机组成部分。

在此大背景下,语言数字人文应运而生。语言数字人文是采用数字技术与方法以提出或解决语言学及其相关问题的研究领域。针对上述定义,我们至少可以明确三点。①语言数字人文研究聚焦于语言学及其相关问题研究，即传统语言学问题的研究和语言相关的其他学科问题研究；②语言数字人文研究须采用数字技术与方法来进行研究；③语言数字人文研究不但采用数字技术与方法来解决已有问题，更是通过数字技术与方法，突破语言学的学科藩篱或界限，发现或提出新的问题。

语言数字人文丛书旨在推动国内语言数字人文的蓬勃发展，并助力数字人文领域相关研究。丛书首批将出版语言数字人文理论建设、语言数字人文方法论等基础论著，后续将陆续出版语言数字人文与文学、新闻传播学、心理学、计算机科学、信息科学、图书馆科学等交叉应用研究相关论著。我们相信，语言数字人文作为数字人文的分支研究方向，在研究内容、研究方法、知识创新等诸多方面具有新文科属性和特征，语言数字人文及本丛书完全有理由助力新文科建设与发展。

是为总序。

雷蕾

2022 年 6 月 26 日

前言

起始于2017年的Python语言与翻译应用写作体验，随着本书的完成应该可以告一段落。从初级版的《语料库与Python应用》到系统版的《Python语言数据分析》，再到专业版的《基于Python的语料库翻译》，三种图书的顺序出版构成了我学习与工作实践的心路历程——所得到的乐趣远多于所付出的辛苦。本书的写作体验使我再一次明白，语料库翻译技术的发展永无止境，但相关技术必须融入语言数据或语料库的翻译概念之中，否则只能视其为邻家领域的技术。

本书的写作初心源于对翻译的喜爱。既然Python能够融入语言学的各类概念之中，而且已呈现出良好的发展势头，自然也能够融入翻译学和翻译实践之中。于是，本着这一理念开启了本书的写作之旅。可能有人会提出疑问：机器翻译就是编程实现的，你的Python翻译编程是什么啊？其实，有过机器翻译应用体验的人都会有这样的感受——机器翻译已经步入可用阶段，但其译文质量在很多应用场景下仍有待商榷，尤其是与高水平人工翻译质量相比照。我想说的是，我的Python翻译编程主要集中于机器翻译无法实现的诸多翻译实践与应用场景，同时也聚焦于语料库翻译的研究领域，更确切地说，是语料库翻译理论与翻译实践的Python编程探索。一个个独立的Python第三方库已经为各种实际应用场景提供了诸多可能性，其应用价值毋庸置疑。但在语料库翻译领域场景下，其应用仍须注意相应技术可能存在的各种不确定性：一是每一种第三方库仅仅展现自身的优点，很少述及不足之处；二是特定的技术都有其特定的应用场景，并不一定具有普适性；三是第三方库的组合应用难度更大。

从某种意义上说，本书的写作也是对学界语料库大咖秦洪武老师和许家金老师的一次个人响应。语料库语言学和语料库翻译事业的发展生机勃勃，令人振奋，但可供使用的语料库技术却并非有想象中的那么多选项。仅仅依靠纯技术人员的技术“施舍”无法满足语料库研究和实践应用的需要，再说纯粹的技术若不涉及语料库概念也无其用武之地。其实，有许多知名大企业拥有很多语料库技术，但企业的逐利性使相关技术的公开成为不可能。学界不能因此气馁，这一问题的解决必须依靠语料库学界的自身力量。令人欣喜的是，这一尝试行动已经体现在上海外国语大学胡开宝教授领衔的语言数据团队等身上。如若本书的尝试也能在一定程度上促使上述问题的解决，那就深感欣慰，荣幸之至。

本书的写作所能产生的体验感与前两本书的多有不同。一是本书的写作时间近乎延续一年，这是文献综述和案例编程费时费力所致；二是写作本书所带来的乐趣远超前两本书，这是模式创新给人的体验，尤其是感触到能以编程方式转化之前所积累的翻译研究知识和翻译实践经验；三是 Python 技术的介入会给语料库翻译的发展带去更多可能性，使翻译研究更具个性化。

鉴于上述感受与体验，备感本书所涉内容有其三个独特而具有新意的特点：

（1）变量设置的多样性。语料库翻译的相关研究通常会以不同的变量加以表征，如标准类符形符比、平均句长、词簇等，并依据变量数值的大小对语言特征进行相应判别。这一变量处理模式迄今有效，但所面临的问题是究竟需要多少变量才能恰如其分地表征相应的语言特征？毫无疑问，以一个变量或少数变量所表征的语言特征只能是局部特征，而非总体特征。这是一个需要多方参与探讨的专业性和逻辑性问题。其实，更多的变量设置也会带来另一个问题，即变量之间的关联性，其协同效果如何。若两个变量的作用彼此相互抵消，那么将两者设置在同一个维度之内可能并非明智之举。因此，有必要采用统计学方法进行变量的有效性检验，以此确定合理的变量个数，使其能够有效发挥表征作用。语料库翻译研究领域是如此，语料库翻译实践领域也同样需要有效的变量设置。以译后编辑为例，如何发现特定语言结构模式下的机翻译文总是会出错这一现象，其明显需要新的变量，如虚词密度等。变量设置的多样性业已呈现，希望本书在此方面的尝试能够激发出现更多可有效表征的变量。

（2）技术应用的组合性。与经典的语料库工具相比，新技术所能提供的技术种类已越来越多,这不仅是技术发展的必然,也是多样性变量设置的需要。将不同技术组合在一起,服务于特定目的,须遵循一定的逻辑。以 FastText 或 Word2Vec 模型应用为例,模型本身并不复杂,其已封装,所能调用的代码只有两行——模型加载和语料训练。训练语料之前如何将原始语料转换成模型所需格式却是关键,因为原始语料的格式可能互不相同,其所需清洗方式和清洗程度也彼此有别。是否需要词形还原?采用何种标注器进行词性标注?是转换为句子列表还是段落列表?用于表征变量的模型须加载多少?等等。所有的这一切都以不同模型或第三方库的组合为前提,因此对不同技术优缺点的了解与把握显得至关重要,过程之中的数据传递与迁移模式亦发挥决定作用。技术的有效组合在于厘清理论思路,精简算法,提高效率。

(3)双语文本的对比性。这是本书的一大特点,即以双语平行或双语可比或双语混合语料作为考察对象,实现双语语境下的 Python 应用。有些模型看似彼此之间并无明显关联性或关联性不强,但经过双语平行语料的测试,发现两类模型之间的确存在可比性。这一作用的体现极大地拓展 Python 第三方库或模型的可应用性,如汉语情感词典与英文情感极性工具之间,spaCy 的中文与英文语言模型之间,同一个语言模型应用于不同语种之间,等等。与翻译相关的双语技术工具的开发使翻译技术从"拿来主义"模式转化为极具个性的技术创新模式,使翻译专业的技术学习与应用不再受限于固化模式,使双语文本的彼此对比更具可行性和多样性。

上述三大特点的前后顺序或交叉呈现是构成本书章节设置的前提。各章节虽仅以序号区分,但根据潜在的内容显示亦可将全书划分为三大部分:第一部分即第 1 章,介绍语料库翻译的前因后果以及学界业界之间的语料库恩怨情仇;第二部分起始于第 2 章,结束于第 8 章,涉及具体的双语对比,如第 2 章的不同变量设置、第 3 章的译文可读性、第 4 章的翻译对等概念、第 5 章的翻译知识库、第 6 章的语言结构、第 7 章的翻译质量评估、第 8 章的文本情感;第三部分由最后一章即第 9 章构成,聚焦于双语工具的开发与应用,旨在拓展 Python 与语料库翻译的可融合性。

写作本书的一个重要目的就是设想将自己多年积累的翻译实践经验转化为可实证描述的翻译知识。这一设想已在我的第一本专著《语料库与翻译》

中有所体现,现如今结合了 Python 技术,使我更有可能通过大数据的方式去挖掘翻译实践知识。以此方式所能获取的翻译知识将更有可能助力于中译外的翻译实践,助力于“讲好中国故事、传播好中国声音”的伟大实践。本书的呈现使我的设想在一定程度上得以实现,感谢技术进步所赐予的各种可能性和可行性——愿与技术同行。

本书的写作得到了诸多同事、同行、学生和朋友的帮助、鼓励和启发。首先感谢上海交通大学外国语学院的同事,是他们充满创意和新意的研究为我开阔了诸多可资写作的想象空间。同时,感谢学界和业界从事语言研究和应用的同行,是他们的论文或发言激励我运用 Python 进行持续不断的探索。其次感谢上海交通大学、复旦大学、上海外国语大学等学校的学生,是他们富于创意的课堂提问或练习作业使我有了更多可资思考的来源。因此,本书的写作参与者更为多元,其中的第 7 章由厦门大学外文学院的陆晓蕾老师写作完成。她在翻译质量评估方面探索多年,硕果累累,由她完成第 7 章可以显著提升内容的学术性和实践应用性。厦门大学外文学院 2020 级翻译硕士陈晨同学贡献了 7.2.1 节的部分案例。上海交通大学外国语学院 2021 级翻译硕士马佳宁同学和 2020 级翻译硕士秦恺誉同学分别贡献了 8.2.1 节“企业风险要素文本的情感分析”和 8.2.2 节“汉英对比与中国形象”,他们对问题的思考方式使我深受感动。最后,还要感谢诸多随我一起舞动 Python 学习热情的老师和同学们,你们的不懈支持是我继续前行的动力源泉;同时也感谢上海交通大学出版社为我出版了 Python 图书三部曲。关注微信公众号“Python 语言数据”,可直接复制按图书章节排序的相应代码。

本书的写作意在将 Python 技术应用于语料库翻译研究与翻译实践,同时期望本书能够成为“计算翻译学”的出发点,抛砖引玉,共同进步。因此,这一写作过程充满着探索式体验,其中必有不足之处,还望各位不吝指正。愿以本书为新起点,共同推进语料库翻译的理论深化与技术创新。

管新潮

2022 年 1 月 10 日于上海

目 录 ▶▶▶

第1章　语料库翻译概述

语料库翻译是指依托语料库所能实现的翻译研究和翻译实践。与翻译研究相关的学科是语料库翻译学,诸多已出版或发表的文献(胡开宝 2011: 3;王克非 2012a: 5;肖忠华 2012: 1;黄立波 2021: 1-2)皆表明,这一学科缘起于 1993 年 Mona Baker 发表在论文集 *Text and Technology: In Honour of John Sinclair* 中的一篇论文(Corpus linguistics and translation studies — Implications and applications)。其随后在世界各地发扬光大,尤其是以英汉语言对为主的学术研究将语料库翻译学提升至新的高度。这一点已得到国内外出版/发表的诸多专著或论文的印证。语料库翻译学出现的意义在于翻译学术研究的创新,即为翻译学研究指出一条新的路径。与翻译实践相关的语料库翻译研究极有可能将翻译实践中不自觉运用的翻译规律呈现给世人,可彰显理论与实践相结合的检验意义。

1.1　语料库翻译学

1.1.1　概念与定义

语料库翻译学是指"以语料库为基础,以真实的双语语料或翻译语料为研究对象,以数据统计和理论分析为研究方法,依据语言学、文学和文化理论及翻译学理论,系统分析翻译本质、翻译过程和翻译现象等内容的研究"(胡开宝 2011: 1),或者是指"以语言理论和翻译理论为研究上的指导,以概率和统计为手段,以大规模双语真实语料库为对象,采用语内对比与语际对比相结合的方法,对翻译现象进行历时或共时的描写和解释,探索翻译本质的一种翻译学研究方法”(王克非 2012a: 4)。

由此可知,语料库翻译学立足于语言数据即双语语料或翻译语料,利用数据信息提取手段,在语言学或翻译学等理论的指导下展开翻译研究。这一点与语料库语言学颇为相似,所不同的是后者主要以单语语料作为研究对象。语料库语言学是指“以真实的语言数据为研究对象,从宏观的角度对大数量的语言事实进行分析,从中寻找语言使用的规律;在语言分析方面采用概率法,以实际使用的语言现象的出现概率为依据建立或然语法进行语法分析”(杨惠中 2002: 4)。其实,语料库语言学的各种单语研究方法也同样适用于语料库翻译学。

从翻译实践视角看,语料库翻译学的研究范式和结果呈现使之成为最有可能为翻译实践提供理论性指导的一种理论。如语料库翻译学的“形式化程度说”:由形式化程度较高的语言翻译成形式化程度较低的语言,显化现象发生递减,而隐化现象发生递增(柯飞 2005)。这一理论性描述可构成英译汉实践的理论性依据,如下文所述:

> 本书虽属翻译,但力避卅年代弱小民族自卑心理下之欧化文体。诸如“当……时候”“假若……的话”“散步着”“有着”“被成功地实验了”“房子被建好了”“快速地跳”“公然地反对”“那些花朵们”等句法文词,全避而不用。(张振玉 2009: 5)

上述例句亦可解释为一种翻译隐化行为。汉语本无此类句法文词,在提倡文化自信的当下更应隐去这些本就无须存在的表述。这其中自然也包括诸多人称代词、介词等的隐化。

1.1.2 多变量设置

早期的语料库翻译学研究多为翻译共性、译者风格等内容,迄今为止的对翻译规范、目标语语言变化、意识形态、形象构建等的研究进一步丰富了语料库翻译学的研究内容。这使得语料库翻译学的关注对象从翻译语言本身转向至影响翻译行为的社会、文化、历史、政治等方面的限制性因素(黄立波 2021:165)。无论是翻译共性或译者风格,还是意识形态或形象建构等,研究内容的阐释一般是以特定的变量加以表征。变量的代表性及其协同效应将直接影响到语料库翻译学研究内容的表征意义。

1) 翻译共性

翻译共性"又称翻译普遍性或翻译语言普遍特征,是指翻译语言作为一种客观存在的语言变体,相对于源语语言或目标语原创语言整体上所表现出的一些规律性语言特征"(黄立波 2021:88)。基于语料库的翻译共性有显化、隐化、简化、范化、明晰化等,其在统计分析层面上经常采用类符形符比、罕用词、词长、句长等算法和指标(许家金 2018),即本文所指的变量。此类变量的统计结果可直接或间接说明翻译共性特征的显著性程度。

- 英语和汉语分属不同语系,形式化程度相差较大,在不同的翻译方向上显化或隐化的表现不一样。鉴于汉语的连接词(作为变量)等衔接手段和指称形式(或以代词为变量)都不同于英语等印欧语言,考虑到汉语表达习惯而做隐化处理的英译汉通常比不做隐化的仿译更为地道(柯飞 2005)。
- 显化和隐化的对称和非对称(假说)均与具体语言对和语料体裁相关。以因果连接词为变量,语言对"法语-荷兰语"双向翻译中(小说)显化与隐化之间是平衡的,呈对称关系(Denturck 2012),而英汉语言对之间的非对称翻译关系更如柯飞(2005)所述须考虑汉语的习惯表达,但欧化翻译不属此列。
- 以文字总量和平均句长为变量,说明莎士比亚戏剧《哈姆雷特》的梁实秋译本和朱生豪译本在不同程度上存在显化,但朱译本显化程度要比梁译本更高(胡开宝,朱一凡 2008)。
- 政府公文英译文的简化研究显示(于红 2016):宏观的统计数据表明译文的实义词比例偏高、词汇平均长度大、长词比例高和词汇难度高,但是 STTR 的统计数据表明译文的词汇变化度低、词汇重复率高。因此宏观上的语料库统计数据不完全支持简化假设;微观上通过对功能词

IN 的非典型搭配分析，从词汇使用单一化的角度可以清晰地看出译者的简化处理痕迹。

- 即便是采用问卷调查方法，从另一个角度检验近年来基于语料库的实证翻译研究中所发现的翻译共性特征或翻译语体特征是否被译入语读者作为判断翻译或原创文本的依据，也离不开变量的设置如文体、句型、词汇等变量，以此从读者的视角考察汉语翻译文本和原创文本的辨识度（胡显耀，何广宁 2021）。

以相关变量的统计数值验证翻译共性存在与否，是语料库翻译学研究的常见方法。不同的翻译共性必须配以不同的变量或组合变量，方能验证其合理性。值得思考的一个问题是，究竟需要多少变量才能恰如其分地描述某一翻译共性。变量并非多多益善，因不同的变量彼此之间可能会产生相互作用，变量过多会导致解释力下降，如何把握这一相互作用是问题的关键。对翻译共性的考察主要是识别各类语言表现形式中有哪些变量是可以借助语料库工具进行直接统计测算的，而对无法直接统计的现象亦可从语义或话语的具体形式检索结果中做进一步的人工梳理（黄立波 2021: 94）。

2）译者风格

广义的译者风格是指“译者在语言应用方面所表现出的个性特征以及包括译本选择、翻译策略应用、序跋和译注等在内的非语言特征”（胡开宝 2011: 109）；狭义的译者风格是指“译者语言应用或语言表达的偏好，或在译本中反复出现的语言表达方式”（胡开宝 2011: 109）。如同翻译共性研究一样，译者风格研究的落脚点也是语言变量特征。这一点决定了翻译共性和译者风格的研究出发点是相通的。有所不同的是，译者风格是译者自身的文笔表述风格，是译者下意识的选择或习惯性选择的产物，即以具体的变量直接表征译者的译文风格，并由此指出不同译本译者风格的差异性。

- Olohan（2004: 153 – 156）考察了翻译英语语料库（Translational English Corpus，TEC）中两位译者（Peter Bush 和 Dorothy S. Blair）使用缩写形式如 it’s（作为变量）的情况，指出 Bush 使用缩写形式的频率较高，且其使用频率接近英国国家语料库（British National Corpus，BNC）中缩写形

式的使用频率。其他研究则考察了外来词(作为变量)和转述动词(say 和 tell)的使用情况等。(转引自黄立波 2021: 101)

- 莎士比亚戏剧汉译本“被”字句(作为变量)的对比研究(胡开宝 2011: 120)表明,朱生豪的译者风格是力求最大限度译出莎剧原著内容,并着力使译文符合中文行文习惯;梁实秋的译者风格表现为还原源语文本的人文主义精神,尽量保存源语文本结构。
- 通过考察葛浩文英译小说汉英平行语料库,发现葛氏所译五部莫言小说的英译本在标准类符/形符比、中英文文字量比值、中英文句对主要类型排列顺序、said 报道小句语序、强调斜体词使用数量方面(五个变量)都基本一致,这说明葛氏翻译风格在这些方面具有一致性(侯羽等 2014)。
- 通过对比《到灯塔去》两个汉译本的及物性、情态、指示语和人称代词(四个变量),发现两译本对原作叙述视角采用了不同的翻译方法,对再现原文叙述视角产生了不同影响,体现出两译本各自的翻译风格(黄立波, 石欣玉 2018)。其译者风格剖析是以相应变量的频率统计值为依据并结合适当的定性分析。

基于语料库的译者风格描写已取得有效进展,语料库规模越来越大,分析指标(变量)越来越多,跨学科属性越来越明显。那么,究竟需要多少变量才能描述某个局部风格或总体风格呢? 多维度/多特征分析法或许是一种优选,其中的关键应该是不同变量之间的协同效应及其数值映射体现。多维(多变量)分析方法使译者风格描写从静态转向多译本之间动态对比,从局部描写转向整体考察,从相对于源语的译语风格转向进入目标语参照系统后的语域变异考察(赵朝永 2020)。

3) 形象建构

形象与翻译研究的结合可促使翻译研究者在“个体—群体—整体”动态链中考察不同层面的形象形成过程,关注翻译生产、传播和发挥功能的整个过程,为翻译产品、过程和功能研究提供多维度的观察视角(王运鸿 2018)。基于双语平行语料库或可比语料库的翻译与形象研究,可将社会、文化、历史、政治等限制性因素引入语料库翻译学，使分析变量的选择不再局限于宏观语言特征，拓展研究路径。与此同时，分析变量的选择和协同越发重要，这不是简单的叠加，应当是深层次的多变量组合分析。而基于语料库的翻译与国家形象研究可拓展并深化国家形象研究，使国家形象研究发生变革，可有效推动翻译与意识形态之间关系的研究，尤其是翻译对意识形态的反作用研究（胡开宝，李鑫 2017）。总之，翻译是一种文化的再现与建构，而非仅仅是两种语言之间的转换。我们不仅要研究传统的以语言作为表达媒介的翻译，更要关注作为国家形象建构之载体的跨文化的翻译和阐释（王宁 2018）。

- 以同源文本概念为出发点，采用翻译研究的形象学路径，使用基于语料库的方法，从语言层面（以人称代词为变量）探讨不同翻译方向译本对国家形象的建构。翻译研究的形象学路径探索有助于加深对翻译与形象关系的认识，促进对翻译本质的解释，进一步推动翻译研究的跨学科发展（石欣玉，黄立波 2021）。
- 基于高频词、关键词、情态动词的应用和 we 的搭配四个变量，对比分析中国外交话语英译文本和美国外交话语的语言特征，由此得出结论说明，中国外交话语英译文本所塑造的中国外交形象主要表现为脚踏实地、积极有为、热爱和平、重视合作与发展、追求共赢等特征（胡开宝，田绪军 2018）。
- 利用语料库方法考察新闻发布会汉英口译中的典型搭配行为及其所折射的政府和领导人形象，结果发现 we（以人称代词为变量）在口译文本中的明显倾向性搭配是高确信度的感知动词、频繁且正式性的意愿动词、蕴含积极语义趋向的特有动词，由此系统性地建构了政府领导人真诚自信、奋发图强、不断探索进步的主观形象（潘峰，黑黟 2017）。
- 就国家形象宣传片《角度篇》的研究表明，在翻译国家形象宣传片解说词时，译者可综合运用明显互文性、篇际互文性和多模态互文性三种互文性策略（以互文性为变量），将译文语篇与中国传统文化、语言文化、社会风貌等相结合，实现其语用功能，进而塑造多元、立体的国家形象（武建国，刘艾静 2020）。

由上述实例可见，进入社会、文化、历史、政治等层面的语料库翻译学研究,其变量设置已不再是简单的数值或词类(如代词等)统计,而是以此为出发点分析相应变量所处的政治文化语境并阐释其因果关系,由此建构起翻译与形象之间的逻辑关系。不同的国家因所处地位和利益关系的不同,对形象的认知存在差异,翻译的作用是为形象建构铺就可供理解的文字基础。

1.1.3 总结与展望

语料库翻译学这一研究领域已经取得可喜的成果,研究所能达成的广度或深度均前所未有,令人鼓舞。鉴于此,上一节仅从变量设置角度对语料库翻译学的相关研究(翻译共性、译者风格、形象建构三方面)进行了适应性综述。与此同时,亦有诸多学者指出语料库翻译学研究有待进一步提升的诸多方面。

就译者风格研究而言,黄立波(2018)指出不应仅局限于平均词长、平均句长、标准化类-形比等传统形式参数统计,而应当拓宽思路,向语义、语用、社会-文化等参数拓展,借鉴语料库文体学、计量语言学、计算语言学等相邻领域的研究方法,拓宽翻译文体或风格研究的范围。其对《到灯塔去》两个汉译本的研究表明,语料库软件提供的宏观语言特征统计数据不一定能有效区分两译本的翻译风格(黄立波, 石欣玉 2018)。译者风格不等于若干局部风格的简单相加,更应当强调总体风格研究,而不是局部风格的考察(赵朝永 2020)。

就汉语翻译语言特征研究而言,朱一凡(2016)认为,尽管词汇丰富度、结构容量、可读性、语义韵等领域的研究借助语料库现已成为可能,但迄今的研究仍存在五个方面的问题: 数据多、语言实例少;数据的罗列多于解释;偏重文学语料;共时的研究多、历时的研究少;热点问题的重复研究多,开创性的研究少。从数据统计和分析看,用于汉语翻译语言分析的检索和统计工具还不够丰富,尤其是缺少特别适合汉语语言分析的工具,这导致不少的研究都在使用老套的统计方法,只是统计对象有些许差异,难以获得有真正意义的发现(秦洪武等 2014)。

就显隐化研究而言,还存有多方面的不足: 研究的文本类型多以文学文本为语料,其他文本语料较少,缺乏对各类文本类型的全面探究;多注重两种语言间的语际显化或隐化现象的探究,缺少对翻译文本和同一语言的非翻译文本间的语内显化或隐化现象的研究探讨;多着眼于人称代词和连接词等的显隐化特征,对词汇、语篇和意义方面的显隐化现象探究较少;在对显隐化现象成因的分析探讨上多为传统的语言因素、社会文化因素、译者因素和文本因素,对其他因素没有深入分析(张瑞华, 郭桐杉 2020)。

相较于通用语料库,专门用途语料库因自身的语料特点,其相应的研究课题要更丰富,方法更灵活。除了翻译共性、译者风格、翻译规范等类似于通用语料库的研究之外,专门用途翻译文本的语言特征、翻译策略、翻译质量评价、独立方法论建构以及相关翻译软件与教学平台开发都是未来此领域研究的热点话题(黄立波 2017)。

对语料库展开的多维分析不仅对语言现象的描写更加细致、全面,更为重要的是,可以此考察多个语言特征以及语言特征与语境变量之间的相互影响,这在很大程度上已进入现象的解释层面(许家金 2020)。因此,译者风格应该是多维分析框架下的译本总体风格(赵朝永 2020)。

作为翻译研究的一种新范式,语料库翻译学应逐步完善理论框架,建立一套综合系统的研究体系,即必须丰富和完善其理据研究——新的研究范式的确立需要界定其研究对象、研究方法和研究机制(许明武, 赵春龙 2018)。许家金(2018,2019)认为,当前的语料库翻译研究在技术和方法上过于注重浅层语言特征的描写,对意义的考察不够;语料库研究应兼顾技术创新和理论深化,两者不可偏废。若仅视之为一门技术或研究方法,其学科地位必将难以稳固。

从某种意义上说,语料库翻译学今后的发展方向可归纳为四个方面: 变量的选择和不同变量的协同;多维/多变量分析法的应用;社会、政治、文化、历史因素的引入;语料库翻译学研究范式的确立。本书后续章节将以此为对象,借助 Python 编程语言拓展语料库翻译学的边界。

1.2 语料库与翻译

1.2.1 语料库翻译的缘起

学界众多学者都认为语料库翻译学的国际缘起是以 Mona Baker 的一篇发表于 1993 年的论文为标志的。国内的语料库翻译学则是在近 20 年时间内有了突飞猛进的发展,仅就英汉语言对而言,已铸就世界领先之势。其实也是同一年,杨惠中(1993)提出了语料库与机器翻译的设想并给予学术验证,指出语言库的研究成果(如语言特征)将极大地推动机器翻译的发展。许家金(2018)认为,将语料库翻译研究的起点定位于 Mona Baker,在理论和实践方面都未必完全符合史实,多少有割裂学术发展的承前继后和推崇英语中心主义之嫌。

仅就"语料库翻译"而言,业界的实践也是不能忽视的。如西门子公司的 Thomas Schneider (1984)早在 1984 年就已撰文描述了语言服务中的语料管理和翻译实践应用等问题。因业界视语料库为企业的语言资产,加之保密原因,如华为技术有限公司翻译中心几乎不对外界发布有关企业内翻译实践和语料库应用研究之类的论文,仅作为内部交流之用。因此,可以说业界的"语料库翻译"也是真实存在,而且已经创造出极大的社会经济效益,只是可供引用的文献信息非常之少,但的确不能忽视其存在。

1.2.2　业界的语料库与翻译

业界的语料库翻译应用究竟缘起何时,是难以考证的。但凡有国际化需求的企业,都需要翻译服务或语言服务,随之产生与企业生产实践密切相关的双语或多语平行语料库。尤其是为产品市场营销或销售所配置的译文,必须满足符合本地化规律的语言表述要求,这就需要一定程度的语料库翻译研究。当然,业界翻译实践的研究有别于学界的研究,其所追求的是提升翻译实践的质量。无论是计算机辅助翻译还是机器翻译,均与双语平行语料库相关。前者的翻译实践应用成效取决于语料库的质量和译文检索的匹配效果,后者不仅与语料库质量相关,还需要一定程度的译后编辑。因此,业界的语料库翻译研究至少应涉及三方面:语料库质量、译文匹配效果、译后编辑。

以语料库为基础的方法在对语言现象进行分析时并不要求提出唯一的解,而是在若干可能的解中选择概率最高的解作为最终的解(杨惠中 1993)。这是计算机辅助翻译所遵循的原则,其中所涉变量为句子和短语/语块,但最终的解还须经由人工判断得出,其译文质量与判断者的水平息息相关。在以句对为集成的计算机辅助翻译语料库应用中,短语/语块作为一种可调节译文匹配效果的变量,其文本变迁的内在规律性就是有效把握这一变量的关键。

迄今的神经网络机制不具有充分的可解读性,其机器翻译译文也因此存在较大的随机性。随机器翻译而产生的一些译文语言现象非常值得思考,如哪些语言结构的机器翻译结果总是出错,哪些看似非常顺畅的译文却存有陷阱并极有可能误导人工理解,等等。如何尝试从这些语言现象中提取出有价值的语言变量并加以规律总结,对机译过程的干预或译后编辑而言,可能是一种行之有效的方法。

1.2.3 语料库翻译对比

学界和业界都拥有自身所需的语料库,但两者存有明显区别。学界的语料库一般是小而精,立足研究或教学之目的,而业界的则是大而全,满足机器学习或深度学习之需要。就语料库库容统计而言,学界的统计单位通常是字、词或字词,业界的则是句对,两者的语料库库容大小着实不具有可比性。学界的大多数语料库都是文学内容的,而业界的绝大多数都是工程技术与科技方面的。学界的综合性语料库讲究的是语料的平衡性,而业界所追求的是可应用于机器翻译的同质语料,因不同企业分属不同垂直领域,拥有高质量的垂直领域语料库就等于实现了该领域的机器翻译。但从理论上说,利用现有同质翻译资源建立的平行语料库常常不能较好地代表广泛意义上的源语-译语关系,依此生成的语言模型常常无法有效地解释翻译语言,这已成为提高机器翻译译文质量的瓶颈(王克非 2012b)。学界的语料库研制多有人工介入,而业界的已实现自动化制作,两者究竟孰优孰劣,有待时间的检验。学界的语料库有其细腻性一面,这恐怕是当下将语料库应用于机器学习或深度学习时值得注意的一个方面。

语料库翻译研究和实践并非学界或业界的独有,两者你中有我,我中有你。学界的语料库翻译研究重在翻译科研和教学,业界是为了提高自身译员的翻译水平和机器翻译水平,服务于产品的输出。学界和业界均拥有单双语语料库,学界以此实现语料库语言学和翻译学研究,而业界则以双语平行语料库实现机器翻译,再以单语语料库优化翻译结果,如句子结构的优化等。因业界保密之故,语料库翻译研究所产生的知识多为从学界流向业界,反向的知识流动尤其是顶级企业翻译知识的反向流动为数不多。

由此可见,由于学界的学术导向和业界的产品导向不同,学界和业界的语料库翻译多有区别。但研究之中亦有共通之处,即在语料库翻译的变量设置方面多有趋同。变量是语料库翻译研究的最基本要素,其选择、设置、组合均须根据具体要求而定。两者的出发点相同,过程有所变化,最终结果也因此相互有别。本书的目标是尽可能多地考虑到学界与业界的现实,努力实现 Python 技术与翻译学知识的真实融合。

参考文献

[1] Denturck, K. 2012. Explicitation vs. implicitation: A bidirectional corpus-based analysis of causal connectives in French and Dutch translations [J]. *Across Languages and Cultures* 13 (2): 211 – 227.

[2] Schneider, T. 1984. Problems incorporated — Translation management in industrial environment [J]. *Meta: Translators' Journal* 29(4): 359 – 361.

[3] 侯羽,刘泽权,刘鼎甲. 2014. 基于语料库的葛浩文译者风格分析: 以莫言小说英译本为例[J]. 外语与外语教学(2): 72 – 78.

[4] 胡开宝. 2011. 语料库翻译学概论[M]. 上海: 上海交通大学出版社.

[5] 胡开宝,李鑫. 2017. 基于语料库的翻译与中国形象研究: 内涵与意义[J]. 外语研究(4): 70 – 75+112.

[6] 胡开宝,田绪军. 2018. 中国外交话语英译中的中国外交形象研究: 一项基于语料库的研究[J]. 中国外语(6): 79 – 88.

[7] 胡开宝,朱一凡. 2008. 基于语料库的莎剧《哈姆雷特》汉译文本中显化现象及其动因研究[J]. 外语研究(2): 72 – 80+112.

[8] 胡显耀,何广宁. 2021. 汉语翻译语体的识别及其影响因素研究[J]. 解放军外国语学院学报(1): 104 – 112.

[9] 黄立波. 2017. 基于专门用途语料库的翻译研究综述[J]. 北京第二外国语学院学报(2): 70 – 82.

[10] 黄立波. 2018. 语料库译者风格研究反思[J]. 外语教学(1): 77 – 81.

[11] 黄立波. 2021. 语料库翻译学理论研究[M]. 北京: 外语教学与研究出版社.

[12] 黄立波,石欣玉. 2018.《到灯塔去》两个汉译本基于语料库的翻译风格比较[J]. 解放军外国语学院学报(2): 11 – 19+160.

[13] 柯飞. 2005. 翻译中的隐和显[J]. 外语教学与研究(4): 303 – 307.

[14] 潘峰,黑黟. 2017. 新闻发布会汉英口译中的政府形象构建: 以人称代词 we 的搭配词为例[J]. 外语与外语教学(5): 45 – 51+72.

[15] 秦洪武,李婵,王玉. 2014. 基于语料库的汉语翻译语言研究十年回顾[J]. 解放军外国语学院学报(1): 64 – 71+160.

[16] 石欣玉,黄立波. 2021. 毛泽东著作英译与国家形象建构: 基于语料库的考察[J]. 外语教学(3): 75 - 81.

[17] 王克非. 2012a. 语料库翻译学探索[M]. 上海: 上海交通大学出版社.

[18] 王克非. 2012b. 中国英汉平行语料库的设计与研制[J]. 中国外语(6): 23 - 27.

[19] 王宁. 2018. 翻译与国家形象的建构及海外传播[J]. 外语教学(5): 1 - 6.

[20] 王运鸿. 2018. 形象学与翻译研究[J]. 外国语(4): 86 - 93.

[21] 武建国,刘艾静. 2020. 国家形象宣传片《角度篇》解说词翻译中的互文性策略研究[J]. 西安外国语大学学报(2): 22 - 25.

[22] 肖忠华. 2012. 英汉翻译中的汉语译文语料库研究[M]. 上海: 上海交通大学出版社.

[23] 许家金. 2018. 语料库翻译研究遗珠[J]. 解放军外国语学院学报(2): 1 - 10+160.

[24] 许家金. 2019. 美国语料库语言学百年[J]. 外语研究(4): 1 - 6+112.

[25] 许家金. 2020. 基于语料库的历时语言研究述评[J]. 外语教学与研究(2): 200 - 212+319.

[26] 许明武,赵春龙. 2018. 国内语料库翻译学研究的名与实[J]. 上海翻译(4): 3 - 9+94.

[27] 杨惠中. 1993. 语料库语言学与机器翻译[J]. 上海交通大学学报(社会科学版)(1): 98 - 111.

[28] 杨惠中. 2002. 语料库语言学导论[M]. 上海: 上海外语教育出版社.

[29] 于红. 2016. 基于语料库的政府公文翻译"简化"趋势考察: 以白皮书《2010 年中国的国防》英译文为例[J]. 外语研究(3): 79 - 86.

[30] 张瑞华,郭桐杉. 2020. 国内基于语料库的翻译显化和隐化研究综述[J]. 牡丹江大学学报(6): 94 - 100.

[31] 张振玉(译). 2009. 苏东坡传(林语堂著)[M]. 武汉: 长江文艺出版社.

[32] 赵朝永. 2020. 译者风格对比描写的多维分析途径[J]. 外语教学理论与实践(3): 67 - 73+84.

[33] 朱一凡. 2016. 翻译汉语语言特征研究综述[J]. 当代外语研究(6): 40 - 46+61.

第 2 章　多变量协同效应

语料库翻译所显示的特征通常会以不同变量加以表征,即以一个或多个变量表征语料库翻译中的某一特征。初期的研究与应用多采用单一变量或独立解释不同变量的方法,随着研究范式的改变以及语料库技术的进步,运用多个变量融合式地表征一个特征的情形逐渐演变为主流。这就提出了多变量协同问题,即不同变量之间是如何实现相互关联的。多变量的协同效果如何,将直接影响到相关特征的解释。单一变量的表现力和解释力毕竟有限,而多个变量的合而为一,必须考虑到更多可能的影响因素。因此,将合适的方法、技术、手段引入语料库翻译的多变量研究,是语料库翻译发展的必经之路,也是变量表征类研究的一个显而易见的特点。其实,语料库语言学所涉变量亦可用于语料库翻译中的单语文本分析,如多个译本对比等,但语料库翻译所具有的特点也颇为显著,形成自身的特色是学科发展的必需。本章以 Python 方法探索多变量协同效应问题,旨在拓展语料库翻译的研究与应用路径。

2.1　多变量表征概述

2.1.1　译者风格表征

译者风格是指译者的规律性语言产出行为所反映出的译者个性化特征及其所产生的效果(黄立波 2021: 136)。这种语言产出行为受到诸多因素的影响,如源语和目的语的语言行文规范、原文本语言风格、目的语与源语之间的差异、译者主体因素、出版要求等。这些影响因素足以为语料库翻译研究产生许许多多的变量,但在研究译者风格时究竟纳入多少变量方为合理有效,仍是一个有待理清但难度不小的问题。在分析标准类符形符比、平均句长、转述动词 say 三个变量后,黄立波(2014: 52 - 62)就译者风格指出: 仅靠语料库软件的统计数据,并不能有效地将一个译者的翻译风格与另一译者区分开;就转述动词 say 各种形式的使用而言,并不足以说明译者风格之间的差异。从方法视角看,译者风格研究不应局限于平均词长、平均句长、标准类符形符比等单一的传统变量(黄立波 2018),而应借鉴文本数据挖掘、计量语言学、计算语言学、计量风格学等相邻学科的研究工具和方法,从词汇、句法、语篇、语义、语用、修辞、文化等层面,对语料库译者风格研究的变量设置进行拓展(韩红建等 2019)。

译者风格的研究大多满足于译者风格具体表象的描述,未对译者风格进行整体印象的提炼和归纳(胡开宝,谢丽欣 2017)。尽管译者风格研究所设置的变量数也在增加,但如何在不同的变量之间实现彼此有效关联,却未见更多深入探讨。译者风格不等于若干局部风格的简单相加,译者风格研究应当强调总体风格的研究,而不是局部风格的考察,应当是通过多重变量的聚类分析实现更为系统的描写(赵朝永 2020b)。在整体译者风格的描写方面,多维分析法已成为诸多研究的首选。该方法由 Biber (1988)创立,可通过 6 个主要维度的 67 个语言特征(或称为变量)有效区分文本的语体特征。主要维度为交互性/信息性、叙述性/非叙述性、所指明确/所指有赖情景、明显的劝诱、抽象/非抽象语体、即席信息详述(雷秀云, 杨惠中 2001)。仅从维度定义的名称看,其分析已居于具体的语言变量之上,具体的维度是在具体变量的基础上经归纳而得。因此,多维分析法对译者风格的描写实现了从静态转向多译本之间的动态对比,并从局部转向整体(赵朝永 2020b)。

迄今为止,多维分析法已在语料库翻译领域有所应用。针对英译汉的研究,赵朝永(2019;2020a;2020b)将该方法应用于《红楼梦》和《金瓶梅》的英译本语域变异研究,认为译本语域维度差异和因子差异均可作为译者风格的综合考察指标,其聚类共现能够反映出译者各自的语言风格乃至翻译策略,因此多维分析对译本语域特征描写和译者风格考察均具重要意义。朱一凡等(2018)运用该方法对比分析了"韩素音青年翻译大赛"汉译英获奖文本,指出参赛译文在整体文本风格上普遍出现偏差,更接近学术文本和官方文档,而不是原文的新闻评论文体。赵子鑫和胡伟华(2021)以《习近平谈治国理政》英译本为考察对象,以美国前总统特朗普发言稿为参照语料库,运用多维分析法进行研究,其研究结果表明:翻译英语文本的语法明确程度更高,译者主观上更加注重译本在译入语文化的可接受度,但同时也呈现出句法形式的异质化倾向。胡显耀和肖忠华(2020)在 Biber (1988)多维分析法的基础上发展出"多特征语言变体统计分析模型",共采集和分析了 96 个语言特征(变量),认为通过多特征统计分析可找到一组翻译英语变体的语言特征,为"翻译共性"提供了新证据。

针对汉译英的研究,胡显耀(2010)指出:多维分析法可区分汉语翻译和原创语料,找出两者具有区别性的语言特征,即汉语文学和非文学翻译语体与原创相比,存在语言语法显化程度(虚词比例)提高的趋势;翻译语料的句子长度更长,更集中地使用常用词(高频词)、习惯用语和被字句、把字句、成语等汉语特有的用法。虽然这一"汉语翻译语体"框架包含了一些具体的语言特征或变量,但由于汉语语料库技术和显性语言特征提取的限制,该项研究概括的特征仍有限。

除了上述与译者风格相关的研究外,多维分析法也已应用于汉英语体的研究。但从相关研究的时间跨度(2001 年至今)看,将多维分析法应用于译者风格或翻译语体的研究其绝对数量并不多。究其原因,可能是相关技术应用有一定限制或者是技术本身可能存在缺陷等等,导致现象解释的难度增加。但无论如何,将多重变量归纳为语言特征维度的方法,对译者风格研究而言是一次研究方法的提升,是实现多变量协同的一条有效路径。

2.1.2　显化与隐化的变量表征

显化是指翻译文本将源语文本所隐含的信息或表述不清晰的信息以明确的表述加以呈现,旨在便于理解;隐化与显化相对,是指把源语文本中以词汇手段明示的意义或信息隐含于目的语文本的具体语境之中(胡开宝 2011: 83 - 93)。诸如下述因素会影响译文的显化与隐化表述:

- 译者语言能力和语言形式化程度造成译语出现冗余现象,即与原创汉语文本相比,汉语翻译文本表现出类比显化的趋势(黄立波 2008);
- 英汉形合意合差异和口译的解释性翻译方法运用使源语文本隐含的语

句关系明晰化(胡开宝,陶庆 2009);

- 以英语为主的外国文学的性质致使产生人称代词显化(王克非, 胡显耀 2010);
- 译者因素是促使显化发生的最终决策者(刘泽权, 陈冬蕾 2010);
- 译入语独特项在词汇层面上呈现不足和在句式上的过度呈现以及译者对译入语独特项翻译的差异均可归因于源语透射效应(李涛, 陈勇 2015);
- 语义透明度和符号简单化两种机制的制约,使物称代词 it 在翻译文本中的对等成分总体呈现上升的趋势,隐化现象总体呈下降的趋势(庞双子 2018);
- 图式关系的拓展以及中西戏剧传统的差异决定了汉英翻译操作规范的隐化和显化(赵征军, 陈述军 2018);
- 词语主导含义的非对称性、选词的归一性、词语搭配的有限多样性、原文特色词语的灵活处理等翻译实践手段,使得高水准汉英译文的显化隐化翻译共性并存(石秀文, 管新潮 2015);
- 行文连贯性和逻辑严谨性要求致使汉译逻辑连接词时采用隐化的翻译方法(李丽君, 张璐 2021);
- 等等。

与此相对应,可用于表征显化与隐化的变量多种多样,具体统计可参见表 2. 1(仅列出与英译汉或汉译英相关的变量,未列出重复性研究的变量)。表 2. 1 所示为显化和隐化的两种情形: 一是仅述及显化或隐化的;二是同时述及两者的。

表 2. 1 显化和隐化的表征变量

	显化		隐化	
	汉译英	英译汉	汉译英	英译汉
庞双子 2018		物称代词 it		物称代词 it
任小华 2016		连接词(表示转折、条件、因果)		连接词(表示转折、条件、因果)

（续表）

	显化		隐化	
	汉译英	英译汉	汉译英	英译汉
胡开宝 2012	连接词、程度副词、汉语套语		连接词、程度副词、汉语套语	
谢丽欣，胡开宝 2015	不定量词		不定量词	
赵征军，陈述军 2018	意象词		意象词	
王丽，严莎莎 2015	因果连词		因果连词	
张宁等 2017	连词（转折、假设、目的、让步、条件、因果）		连词（转折、假设、目的、让步、条件、因果）	
黄立波 2011	词汇多样化程度、词汇密度和难度、人称代词主语、无人称句		词汇多样化程度、词汇密度和难度、人称代词主语、无人称句	
秦洪武，王克非 2009	实词、虚词、组合词		实词、虚词、组合词	
石秀文，管新潮 2015	动词、名词、形容词、副词等活跃词		动词、名词、形容词、副词等活跃词	
胡显耀，曾佳 2009		形合度（助词、介词、连词）		
黄立波 2008 王克非，胡显耀 2010		人称代词		
刘泽权，陈冬蕾 2010		标准类符形符比、高频词及其覆盖率、语气助词、转折词、文外注释		
李涛，陈勇 2015		量词、语气词、“把”字句		

（续表）

	显化		隐化	
	汉译英	英译汉	汉译英	英译汉
唐芳，李德超 2016		类符型符比、词汇密度、实词、“半虚词”代词、虚词		
庞双子，王克非 2018b		表示对等关系的连接词		
胡开宝，陶庆 2009	连接词 that、不定式标记 to、逻辑关系连接词			
李鑫，胡开宝 2013	情态动词			
陈建生，王琪 2017	代词、逻辑连接词、话语标记语、意义表达、句段重组			
姚琴 2013	与 said 搭配的情状副词			
庞双子，王克非 2018a		16 项总体指标		
韩红建，蒋跃 2016	16 个语言计量特征和风格特征			
许家金，徐秀玲 2016	25 项语篇衔接特征			
胡显耀 2010	32 个语言特征值			
李丽君，张璐 2021				逻辑连接词

由表 2.1 可见，显隐化的相关研究所涉变量从 1 个到 32 个不等，不同变量的组合各异，但均与具体的研究目的相关。变量设置的多与少，难以用同一个标准进行衡量，数量本身不是关键，研究的精准需要是设置变量的第一要务。多变量设置必须考虑到变量之间的协同效应——变量之间的关联性，即

为研究所得数据进行必要的语言学/统计学检验。显化与隐化的变量表征,其关键在于变量的创新组合与设置以及所采用的统计学检验方法。以庞双子和王克非(2018a)的 16 项总体指标变量的显化研究为例,采用单因素方差统计和双语相关性检验等手段,确定各个指标变量之间的关联性,进而实现多变量的协同。又以胡显耀(2010)的 32 个语言特征值变量的显化研究为例,采用统计学因子分析法将大量的语言现象通过频率值简化为少数几个主要因子,并通过计算维度分来检验三个因子是否能区别同一语言中不同的语体,从而实现 32 个变量的协同。以统计学检验方法实现多变量的协同是一种有效且是经验证的方法,须为此适配相应的检验手段,其判断标准是所得样本数据的规格。

英汉之间的语料库翻译研究所涉及的语言特征变量大多仍聚焦于词汇使用层面,较少涉及语法结构、语篇特征、语义语用属性等(许家金 2016)。显隐化不应只是狭义地指语言形式上的变化,还应包括意义上的显隐化转换(柯飞 2005)。相信技术的创新如词向量等语义分析工具的出现,可以为多变量的设置提供新方法和路径,使意义上的显隐化转换能够达成更多更可靠的技术实现。

表 2.1 显示的另一个趋势是,迄今所呈现的显隐化研究仍以显化为主、隐化为辅,独立的隐化研究并不多见,但显隐化并存的研究正日趋增多,这与翻译共性的显隐化现象并存息息相关。与此相应,翻译实践中的显隐化技巧应用也同样随机并存,且取决于翻译要求和译者的母语能力等因素,其相关变量的设定需要更多的翻译实践检验,需要更多并存的显隐化研究。

2.1.3　语际多变量表征

严格意义上说,迄今为止的译者风格或显隐化研究多数是语内对比而非语际对比实现的,如译语研究或译语与原创语言对比研究。语际对比是探究语料库翻译本质的有效方法之一,其较语内对比的优势在于可精准界定双语之间的语言对比模式,即识别出源语和译文之间的源语透过效应,但随之而起的难点却是如何界定这一问题本身。源语透过效应是指把源语翻译成目的语时译文有可能存在以源语为导向的现象或趋势(Teich 2003,转引自戴光荣

2013: 80)。汉语重意合而英语重形合之故,汉语时常会隐含逻辑关系,而英语更倾向于明示逻辑关系(王克非 2012: 66)。因此,以英语话语标记为例,在尽可能对等保留的前提下,英译汉的源语透射效应就是使用各种连词表达源语的逻辑关系。

词汇层面的语际对比模式,如物称代词 it(庞双子 2018),从其语义搭配看,这种源语中的语义搭配对汉语译本发生透过性的效应,使得译本中类似的搭配频次增加,随着时间的推移,源语透过性效应会从形式逐渐渗透到语义。这一研究虽为一个变量 it,但其文本历时(70 年)考察表明,it 指代衔接显化特征的发展受到语义透明度与符号简单化两种机制的制约。这说明 it 作为因变量其背后的相关因素才是决定其变化的自变量。以名词、动词、形容词、副词、介词、连词、类符形符比、低频词八个自变量表征英译汉词类关系(作为因变量)的研究表明(丁国旗 2020),汉语译文均表现出与英语原文和汉语原创文本在多数词类分布上具有显著差异;在表示语义内容的四类实词以及表示关系的介词和连词的使用上,汉语译文与汉语原创文本都呈现出更高的相似度;在词类之间的相关性上,汉语译文词类与英语原文词类表现出不同程度的相关,而汉语原创文本词类则与前两者均无任何重要相关,显示了词类翻译中的源语透射效应。汉英翻译的语言、文化、译者三因素,致使作为因变量的连词在转折、假设、目的、让步、条件、因果关系六个自变量的作用下以显化方式提高了英语译文的整体衔接程度(张宁等 2017)。更多的源语透射效应一般会出现在英译汉方向上,与之相比,汉译英方向上的显化趋势则随着语言形式化程度的提高变得更加明显。后者的源语透过效应应当是另一个层次上的语言现象。

由上述词类实例可知,数值型变量与解释型变量的区别在于前者须经历不同的检验手段来验证其是否具有显著差异以及是否彼此显著关联,如数值对比法、t 检验法、卡方检验、主成分分析法、kmeans 聚类算法、单因素方差分析、相关性分析、多元线性回归法等。词类多变量研究还表明,以词类作为变量,有两种方向的变量设置: 一是直接以词类作为自变量,向上推导出更为抽象的翻译关系(因变量),此时的设置必须有多种词类方可为这种翻译关系验证自下而上的多变量协同效应;二是以一种词类作为因变量,向下聚类多种关系概念作为自变量,构建起合理的翻译关系,以验证自上而下的多变量协同效应。

句子层面的语际对比模式,如说明性文体(如报告文本、新闻评论、学术文本)的被动句(戴光荣,肖忠华 2011),其汉语译文与原创文本的被动结构差异很大,这是因为此类文体在英语源语中大量使用被动结构。翻译成汉语时,深受英语源语的影响,源语中的被动句大多翻译成汉语中的"被"字结构,造成汉语译文过多使用被动句式。这种"源语透过效应"与翻译所涉及的文体密切相关。此项研究的因变量是被动句,自变量则是三种不同文体。

翻译实践视角下的源语透射效应主要反映在英译汉(也包括德译汉)的实践过程中,即英语原文文笔表现力的差异直接体现为汉语译文质量的高低。在付出同等翻译时间和人为努力的前提下,高质量的英语原文会使汉语译文的质量保持与原文同步;较低质量的英语原文则需要更多翻译时间和人为努力才能满足高质量译文的要求。这是翻译实践所感悟的源语透射效应,若设想加以验证,其多变量设置可能会复杂异常。

2.2　多变量协同路径

2.2.1　著作权法英译风格分析

本案例拟将《中华人民共和国著作权法》英译本与德国著作权法英译本、英国版权法原创版本和美国版权法原创版本进行文体风格比较,以此描述我国著作权法英译本的风格特点。为此设置了三个维度的 13 个变量,即词汇维度的词汇密度、词汇多样性、词汇复杂性、词汇独特性、词长平均数,句子维度的句长平均数、句长中位数,语篇维度的文本可读性以及五个关键概念词(author/copyright/court/right/work)的信息贡献度。

词汇维度的五个变量均为独立考察具体词汇得出的系数,未考虑各词汇彼此之间的关联性。如表 2.2 所示,其中的变量词汇密度(管新潮 2021: 46 - 49)属中国版最大,这是由语种与翻译关系所决定的,因翻译所用虚词相对较少。变量词汇多样性排名,中国版位列第三,大于英国版,而英国版是标准的原创版权法,这一数值可能无法有效助力于解读,但可能的原因是法律法条的领域用词特点所致。变量词汇复杂性经由对比 COCA/BNC 十级一万词表计算得出,中国版数值不仅大于其他三个版本,而且相比非常显著。这仅仅是一万词之内的对比结果,而一万词之外的词汇并未列入其中,表明中国版的基础词翻译用词难度相对较大。变量词汇独特性属中国版最低,这是版本涵盖内容所决定的,即中国版仅涉及著作权法核心内容,其他三部法律所涉内容明显更广。四部法律的词长平均数区别不大,词长中位数也是相等的,表明这一变量的差异并不具有显著性。

表 2.2 词汇维度的五个变量所得数值

变量	American	Chinese	English	German
词汇密度	0.5416	0.5783	0.5055	0.5598
词汇多样性	0.2727	0.2685	0.2309	0.2901
词汇复杂性	0.0086	0.0255	0.0061	0.0145
词汇独特性	0.0656	0.0241	0.034	0.0366
词长平均数	5.1099	5.1488	4.7733	5.1271

句子维度仅设置两个变量即句长平均数和中位数,未考虑句子复杂性等变量因素,似乎不够全面,不能完全反映句子层面的相关因素。另一方面,之所以如此设置,是为了验证最终结果是否会受到维度变量不充分设置这一因素的影响。因此,后续设置除了句子复杂性变量外,还可设置句长分布广度(以最大句长值表示)、有效短语数、从句数等变量。如表 2.3 所示,无论是句长平均数还是中位数,均为中国版最低,这是中文版法条的字数限制所致。但中国版的两数值与英国版的较为接近,卡方检验结果显示无显著区别(卡方值=0.0053, p 值=0.9418)。

表 2.3 句子维度的两个变量所得数值

变量	American	Chinese	English	German
句长平均数	31.1065	18.6438	20.3661	23.5351
句长中位数	26	12.5	16	19

语篇维度(见表2.4)所设置的五个关键概念词信息贡献度之所以列入本维度,其理由在于信息贡献度的概念(胡加圣, 管新潮2020),它是指文本中的单词因其对文本特定部分贡献最大信息量而被赋予的权重比例,这是一种对长距离语义结构进行信息论量化处理的方法,由此可确定关键概念词信息贡献度是语篇层面上的变量。本案例仅选择五个关键概念,原因在于这五个词是著作权法/版权法的关键概念,尤其对《中华人民共和国著作权法》而言。若以关键概念词信息贡献度为衡量标准,可分为两类概念词: 一是所有著作权法/版权法均涵盖的概念词;二是仅为某一部法律所特有的概念词,可选择信息贡献度较大的部分概念词。若以尽可能多的概念词信息贡献度表征文体风格,其词汇语义覆盖面应当可以说明文本的语义构成。文本可读性系采用Flesh文本可读性公式计算得出,其以平均句长和平均音节数作为自变量。所得结果表明,中国版属于30~49难度级别(difficult),而标准可读性级别(standard)是60~69。其他三部法律均为负数,表明已有相当的阅读难度。这一可读性变量的数值比较说明,翻译版本的阅读难度系数低于原创版本,但均属法律文本,阅读难度不低。英国版难度最大,这一点可用下述判断予以说明: 英国版权法是英美法系的首创,美国版权法是基于英国版权法的版权体系的延续发展,其语篇构成不是绝对意义上的“创作”(管新潮2021: 49)。关键概念词信息贡献度计算如下:

```
keywordList = sorted(['copyright','work','right','court','author'])
wordValue10List = []
for line in wordValueList:
    value10List = []
    for word in keywordList:
        for item in line:
            if word == item[0]:
                value10List.append(item[1])
    wordValue10List.append(value10List)
wordValue10List.insert(0, keywordList)
```

文本可读性计算如下:

```
import textstat
readabilityList = []
for item in filesList:
    score = textstat.flesch_reading_ease(item)
    readabilityList.append(score)
readabilityList.insert(0, '文本可读性')
```

表 2.4 语篇维度的变量所得数值

变量	American	Chinese	English	German
author	0.004	0.0031	0.0034	0.0046
copyright	0.0062	0.0025	0.0059	0.0014
court	0.0027	0.0039	0.0041	0.0017
right	0.0027	0.0035	0.0073	0.0068
work	0.0071	0.0072	0.0096	0.0051
文本可读性	-123.82	40.11	-316.84	-22.73

相关性检验系两两对比检验的结果(见表 2.5)。其表明,英国版与美国版已经是极强相关,且具有显著性,美国版与德国版的相关性也是如此;英国版与德国版是强相关,亦具有显著性。美国版与英国版的关系自不必多说(同上),而德国版也因语系同源(德语和英语同属日耳曼语系)这一因素而使其译本与原创版本的差别并不显著。中国版与三部法律的相关性均为负数,其中与英国版差异最大且具有显著性,美国版次之。虽然中国版与德国版的相关性为负数,但 p 值不具有显著性,可能与中国版更多借用大陆法系德国版内容相关,两者就法系而言可能具有某种程度的关联性。相关性检验如下:

```
from scipy.stats import pearsonr
corrPList = []
for item1 in enumerate(acegList):
    for item2 in enumerate(acegList):
        combine = (item1[0], item2[0], pearsonr(item1[1], item2[1]))
        corrPList.append(combine)
corrPListClean1 = []
for item in corrPList:
```

```
    if item[0] != item[1]:
        corrPListClean1.append(item)
sorted_data = sorted(corrPListClean1, key = lambda result: result[2][0], reverse = 
True)
sorted_data2 = []
for item in sorted_data:
    item2 = (item[0], item[1], round(item[2][0], 4), round(item[2][1], 
4))
    sorted_data2.append(item2)
corrPListClean2 = []
for n in range(0, len(sorted_data2), 2):
    corrPListClean2.append(sorted_data2[n])
sorted(corrPListClean2, key = lambda result: result[2], reverse = True)
```

表 2.5　相关性检验结果

版本	版本	相关性数值	p 值
American	English	0.9774	0.0000
American	German	0.8601	0.0001
English	German	0.7333	0.0028
Chinese	German	-0.2263	0.4366
Chinese	American	-0.6911	0.0062
Chinese	English	-0.827	0.0003

本案例的变量设置已经考虑到语义层面(语篇维度)和非语义层面(词汇维度、句子维度)两类因素。虽然两者最后均以数字形式呈现,但语义层面的变量多是通过语义分析手段实现的,而非语义层面的变量多为常规计算变量。其中的语义分析手段,如信息贡献度,是一种概率手段,所呈现的是概念词的分布概率。因此就本案例的多变量设置而言,所表示的中国版英译风格是一种数值型的概率分布风格,是与其他译文和原创文本对比之下的译本风格。词汇、句子和语篇三个维度的多变量协同是以相关性检验实现的,表明不同文本之间存在的可供对比的可能性。表 2.5 的检验数字表明,相关性检验结果与我们对文本的常规考察结果基本一致,证明了这一方法在实践中的有效性。当然,期待有更多文本领域的实际验证。

对本案例的思考如下:

- 变量数不够充分,虽经由上述数值分析得出的结果与实际阅读四部著作权法/版权的感觉非常接近,似乎还应增设更多变量。
- 概率风格与“真实风格”之间还有多少区别或者已经是无限接近,这一问题仍有待进一步研究。
- 一种相关性检验手段是否足以表征不同文本之间的关联性?
- 法律文本的应用有其局限性,与其他特定领域相比,结果是相似还是相异呢?

2.2.2 词汇维度的多元线性回归

本案例旨在探究具体变量之间的关系,即协同效应,如词汇维度或句子维度内的各个变量之间是否存在一定的逻辑关系。上一节案例已给出五个变量:词汇密度、词汇多样性、词汇复杂性、词汇独特性、词长平均数,它们只是作为词汇维度的代表因素参与了相关性检验。本案例因选用 100 篇汉译英法律条文,考虑到词汇独特性的算法即仅选用自身单独出现的词汇,而 100 篇的数量过多,不利于系数计算,故不纳入词汇独特性变量;词长平均数因每个语篇的数值无显著差异,也不纳入其中。因此,仅对词汇密度、词汇多样性、词汇复杂性三个变量进行线性回归分析。

上一节案例的词汇复杂性是与 COCA/BNC 十级一万词表对比得出,其实这个词表是根据两个语料库中出现的前一万词词频确定的,因此只能表示狭义的词汇复杂性。而广义上的词汇复杂性应能表征词汇维度下的广泛意义,即涉及词汇维度的方方面面。故设置案例旨在寻求词汇复杂性与其他变量之间的关系。

本案例算法:对文本逐一进行词形还原;计算词汇密度、词汇多样性、词汇复杂性;线性回归分析。

线性回归分析前进行变量之间的相关性检验。检验结果表明,词汇密度和词汇多样性均与词汇复杂性之间呈中等程度相关,词汇密度与词汇多样性之间是极弱相关。这一检验结果可为验证词汇复杂性与词汇密度和词汇多样性之间的二元线性回归关系提供证据。相关性检验如下:

```
import pandas as pd
combine = list(zip(textComplexityList, wordDensityList, diversityList))
examDf = pd.DataFrame(combine, columns=['Complexity','Density','Diversity'])
examDf.corr()
```

【检验结果】

	Complexity	Density	Diversity
Complexity	1.000000	0.416540	0.501044
Density	0.416540	1.000000	0.194554
Diversity	0.501044	0.194554	1.000000

由线性回归的拟合可视化结果可见,词汇密度与词汇复杂性的回归关系似乎优于词汇多样与词汇复杂性之间的。这与上述相关性检验结果基本保持一致。

```
import seaborn as sns
import matplotlib.pyplot as plt
sns.pairplot(examDf, x_vars=['Density','Diversity'],
             y_vars='Complexity', size=4, aspect=0.8, kind = 'reg')
plt.show()
```

【拟合可视化结果】

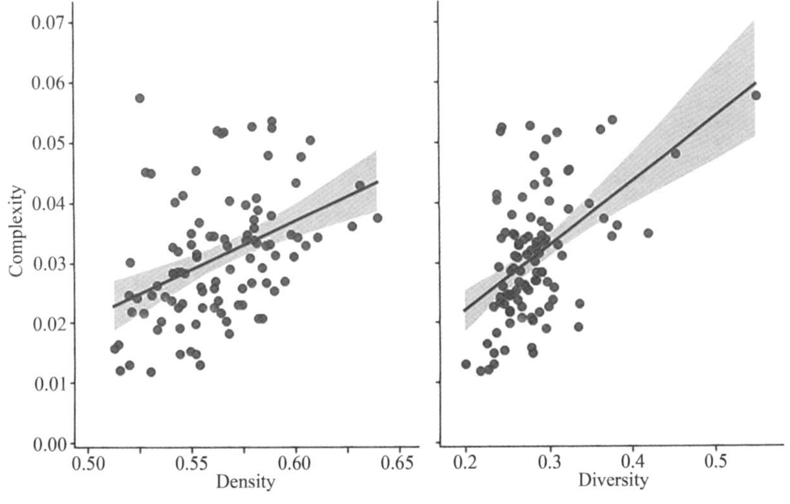

构建线性回归模型，旨在呈现线性回归方程，其表示作为自变量的词汇密度和词汇多样性与作为因变量的词汇复杂性之间的线性关系。

```
from sklearn.linear_model import LinearRegression
model = LinearRegression()
X = pd.DataFrame(list(zip(wordDensityList, diversityList)), columns=['Density', 'Diversity'])
Y = pd.DataFrame(textComplexityList, columns=['Complexity'])
model.fit(X, Y)
print("最佳拟合线: 截距", model.intercept_, ";回归系数: ", model.coef_)
```

【二元线性回归方程】

```
Complexity = -0.06761965 + 0.12827961 * Density + 0.09274489 * Diversity
```

输出最终结果代码如下:

```
import statsmodels.api as sm
X2 = sm.add_constant(X)
model = sm.OLS(Y, X2)
results = model.fit()
print(results.summary())
```

【最终模型结果】

```
                            OLS Regression Results
==============================================================================
Dep. Variable:             Complexity   R-squared:                       0.357
Model:                            OLS   Adj. R-squared:                  0.344
Method:                 Least Squares   F-statistic:                     26.91
Date:                Wed, 18 Aug 2021   Prob (F-statistic):           5.05e-10
Time:                        09:25:57   Log-Likelihood:                 336.39
No. Observations:                 100   AIC:                            -666.8
Df Residuals:                      97   BIC:                            -659.0
Df Model:                           2
Covariance Type:            nonrobust
==============================================================================
                 coef    std err          t      P>|t|      [0.025      0.975]
------------------------------------------------------------------------------
const         -0.0676      0.018     -3.795      0.000      -0.103      -0.032
Density        0.1283      0.032      3.995      0.000       0.065       0.192
Diversity      0.0927      0.018      5.259      0.000       0.058       0.128
==============================================================================
Omnibus:                        7.723   Durbin-Watson:                   1.983
Prob(Omnibus):                  0.021   Jarque-Bera (JB):                7.672
Skew:                           0.675   Prob(JB):                       0.0216
Kurtosis:                       3.131   Cond. No.                         50.8
==============================================================================
```

【分析与讨论】

由最终模型结果可见,模型的校正决定系数(Adjusted R-squared)为 0.344,词汇密度和词汇多样的 p 值(p 值=0.000)均小于 0.05,显示回归在统计上具有显著性。由此可确立词汇密度和词汇多样性两个自变量与词汇复杂性因变量之间的线性回归关系。

在启动上述三变量的多元线性回归分析之前,亦采用同样方法分析了两种情形:一是类符和形符与词汇多样性的线性回归关系;二是词汇密度和词汇多样性与句长跨度的线性回归关系。结果均显示无显著线性回归关系。第一种情形用于表征词汇多样性的是标准类符形符比,它是一个经标准化处理的类符形符比(每千词类符形符比的均值),不与整个文本的类符和形符发生直接关系,旨在增强不同形符数文本之间的可比性。而第一种情形下的类符和形符恰好是表征整个文本的,由此导致类符和形符与词汇多样性之间的线性回归关系不存在显著性。第二种情形的句长跨度是指最大句长值,借此尝试探索词汇维度与句子维度之间的关系,但遗憾未能发现词汇密度和词汇多样性与句长跨度之间的显著性线性回归关系。当然,这一无显著性结果仅代表其本身。若设想有所发现,可设置其他变量或采用其他统计模型。

2.2.3　双语文本语义迁移对比

本案例以《中华人民共和国著作权法》原文本及其英译本作为双语平行对比语料(中文版共计 8 552 字,英译本共计 5 882 词,平行句对 217 对),研究英译文的语义迁移表征变量如何对语义迁移产生作用。汉英双语语料均选取自官方渠道,从翻译质量视角看,所用语料应该是汉译英上乘之作,这一点确保了英译本与汉语原文本在语义上的一致性。基于这种一致性,可以断言本案例所用语料的翻译语义迁移是对等的,并在此基础上探究相关变量是如何表征语义一致性的,由此可为其他文本的译文是否准确提供技术性语义判断依据。

因此,假设汉英双语文本的语义是(基本)一致的,并以整个文本的信息贡献度(胡加圣, 管新潮 2020)作为文本的整体语义表征(整体变量),以具体的关键概念词(作者/author、著作权/copyright、人民法院/court、权利/right、作品/work、出版/publish)作为文本的具体语义表征(六个具体变量)。为尽可能提升具体语义表征的准确性,选择平行语料句对,因为词向量训练以句子为单位,采用相同的句子数,可以确保预训练词向量在语料分割单位上保持一致。由于汉语须经分词处理(本案例所用汉语分词工具为 Python 第三方包 jieba)方可进行词向量训练,但汉语分词的质量并不是百分之百的准确,而且分词结果也不一定与英文的单词保持一致如上述关键概念词"人民法院/court"(英译本"people's court"被分割成两个词输入词向量进行预训练,而汉语原文本则是一个词"人民法院")。这两个因素可能会对本案例研究产生较大的影响。

1) 整体语义表征

制作信息贡献度概率词表时须对文本进行适当清洗处理,汉语原文本所用停用词为哈尔滨工业大学停用词词表,英译文清洗所用停用词为 NLTK 自带的停用词表,同时还添加一些因不准确分词产生的无效词。最终选取前 50 个关键概念词用于表征文本整体语义,其提取算法可参见汉语原文本及其英译本的关键概念词信息贡献度概率词表提取代码。

```
汉语原文本:
path = r'D: \python_coding\171101_哈工大停用词表_中文. txt'
stopwordsText = open( path, encoding='UTF-8-sig'). read( )
chineseStop = stopwordsText. split( '\n') + [ '权','已经','十七','第十条','十年',
                                              '人民法院','法人','著作权
人','即以',
                                              '另有','截止','条','中','社']
from gensim. summarization import mz_keywords
cnKeywords = mz_keywords( cut_text, scores=True)###, threshold=0. 0002
cnKeywordsList = [ ]
cnValueList = [ ]
for word, value in cnKeywords:
    if word not in chineseStop:
        cnKeywordsList. append( word)
        cnValueList. append( round( value, 6) )
cnCombine = sorted( zip( cnKeywordsList, cnValueList) )
```

```
cnSorted_data = sorted(cnCombine, key = lambda result: result[1], reverse = True)
cnSorted_data[:50]
cnValueList[:50]
英译本:
enTextList2 = " ". join(enTextList)
from gensim. summarization import mz_keywords
from nltk. corpus import stopwords
english = stopwords. words('english') + ['ie','thereto','unless','however','owner',
                                         'works','people','without',
'otherwise',
                                         'others','court']
enKeywords = mz_keywords(enTextList2, scores=True)###, threshold=0. 0000001
enKeywordsList = []
enValueList = []
for word, value in enKeywords:
    if word not in english:
        enKeywordsList. append(word)
        enValueList. append(round(value, 6))
enCombine = sorted(zip(enKeywordsList, enValueList))
enSorted_data = sorted(enCombine, key = lambda result: result[1], reverse = True)
enSorted_data[:50]
enValueList[:50]
```

【提取结果】

汉语原文本		英译文	
[('作品', 0. 008021),	('电视台', 0. 00203),	[('license', 0. 00608),	('legal', 0. 002334),
('报酬', 0. 0078),	('侵权', 0. 00192),	('compensation', 0. 005671),	('act', 0. 002167),
('著作权', 0. 007385),	('保全', 0. 00192),	('work', 0. 005307),	('fails', 0. 002163),
('支付', 0. 006988),	('死亡', 0. 00192),	('organization', 0. 004221),	('shall', 0. 00207),
('应当', 0. 00536),	('演出', 0. 00192),	('recording', 0. 004221),	('related', 0. 002005),
('组织', 0. 005031),	('职务', 0. 00192),	('vest', 0. 003926),	('arrangement', 0. 001953),
('图书', 0. 005026),	('整理', 0. 001852),	('infringement', 0. 00389),	('newspaper', 0. 001839),
('许可', 0. 005019),	('广播电台', 0. 001776),	('pay', 0. 003651),	('station', 0. 001839),
('使用', 0. 004949),	('转让', 0. 001771),	('sound', 0. 003636),	('magazine', 0. 001799),
('发表', 0. 004731),	('公民', 0. 00176),	('right', 0. 003369),	('product', 0. 001798),
('取得', 0. 004357),	('出版', 0. 001654),	('author', 0. 003332),	('derived', 0. 001794),
('制品', 0. 004324),	('翻译', 0. 001606),	('visual', 0. 003329),	('action', 0. 001737),
('录音', 0. 004026),	('五十年', 0. 001559),	('publisher', 0. 003081),	('arbitration', 0. 001737),

（续表）

汉语原文本		英译文	
('作者', 0.003797), ('录像', 0.003325), ('合同', 0.00327), ('复制品', 0.002984), ('申请', 0.002984), ('播放', 0.002748), ('起诉', 0.002451), ('改编', 0.002284), ('注释', 0.002284), ('享有', 0.002149), ('未经', 0.002145), ('出版者', 0.002062),	('发行', 0.001559), ('刊登', 0.001466), ('中国', 0.001452), ('侵权行为', 0.001452), ('措施', 0.001452), ('行为', 0.001452), ('媒体', 0.001393), ('所得', 0.001393), ('报社', 0.001393), ('报纸', 0.001393), ('没收', 0.001393), ('赔偿', 0.001393)]	('television', 0.00301), ('book', 0.003009), ('public', 0.002944), ('performance', 0.002833), ('published', 0.002752), ('copyright', 0.002724), ('china', 0.002703), ('acquire', 0.002702), ('radio', 0.0027), ('provided', 0.002597), ('person', 0.002516), ('preexistent', 0.002421),	('organizations', 0.001737), ('publication', 0.001681), ('get', 0.001608), ('assignment', 0.001541), ('broadcasting', 0.001541), ('member', 0.001541), ('preservation', 0.001541), ('states', 0.001541), ('contract', 0.001515), ('annotation', 0.001449), ('said', 0.001449), ('persons', 0.001409)]

在提取上述结果之前，使用未经清洗的文本提取的具有信息贡献度的词分别为汉语原文本 291 个，英译本 346 个。将汉语原文本的概率值分为五组，并截取英译本中 50 个最大概率值分别与五组概率值进行对比，以获取相关性系数及其 p 值。由结果可见，相关性系数呈梯度下降，由极强相关变为中等程度相关，p 值均证明相应程度的相关具有显著意义。可以此为标准，若文本经停用词处理后还能保证最大级别的相关性，则可认为这就是整体语义对等标准。这里的关键是如何设置停用词，即有待停用的词：一是无语义表征的词，如 thereto 和“已经”；二是无意义的单词，如“条”；三是分词不对等的，如“人民法院”和 court/people。

【提取结果】

```
[(0.9675, 2.471600729524107e-30),
 (0.9261, 5.841995025415675e-22),
 (0.8331, 6.130429071392596e-14),
 (0.8698, 2.474539459378008e-16),
 (0.6482, 3.592065345861024e-07)]
```

经相关性检验，上述两组概率值的相关性为极强相关（相关性系数为 0.9759），且具有显著性意义（p 值=0.0000）。经相似性计算，两组概率值的余弦相似性系数为 0.9834。表示均值概念的 T 检验（t 值=1.0445，p 值=

0.2988）和 Z 检验（z 值 = 1.0445，p 值 = 0.2962）所得结果为 p 值大于 0.05，无显著差异。尽管上述 50 词概率词表的具体词义并非汉英完全一一对等，但所得概率分布的四种检验结果均表明，原文本和英译本的整体语义表征相当一致。这是因为著作权法的关键概念词均已纳入其中，只是汉英词表的前后排序有所不同。关键概念词的悉数纳入汇总成了著作权法的整体概念。这一结论可以证明，高品质译文的整体语义迁移基本上是对等的。

2）具体语义表征

相较整体语义表征而言，具体的关键概念词语义表征更有可能受分词、数据清洗、词汇前后排序等因素的影响。以“著作权/copyright”这对词为例，所用涉及前 100 词的停用词。

['权','已经','十七','第十条','十年','人民法院','法人','著作权人','即以','另有','截止','条','中','社','','不','后','项','月','人','下列','项至','本法','类似']	['ie','thereto','unless','however','owner','works','people','without','otherwise','others','court',';','.',',',"'s",'law','article','within','another','copyright-related']

以“著作权/copyright”提取的词向量方式如下:

```
cnList = cnModel.wv.most_similar("著作权", topn=100)
enList = enModel.wv.most_similar("copyright", topn=100)
```

【提取结果】

著作权		Copyright	
[('作品', 0.989383), ('许可', 0.988356), ('规定', 0.986813), ('作者', 0.986586), ('权利', 0.986538), ('出版', 0.986154), ('创作', 0.985766), ('录像', 0.985759),	('发行', 0.976895), ('行政', 0.975283), ('电影', 0.974655), ('出版者', 0.974092), ('支付', 0.973883), ('管理', 0.973115), ('保护', 0.972828), ('翻译', 0.972804),	[('shall', 0.999651), ('may', 0.999636), ('public', 0.99962), ('work', 0.999591), ('compensation', 0.99957), ('publish', 0.999496), ('right', 0.99948), ('organization', 0.999438),	('legal', 0.999154), ('performance', 0.999103), ('television', 0.999086), ('enjoy', 0.999075), ('paragraph', 0.998967), ('vest', 0.998904), ('radio', 0.998898), ('film', 0.998875),

（续表）

著作权		Copyright	
('制品', 0.985721), ('录音', 0.98569), ('应当', 0.985345), ('播放', 0.984961), ('表演', 0.983624), ('电视台', 0.983486), ('使用', 0.98256), ('制作', 0.982455), ('未经', 0.981875), ('享有', 0.981742), ('期刊', 0.981094), ('合同', 0.981034), ('广播电台', 0.980718), ('复制', 0.97964), ('传播', 0.977976), ('约定', 0.977302), ('制作者', 0.97712),	('申请', 0.972699), ('报酬', 0.972414), ('表演者', 0.972308), ('公众', 0.971647), ('组织', 0.971281), ('方法', 0.970365), ('发表', 0.970326), ('取得', 0.969831), ('图书', 0.969321), ('复制品', 0.967965), ('摄制', 0.967381), ('起诉', 0.966528), ('部门', 0.966403), ('信息网络', 0.965551), ('不得', 0.96429), ('当事人', 0.961738), ('侵犯', 0.961163)]	('use', 0.999417), ('accord', 0.999374), ('sound', 0.999362), ('year', 0.999344), ('act', 0.999342), ('product', 0.999331), ('person', 0.99927), ('state', 0.999263), ('license', 0.999247), ('pay', 0.999246), ('visual', 0.999232), ('infringement', 0.999218), ('contract', 0.999214), ('station', 0.999197), ('recording', 0.999178), ('party', 0.999161), ('publication', 0.999155),	('copy', 0.998867), ('broadcast', 0.998857), ('publisher', 0.998856), ('magazine', 0.998838), ('provide', 0.998837), ('administration', 0.998798), ('author', 0.99875), ('production', 0.998733), ('method', 0.998693), ('make', 0.998663), ('record', 0.998663), ('create', 0.998661), ('following', 0.998656), ('expire', 0.998651), ('book', 0.998624), ('subparagraphs', 0.998592), ('translation', 0.998592)]

为验证概率词表的有效性，选择“著作权/copyright”一对词的相应汉语原文本 50 词最大概率分别与英译本每隔 10 词概率组合进行对比，同时也以此方式计算相似性。由计算结果可见，相关性检验无法说明经过停用词处理的概率组合的有效性，而相似性检验则能较好地说明数值之间的存在的梯度差别。结果表明，经停用词清洗后若能确保相似性数值处于高位（以 0.91～0.99 区间最佳），则说明语义是对等的（其他检验方法略）。

【计算结果】

	著作权/copyright	标准差检验
相关性	[:50][:50]0.981 [:50][10:60]0.9896 [:50][20:70]0.9712 [:50][30:80]0.9761 [:50][40:90]0.9632 [:50][50:100]0.9882	0.0093
相似性	[:50][:50]1.0 [:50][10:60]0.9902 [:50][20:70]0.8858	0.2052

（续表）

	著作权/copyright	标准差检验
	[:50][30:80]0.7659 [:50][40:90]0.6215 [:50][50:100]0.4286	

3）方法总结

本案例旨在尝试寻求一种验证翻译文本与原文本之间的语义关系是否对等的方法，上述结果可以说明该方法在一定程度上是有效的。若想达到高度有效，则需更多类型质量的文本，方能验证该方法的最终合理性（作者将另文处理）。本案例旨在验证向量语义的对等关系，其不足之处如下：

- 因汉语分词问题导致词向量所对应的汉英词语无法完全对等。
- 停用词处理方式并不完善，若能设置一个相当齐全的停用词词表，会有助于检验汉英词向量中的汉英词语是否对等。对等的汉英词语将有助于提升该方法的有效性。
- 本案例虽已采用五种检验方法，但并非所有检验方式均为有效。
- 若以人类感悟式态度对待词向量概率分布，有部分结果还是难以自圆其说的，如一词多译现象。

参考文献

[1] Biber, D. 1988. *Variation across Speech and Writing* [M]. Cambridge: Cambridge University Press.

[2] 陈建生，王琪. 2017.《三体》英译本显化特征考察：语料库翻译学研究[J]. 外国语言文学(3)：175-186.

[3] 戴光荣. 2013. 译文源语透过效应研究[M]. 上海：上海交通大学出版社.

[4] 戴光荣，肖忠华. 2011. 译文中“源语透过效应”研究：基于语料库的英译汉被动句研究[J]. 翻译季刊(62)：85-107.

[5] 丁国旗. 2020. 基于语料库的英汉翻译词类关系研究[J]. 外语教学与研究(5)：773-785.

[6] 管新潮. 2021. Python 语言数据分析[M]. 上海：上海交通大学出版社.

[7] 韩红建，蒋跃. 2016. 基于语料库的人机文学译本语言特征对比研究：以《傲慢与偏见》三个译本为例[J]. 外语教学(5)：102-106.

[8] 韩红建，蒋跃，袁小陆. 2019. 大数据时代的语料库译者风格研究[J]. 外语教学(2)：

88－93.

[9] 胡加圣，管新潮. 2020. 文学翻译中的语义迁移研究：以基于信息贡献度的主题词提取方法为例[J]. 外语电化教学(2)：28－34.

[10] 胡开宝. 2011. 语料库翻译学概论[M]. 上海：上海交通大学出版社.

[11] 胡开宝. 2012. 记者招待会汉英口译句法操作规范研究[J]. 外语教学与研究(5)：738－750.

[12] 胡开宝，陶庆. 2009. 汉英会议口译中语篇意义显化及其动因研究：一项基于平行语料库的研究[J]. 解放军外国语学院学报(4)：67－73.

[13] 胡开宝，谢丽欣. 2017. 基于语料库的译者风格研究：内涵与路径[J]. 中国翻译(2)：12－18.

[14] 胡显耀. 2010. 基于语料库的汉语翻译语体特征多维分析[M]. 外语教学与研究(6)：451－458.

[15] 胡显耀，曾佳. 2009. 对翻译小说语法标记显化的语料库研究[J]. 外语研究(5)：72－79.

[16] 胡显耀，肖忠华. 2020. 翻译英语变体的语料库文体统计学分析[J]. 外语教学与研究(2)：273－282.

[17] 黄立波. 2008. 英汉翻译中人称代词主语的显化：基于语料库的考察[J]. 外语教学与研究(6)：454－459.

[18] 黄立波. 2011. 译出还是译入：翻译方向探究：基于语料库的翻译文体考察[J]. 外语教学(2)：96－101.

[19] 黄立波. 2014. 基于语料库的翻译文体研究[M]. 上海：上海交通大学出版社.

[20] 黄立波. 2018. 语料库译者风格研究反思[J]. 外语教学(1)：77－81.

[21] 黄立波. 2021. 语料库翻译学理论研究[M]. 北京：外语教学与研究出版社.

[22] 柯飞. 2005. 翻译中的隐和显[J]. 外语教学与研究(4)：303－307.

[23] 雷秀云，杨惠中. 2001. 基于语料库的研究方法及 MD/MF 模型与学术英语语体研究[J]. 当代语言学(2)：143－151.

[24] 李丽君，张璐. 2021. 矿业工程英语汉译逻辑连接词的隐化[J]. 中国科技翻译(1)：9－11+4.

[25] 李涛，陈勇. 2015. 基于多样本学习者翻译语料库的源语透射效应研究[J]. 解放军外国语学院学报(2)：116－124.

[26] 李鑫，胡开宝. 2013. 基于语料库的记者招待会汉英口译中情态动词的应用研究[J]. 外语电化教学(3)：26－32+74.

[27] 刘泽权，陈冬蕾. 2010. 英语小说汉译显化实证研究：以《查泰莱夫人的情人》三个中译本为例[J]. 外语与外语教学(4)：8－13+24.

[28] 庞双子. 2018. 基于英汉历时平行语料库的源语透过性研究：以物称代词 it 为例[J]. 外国语(6)：91－101.

[29] 庞双子，王克非. 2018a. 翻译文本语体"显化"特征的历时考察[J]. 中国翻译(5)：13－20+48.

[30] 庞双子，王克非. 2018b. 透过翻译的语言接触研究：翻译文本的"显化"特征对原生文本的历时影响[J]. 外语教学与研究(2)：253－267.

[31] 秦洪武，王克非. 2009. 基于对应语料库的英译汉语言特征分析[J]. 外语教学与研究(2): 131－136.

[32] 任小华. 2016. 翻译汉语中的连接词显化与隐化: 基于语料库的研究[J]. 外国语言文学(1): 42－52.

[33] 石秀文，管新潮. 2015. 基于语料库的汉英词语的翻译特色研究[J]. 上海翻译(4): 80－84.

[34] 唐芳，李德超. 2016. 基于语料库的汉译旅游文本“翻译固有型”词汇特征研究[J]. 解放军外国语学院学报(3): 117－124.

[35] 王克非. 2012. 语料库翻译学探索[M]. 上海: 上海交通大学出版社.

[36] 王克非，胡显耀. 2010. 汉语文学翻译中人称代词的显化和变异[J]. 中国外语(4): 16－21.

[37] 王丽，严莎莎. 2015. 基于语料库的汉英因果连词口译研究[J]. 中国科技翻译(3): 21－24.

[38] 谢丽欣，胡开宝. 2015. 记者招待会汉英口译中不定量词的应用研究[J]. 外语电化教学(1): 17－22.

[39] 许家金. 2016. 基于可比语料库的英语译文词义泛化研究[J]. 中国翻译(2): 16－21+127.

[40] 许家金，徐秀玲. 2016. 基于可比语料库的翻译英语衔接显化研究[J]. 外语与外语教学(6): 94－102+122.

[41] 姚琴. 2013. 基于平行语料库的《红楼梦》意义显化翻译考察: 以霍译本林黛玉人物特征为例[J]. 外语教学与研究(3): 453－463.

[42] 张宁，支永碧，张顺生. 2017. 汉译英中连词显化研究: 基于四个自建汉英平行语料库[J]. 当代外语研究(2): 69－76.

[43] 赵朝永. 2019. 基于语料库的《红楼梦》英文全译本语域变异多维分析[J]. 翻译研究与教学(1): 83－94.

[44] 赵朝永. 2020a. 基于语料库的《金瓶梅》英文全译本语域变异多维分析[J]. 外语教学与研究(2): 283－295.

[45] 赵朝永. 2020b. 译者风格对比描写的多维分析途径[J]. 外语教学理论与实践(3): 67－73+84.

[46] 赵征军，陈述军. 2018. 基于语料库的《牡丹亭》符号意象英译操作规范研究[J]. 外语电化教学(1): 32－39.

[47] 赵子鑫，胡伟华. 2021. 翻译语体语法标记显化的语料库研究: 以《习近平谈治国理政》官方英译本为例[J]. 西部学刊(7): 157－160.

[48] 朱一凡，陶庆，郭鸿杰. 2018. 基于语料库的翻译文体评估: 以第 2 届“韩素音青年翻译奖”汉译英翻译为例[J]. 解放军外国语学院学报(2): 20－28.

第3章　译文可读性

译文可读性是指译文对目的语读者所构成的阅读难易程度,可用于判断译文对目的语国家的适应性。这一适应性可分为非商业目的和商业目的两种:前者多为学习式适应性,聚焦于信息或知识的有效传播,其目标受众的范围宽广;后者是为产品营销而编制的说明性文本,旨在产品的最终推广,其目标受众明确,极具针对性。译文可读性的评判可有两部分内容:一是译文与目的语原创文字的对比;二是译文与原文的语义对等性。其方法与常规的语料库翻译研究颇为相似。译文可读性既可采用人工方式进行评阅,也可采用自动方式进行。大数据时代下的译文可读性评阅,更为可行的方式可能就是两者的结合,即把经验性知识与自动方式融合在一起。译文既然是一种特殊的文体,其可读性也应属于文本可读性范畴。评判文本可读性的方法多种多样,均可适用于译文可读性的评判。当然,评判时应关注译文文体的特殊性。

3.1　文本/译文可读性概述

3.1.1　英文可读性

1）可读性公式

英文的可读性研究可追溯至20世纪20年代(Vogel & Washburne 1928,转引自吴思远等2018;Lively & Pressey 1923,转引自江新等2020),其目的在于英文文本的自动评估与分析以及测量英语文本的阅读难易度。迄今已有数百种可读性公式面世,其中常用的公式有 Automated Readability Index 公式、

Coleman Liau 公式、Dale-Chall Index 公式、Flesh-Kincaid Grade 公式、Flesh Reading Ease 公式、FORCAST 公式、Gunning FOG Index 公式、SMOG Grading 公式等。已有不少的可读性公式可通过 Python 第三方库如 textstat 和 readability 实现可读性数值的自动计算。以下仅列出具有代表性的三种可读性公式及其计算方式。

Dale-Chall Index 公式（Dale & Chall 1948）以平均句长和陌生词占比为自变量，以可读性等级为因变量，其中的陌生词是指超出 Dale 词表 3 000 词以外的词。所构建的可读性公式如式 3.1 所示。

$$Y = 0.0496 * X1 + 0.1579 * X2 + 3.6365 \tag{3.1}$$

式中，Y 为可读性等级，X1 为平均句长，X2 为 3 000 词以外的陌生词占比。该公式适用于 4 年级以上的成人和儿童读物的可读性评判，其公式计算值与对应年级可参见表 3.1。

表 3.1　Dale-Chall Index 公式计算值与对应年级（Dale & Chall 1948; DuBay 2004: 23）

公式计算值	对应年级
4.9 及以下	4 年级及以下
5.0~5.9	5~6 年级
6.0~6.9	7~8 年级
7.0~7.9	9~10 年级
8.0~8.9	11~12 年级
9.0~9.9	13~15 年级（大学）
10 及以上	16 年级及以上（大学以上）

Flesh-Kincaid Grade 公式（DuBay 2004: 50）以平均句长和平均词长为自变量，以可读性等级为因变量，构建起可读性公式 3.2。

$$Y = 0.39 * X1 + 11.8 * X2 - 15.59 \tag{3.2}$$

式中，Y 为可读性等级，X1 为平均句长，X2 为平均词长。该公式的计算值直接对应美国的大中小学年级（见表 3.1 右列）。它是美国国防部采用的可读性标准,适用于成人语料分析(Flesch 1948, 转引自刘苗苗等 2021),现已嵌入微软 WORD 软件。

Flesh Reading Ease 公式(DuBay 2004: 21)以平均句长和平均音节数为自变量,以可读性等级为因变量,构建起可读性公式 3.3。

$$Y = -1.015 * X1 - 84.6 * X2 + 206.835 \tag{3.3}$$

式中,Y 为可读性等级,X1 为平均句长,X2 为平均音节数。该公式可将英文可读性划分为七个等级,分数越高表示阅读更容易(见表 3.2),其使用面广、可靠性高,适用对象为成人(王蕾 2008)。

表 3.2　Flesh Reading Ease 公式计算值与对应年级(DuBay 2004: 21)

公式计算值	阅读难易度	对应年级
0~30	很难(very difficult)	大学毕业
30~40	难(difficult)	13~16 年级
50~60	较难(fairly difficult)	10~12 年级
60~70	标准(standard)	8~9 年级
70~80	较容易(fairly easy)	7 年级
80~90	容易(easy)	6 年级
90~100	很容易(very easy)	5 年级

现以中国和德国著作权法英译本、英国和美国版权法原文本四个版本为语料对象,通过上述三种可读性公式的 Python 第三方包 textstat 进行计算(步骤 1 略),旨在确认可读性公式对专业文本的适用性。

```
读取文本(略):
计算可读性:
import textstat
dale_chall_score = [ ]
flesch_kincaid_grade = [ ]
flesch_reading_ease = [ ]
for item in filesList:
    score = textstat.dale_chall_readability_score(item)
    grade = textstat.flesch_kincaid_grade(item)
```

```
    ease = textstat.flesch_reading_ease(item)
    dale_chall_score.append(score)
    flesch_kincaid_grade.append(grade)
    flesch_reading_ease.append(ease)
国别名称:
nationList = []
for nation in filenameList:
    nationName = nation.split()[0]
    nationList.append(nationName)
输出结果:
import pandas as pd
combine = list(zip(nationList,
                   dale_chall_score,
                   flesch_kincaid_grade,
                   flesch_reading_ease))
df = pd.DataFrame(combine, columns=['国别','Dale-Chall 值',
                                    'Flesch-Kincaid 值',
                                    'Flesch 值'])
```

【计算结果】

国别	Dale-Chall 值	Flesch-Kincaid 值	Flesch 值
American	10. 10	78. 3	-123. 82
Chinese	6. 85	15. 3	40. 11
English	19. 80	154. 6	-316. 84
German	9. 23	39. 5	-22. 73

上述计算结果出现多处异常值:一是中国版的 Dale-Chall 值仅为 6. 85,相当于美国 7~8 年级的阅读难度,与 Flesch-Kincaid 值(相当于 13~15 年级)和 Flesch 值(相当于 13~16 年级)不匹配,而后两者彼此匹配且数值较为合理。二是除中国版数值外,所得出的 Flesch-Kincaid 值和 Flesch 值均超过表 3. 1 和表 3. 2 所设定的范围,Flesch 值甚至出现负数。三是英国版的数值均已超出设定范围。假如以中国版数值为基准,其他版本的 Flesch-Kincaid 值和 Flesch 值均为成比例超出范围;若仅仅考察数字,这一比例尚属合理。由此说明,上

述三种可读性公式对法律条文不是非常适用，Dale-Chall 方法可排除在外；Flesch-Kincaid 方法直接对应年级数，将导致可读性的解释难度加大；Flesh 方法若能修正为正值，则可强化数值之间的可比性。

这些经典的可读性公式的社会价值早已被认可，若设想拓展其应用边界，必须就相应的自变量展开适应性论证。上述三种公式共用的一个自变量是平均句长，另一个自变量均不相同，即为陌生词占比、平均词长、平均音节数。显然，就法律专业文本而言，这样的自变量设置可能过于简单，因法律文本有其特殊性：一是句长分布特别广，如美国版权法最大句长为 235 个词；二是句子复杂性较高，有些句子含有多个从属句；三是四个版本的平均词长分布相似，平均词长相差不大。其中的第三个特殊性可能会导致平均词长和平均音节数无显著差异性。

2）讨论与展望

上一小节所述的三种可读性公式均为传统型公式，虽然其专业价值迄今依然存在，但技术进步带来的变革使人们对传统的可读性性公式有了新的认识。François 和 Miltsakaki（2012）使用非传统变量/特征和机器学习技术后有三点发现：一是新型可读性公式优于传统型公式；二是非传统变量/特征所含信息大于传统变量/特征的；三是传统和非传统变量/特征的结合具有显著效果。Sung 等（2014）将多层次语言特征与支持向量机（SVM）相结合，其文本分类效果更出色，能更好地呈现复杂的文本及其阅读理解过程。Crossley 等（2019）认为，自然语言处理工具的介入使得文本理解和阅读速度明显超出传统的可读性公式的效果。使用支持向量机从 N 元模型中学习文本特征，由此所构成的模型的评估准确率在 79%到 94.5%之间，而传统的 Flesh-Kincaid 可读性公式的准确率仅在 21%到 41%之间（吴思远等 2018）。

新型的自然语言处理技术的应用已不可避免，因为它不仅可以延续传统可读性公式的优势，而且还可以设置更多非传统变量，以解决形式变量的解释力较弱的问题，使得可读性公式的研究进入语义层面。

英文可读性研究是汉语英译的基础，也是提高国际传播力的基础。原因在于每一次的汉语英译都有其特定的受众，受众不明确意味着传播效力的受限。因此，首先必须明确汉语英译的受众群体在哪里，这是提升翻译质量、强化翻译影响效果的关键。其次，构建相应受众群体的阅读文本语料库，为可读性研究提供语料质量保证。再次，构建合理有效的可读性公式，尤其是新技术应用下的可读性公式，以此确保汉译英文本的适用性和针对性。正如本章一开始所述，提高国际传播力不仅仅是国家机构、高等院校等的职责，企业也同样承担相应的职责。汉语英译不仅是讲好中国故事之所系，也是讲好中国企业故事之所在。

3.1.2　汉语可读性

汉语可读性的研究起步稍晚，大致遵循了英语可读性公式的研究范式，但在特征变量的选择和应用方面具有汉语自身的特点（吴思远等 2018），迄今已有多种可读性公式可供参照。江新等（2020）针对汉语水平考试（HSK）阅读测试文本的可读性，以字词、句子、语篇三个层面的九个变量，通过多元回归建立起可以衡量 HSK 高级阅读文本难度的可读性公式 3.4。

$$Y = -134.363 * X1 - 0.515 * X2 + 178.261 \qquad (3.4)$$

式中，Y 为可读性分数，X1 为相异词比率，X2 为虚词数。公式的拟合优度达到 84.1%，高于对外汉语领域的同类公式，其可读性分数与专家经验式文本难度评定分数之间存在高度相关。这一研究的变量设置有其显著性特色，从更多变量中筛选出九个关键变量，并在多变量协同过程中最后选定两个变量即相异词比率和虚词数进入可读性公式。

刘苗苗等（2021）针对小学语文教材阅读课文的可读性，以小学语文教材为语料库，为其标定 44 个文本变量，采用多元线性回归模型，以册数（12 级）为因变量构建起可读性公式 3.5。

$$Y = 0.01 * X1 + 1.03 * X2 + 9.32 * X3 - 2.44 \qquad (3.5)$$

式中，Y 为册数，X1 为字种，X2 为首现词表词种平均难度，X3 为虚词比例。将该公式与前人构建的七个基于线性回归模型的汉语可读性公式进行比较，结果发现该公式的总体解释率最大，但仅对低年级文本难度预测正确率最高，其他不同公式对不同年级分别具有一定的优势。小学阶段的中低年级是学生的阅读能力从低到高迅速发展的关键时期,此时学生的阅读理解实践受文本难度的影响较大,因此为中低年级小学语文教材阅读课文进行准确分级显得尤为重要。从多变量协同视角看,该项研究选择了 44 个变量,但最终进入可读性公式的仅三个,即字种、首现词表词种平均难度、虚词比例。其变量选择过程表明,变量过多导致存在多重共线性问题,会使变量的显著性检验失去意义,因此进行有效的循环迭代并逐一选出合理数目的变量是多变量协同的可行方法。

Soh(2020)针对新加坡汉语二外学习阅读材料的可读性,以中小学的汉语二外教材构建起研究用语料库,选用八个变量,通过多元回归方法,构建起可读性公式 3.6。

$$Y = 0.911 * X1 + 0.744 * X2 + 0.141 * X3 + 0.792 * X4 \tag{3.6}$$

式中,Y 为标准化可读性(standardized readability),X1 为汉字总数(number of Chinese characters),X2 为汉字类符数(number of different Chinese characters),X3 为平均句长(average sentence length),X4 为词组类符数(number of different words)。验证后表明,该公式的适用性小学优于中学,适用地是新加坡。对从事汉语二外教学的教师而言,为课内外选择合适难易度的阅读材料是其必不可少的工作。为此,教师可利用该可读性公式,为不同阅读材料给出可读性评价,以提高汉语二外的教学效果。该公式最终选用三个词汇变量和一个句子变量,用于预测阅读材料所适用的教学年级。其中的变量汉字总数的预测作用最为明显,因为总字数越多,阅读要求越高。变量词组类符数越多,越容易阅读,这是因为多数中文词组都由两个汉字组成,使用已学汉字组词减轻了阅读负担。

以 Soh(2020)的可读性公式为例,尝试以 Python 实现不同文本的可读性等级的计算。文本内容选自百度网页,涉及科普、军事、政治、新闻、科技、财政六个方面,每篇字数以原文为准,从 1000 字到 3500 字不等。

```
读取文本(略):
中文分句:
import re
def cut_sent(para):
    para = re.sub('([。!? \?])([^”’])', r"\1\n\2", para)
```

```
    para = re.sub('(\.{6})([^"'])', r"\1\n\2", para)
    para = re.sub('(\…{2})([^"'])', r"\1\n\2", para)
    para = re.sub('([。!?\?]["'])([^,。!?\?])', r'\1\n\2', para)
    para = para.rstrip()
    return para.split("\n")
计算可读性:
import jieba
for item in filesList:
    X1.append(len(item))
    X2_ = len(set(item))
    X2.append(X2_)
    X3_ = len(item)/len(cut_sent(item))
    X3.append(round(X3_,2))
    itemSeg = jieba.cut(item)
    X4_ = len(set(list(itemSeg)))
    X4.append(X4_)
    Y_ = 0.911 * len(item) + 0.744 * X2_ + 0.141 * X3_ + 0.792 * X4_
    Y.append(int(Y_))
    Y2_ = 0.744 * X2_ + 0.141 * X3_ + 0.792 * X4_
    Y2.append(int(Y2_))
新闻类别名称:
newsNameList = []
for name in filenameList:
    typeName = name.split('_')[1]
    newsNameList.append(typeName)
输出结果:
import pandas as pd
combine = list(zip(newsNameList, Y, X1, X2, X3, X4))
df = pd.DataFrame(combine, columns=['类别','可读性等级','汉字总数',
                        '汉字类符数','平均句长','词组类符数'])
```

【计算结果】

类别	可读性等级	汉字总数	汉字类符数	平均句长	词组类符数
科普	1423/556	1239	390	29.50	331
军事	1617/669	1386	466	55.44	398

（续表）

类别	可读性等级	汉字总数	汉字类符数	平均句长	词组类符数
政治	3 397/1 120	3 133	722	40.69	729
新闻	1 044/427	886	312	35.44	240
科技	1 027/387	903	269	31.14	231
财经	3 434/1 124	3 198	694	30.46	762

由上述计算结果可见汉语二外可读性公式对汉语母语的适用性。正如原文所述，所选阅读文章的长短已在很大程度上决定了可读性难易度。因此，停用自变量汉字总数后的可读性等级相对于汉语母语者更为合理一些。上述的词组类符数系经 jieba 分词后所得出的词组类别。平均句长显示军事类约为 55 字，但其可读性等级并非最高，而句长最小的财经类的可读性等级最高。从整体计算结果看，该可读性公式是偏向文本长短而确定的，符合汉语二外教学之所需。

3.1.3 领域特色可读性

可读性公式的应用不仅仅限于通用或教育领域，在许多专业领域如金融、财会、医疗等均有良好表现。就公司年报可读性（英文）与公司业绩、会计盈余三者之间展开的文本可读性研究表明，低收入公司的年报往往不利于阅读，而年报易于阅读的公司的收益是可持续的（Li 2008）。该研究采用 Gunning FOG Index 可读性公式，所涉自变量为平均句长和复杂词汇占比。该公式所得出的迷雾指数越高表示文本的可读性越低，其已在金融财会领域得到较为普遍的应用（唐国豪等 2016）。就董事会秘书声誉而展开的公司信息披露可读性（汉语）的研究表明，声誉与年报可读性显著正相关，声誉激励有助于董秘更好地履行信息披露职责，提高文本信息的披露质量；对公司信息披露可读性的影响，董秘声誉与法律保护存在一定的替代作用；声誉激励与职业晋升机会激励相得益彰（孙文章 2019）。该项研究亦借用 Gunning FOG Index 可读性公式，同时引入了三个自变量即复杂长句、被动句和复杂词汇，以增强可读性的说服力。

在医疗领域，2008 年美国的 45 个州加上哥伦比亚特区均设有医疗补助计划材料阅读等级指南,但半数以上州的医疗补助续期申请表均未通过三种可读性水平的测试(Flesch-Kincaid 公式、FORCAST 公式、Fog Count 公式),只有一个州的申请内容的可读性低于 5 年级阅读水平。因此,建议采取申请表简化措施,以帮助更多家庭享受应得的服务(Pati *et al.* 2012)。通过五种可读性公式的计算(Dale-Chall 公式、Flesch-Kincaid 公式、SMOG Grading 公式、Gunning FOG Index 公式、医疗专业 MSRM 公式),Wu 等(2016)发现某网站(ClinicalTrials. gov)的临床试验报告是最难读懂的医学文本,平均需要 18 年的教育时间才能准确明白其含义。而该网站负责将临床试验信息传递给大众并帮助招募试验参与人员,因此,有必要编制合适的写作指南和策略,以改进该网站的可读性。显然,上述两项涉及医疗的可读性公式研究均旨在改进医疗服务,提升受众的阅读感受。

可读性公式的领域特色应用绝不限于上述领域,同时也不限于可读性公式本身。这意味着,除了金融、财会、医疗领域外,其他领域如产品销售等也有应用(高维和等 2020)。不限于可读性公式本身,意味着可读性公式的应用有多种形式: 一是可读性公式的直接应用;二是为相应公式增设变量;三是不同可读性公式的组合应用;四是引入非传统变量。

3.1.4 译文可读性

前述三节的可读性描述已经为译文可读性的研究分析提供了扎实又充分的学术和技术说明。英文可读性既可应用于汉语英译文的适用性评阅,又可为英译汉的英语原文做翻译难度评估。汉语可读性也具有同样的作用。

黄立波(2014: 80 - 93)运用 Lix 可读性参数、WordSmith 词汇多样性和平均句长统计、Readability Analyser 可读性分析工具、Readability Studio 可读性参数四种方法,对张爱玲的自译作品、英文创作作品、他译作品进行对比考察,以期就作品的翻译风格展开实证研究。但研究结果却显示,这些手段都不能从整体上将几类文本区分开。因此,其提出建议: 第一,对译者风格的考察不能仅限于单纯的语际对比或语内对比,应该是复合对比的模式。第二,语料库软件得出的形式数据并不一定可靠,只能作为一个参数,还须从具体的语言使用着手分析。第三,软件统计的形式数据可能对多译本情形更为有效。

黄立波得出的结论似乎是对前三节结论的否定。为什么会如此呢？其实，可读性公式的应用主要在于识别文本的可读性，即难易度，初衷是辅助教师为语言学习者推荐适合其阅读水平的文本（吴思远等 2018），但后续的应用有了更多的领域，如金融、财会、医疗、产品营销等。尽管应用边界一直在拓展，但万变不离其宗，关键点还是文本的阅读难易度。而译者风格明显是一个更为复杂的维度，涉及方方面面的变量因素，译文可读性只能作为其中的一个考察变量。再说，传统的可读性公式所能提供的数值均与具体的自变量相关，计算可读性系数时还须对自变量做适当调节，即针对特定译文做调节，甚至是采用对比回归方式。针对不同作者的译文，设想仅从可读性出发区分其译者风格，其难度可想而知。正如黄立波的第三点结论所述，形式数据可能对多译本更为有效，因为软件统计的形式数据有其特定的适用性。若设想对译文可读性做深入研究，不妨将语义层面的自变量应用其中，结论或许有更多启发。如本章 3.1.1 节所述，新型的自然语言处理技术的应用已不可避免。

译者风格的研究考察尚且如此，译文可读性的多变量设置也是如此，这也是出现如此之多的可读性公式的原因所在。译文可读性属于文本可读性范畴，但有自身的特殊性。传统的可读性公式应在了解其使用条件的情况下方可应用。因此，开发适用于不同译文的可读性公式在所难免。译文有不同领域之分，正如 3.1.1 节所述的四种著作权法/版权法的可读性情形所描述的那样，仅有一种可读性公式勉强计算出稍显合理的分值，但还须就自变量做调节，这是不同体裁的译文特点所决定的。除了一般的形式数据外，更多语义或向量语义层面的数据应当有其用武之地，如词向量关联性、语义相似性、语义抽象性、情感极性等。

3.2 译文可读性探索路径

3.2.1 著作权法英译文的可读性

1）数据提取

本章 3.1.1 节已就四种文本（著作权法/版权法）的可读性分值给出初步

说明,并指出译文可读性公式的专业应用尚有待进一步优化。本案例将以 Flesh Reading Ease 公式为依据,展开法律译文可读性公式的后续研制,旨在探索法律译文的具体特征变量与可读性公式之间的关联性。Flesh Reading Ease 公式使用广泛,是经过最多测试且具有可靠性的公式(Chall 1958; Klare 1963,转引自 DuBay 2004: 21)。该公式多应用于通用文本,专业文本如美国海军的说明类文本也有使用(DuBay 2004: 21),其设有两个自变量为平均句长和平均音节数。应用于法律专业文本时,该公式是否百分百合适呢?为此有必要进行自变量的专业文本适用性验证。

著作权法/版权法的平均句长分别为[('American', 31.1065), ('Chinese', 18.6438), ('English', 20.3661), ('German', 23.5351)]。直观看数字,似乎彼此之间也有明显差别。经卡方拟合度检验(统计值 = 3.8967, p 值 = 0.2728),其 p 值大于 0.05,说明四个版本的平均句长无显著差异。从统计学视角看,此时采用平均句长作为可读性公式的自变量似乎不是非常妥当。文本句长大、句长分布广是法律文本的一个特点。据此,可否采用句长跨度作为句子维度的自变量呢?句长跨度等于文本最大句长减去平均句长的所得值,其结果为[('American', 204), ('Chinese', 101), ('English', 121), ('German', 121)]。经卡方拟合度检验(统计值 = 46.0457, p 值 = 0.0000),其 p 值小于 0.05,说明四个版本的句长跨度存在显著差异。由此可把 Flesh Reading Ease 公式中的自变量平均句长替换为句长跨度。上述之所以加入显著性检验环节,主要是为了区分自变量。假如自变量之间无显著差异,因变量也不会出现显著差异,这就无法使可读性公式的最终结果达到显著性区分要求。这样做的前提是作者对四个版本著作权法/版权法文本的多年了解,目的是以此为基础研制出可适用于法律文本的可读性公式。本节之后的显著性检验亦如此。

```
句长跨度验证:
import nltk
aveSentList = []
maxSentList = []
for item in filesList:
    para = item.split('\n')
    sentList = []
```

```
    for line in para:
        sent = nltk.sent_tokenize(line)
        sentList += sent
    words = item.split()
    aveSentList.append(round(len(words)/len(sentList), 4))
    sentNum = [len(s.split()) for s in sentList]
    maxSentList.append(max(sentNum))
from scipy import stats
data = [204, 100, 121, 120]
stats.chisquare(data)
```

著作权法/版权法的平均音节数分别为[('American', 1.6338), ('Chinese', 1.6182), ('English', 1.4971), ('German', 1.6295)]。直观看数字,似乎并无显著差异。经卡方拟合度检验(统计值=0.0804,p 值=0.9941),其 p 值大于0.05,说明四个版本的平均音节数无显著差异。慎重起见,将平均音节数成比例放大再行检验,以满足卡方检验具体数字不得小于 5 的要求。检验结果同样说明四个版本的平均音节数无显著差异,因此,采用平均音节数作为法律文本可读性公式的自变量似乎有所不妥。经过多种变量的卡方拟合度检验,仅发现四个版本的平均句长复杂词数有显著差异。该自变量系文本去除COCA/BNC 的 3000 基础词后除以文本句子数所得数值。平均句长复杂词数分别为[('American', 16.8264), ('Chinese', 0.9079), ('English', 13.0716), ('German', 5.0291)],无论是直观看数字,还是卡方拟合度检验(统计值=17.7562, p 值=0.0005),均说明该自变量彼此之间有显著差异。

```
平均句长复杂词数:
complexWordList = []
for item in wordFilesList2:
    oneFilesWord = []
    for word in item:
        if word not in basicWord3000:
            oneFilesWord.append(word)
    complexWordList.append(round(len(oneFilesWord)/len(sentList), 4))
```

经由上述计算和检验得出如下法律文本可读性公式 3.7。

$$Y = 206.835 - (1.015 * X1 + 84.6 * X2)/10 \tag{3.7}$$

式中,Y 为可读性等级,X1 为句长跨度,X2 为平均句长复杂词数。该公式的系数均沿用 Flesh Reading Ease 公式的设置,但自变量则以句长跨度替代平均句长,平均句长复杂词数替代平均音节数。公式中设置数字 10,仅仅是为了将可读性等级数值转换为正数。以新公式得出的四个版本著作权法/版权法的可读性系数为[('American', 43.78), ('Chinese', 188.9), ('English', 83.97), ('German', 152.01)]。由于 Gunning FOG Index 公式的领域特色应用如海军领域,故此用于检验所得系数与新版法律文本可读性公式所得数值的相关性。所得相关性数值为-0.6971,因 Gunning FOG Index 公式所得数值越高表示可读性越低,而新版公式正好相反,故两者为负相关且属于强相关。这一验证至少可以说明,这四个法律文本的可读性计算是合乎逻辑的。

```
新版公式的可读性计算:
X1X2 = list(zip(sentSpanList, complexWordList))
readableList = []
for item in X1X2:
    Y = 206.835-(1.015 * item[0] + 84.6 * item[1])/10
    readableList.append(round(Y, 2))
list(zip(nationList, readableList))
Gunning FOG Index 公式的对比:
import textstat
fogValueList = []
for item in filesList:
    Y = textstat.gunning_fog(item)
    fogValueList.append(Y)
list(zip(nationList, fogValueList))
相关性检验:
import pandas as pd
sr1 = pd.Series(readableList)
sr2 = pd.Series(fogValueList)
sr1.corr(sr2)
```

2) 讨论与总结

经上述对比可知,以中国版英译文为准,美国版原创文本的可读性难度是中国版的四倍多,英国版是两倍多,德国版是中国版的 1.04 倍,后两者差别不大(所得数值与表 2.4 的数值有所区别)。这一结果与常规阅读感觉相符:中文版阅读难易度明显低于美国版和英国版,但与同样是译文的德国版难易度较为接近。个中因素恐怕需要结合文本才能做出更为合理的解读。但有一点毋庸置疑,中国版便于常规人群的阅读,有利于说英语人士在中国读懂并援引相关法律条文,而美国版的长难句多出现于 100 至 235 词句长之间,其可读性足以构成诸多常规人群的阅读障碍。

新版公式的可读性难易度的区别主要体现在句长跨度和平均句长复杂词数两方面,同时考虑到句子维度和词汇维度两因素,而且词汇维度也涵盖在句子维度框架之内。基于 Flesh Reading Ease 公式的适用性,本次法律文本的改进型可读性公式可以说已经满足区分译文难易度的要求。当然,还有其他因素尚未列入考虑范围,如句子维度的从句比例、词汇维度的 COCA/BNC 十级区分。它们都会对可读性难易度产生一定程度的影响。语篇维度的自变量可采用词向量概率分布这一概念,即以信息贡献度方法提取每个文本的主题词,再计算相同主题词的词向量概率分布,或可加入独有主题词因素。

严格意义上说,可读性公式仅用于区分不同文本的阅读难易度。不同体裁的可读性公式应该有所区别,或是修改自变量,或是组合使用不同的可读性公式。将通用型可读性公式应用于专业文本时,应注意其专业适用性。这一区分文本可读性的方法非常适宜于检验汉语英译文本是否适用于目的语国家的语言文化环境,能够区分出译文所能适用的阅读群体,进而可提高语言文字的传播效力。这也是用英语讲好中国故事可以采用的方法之一。

3.2.2 可读性公式对专业译本的适用性

1) 可读性公式分析

正如前文所述,已有许多可读性公式可供使用,且证明是行之有效的。而且上一节的分析已经表明,对已有可读性公式做适当修正可以拓展此类公式的适用边界。本案例拟在综述不同可读性公式的专业领域适用性基础上,分析建筑文化英译内容是否存在合适的可读性公式以及英译内容的实际传播成效。已有的可读性公式及其适用领域可参见表3.3。

表3.3 英文可读性公式及其适用领域(DuBay 2004)

可读性公式	适用领域
Dale-Chall Index 公式: Y=0.0496 * X1+0.1579 * X2+3.6365 ——平均句长、陌生词占比	通用读物
Flesh-Kincaid Grade 公式: Y=0.39 * X1+11.8 * X2-15.59 ——平均句长、平均词长	军事说明类文本(海军)、教科书
Flesh Reading Ease 公式: Y=-1.015 * X1-84.6 * X2+206.835 ——平均句长、平均音节数	通用读物
Gunning FOG Index 公式: Y=0.4 * (X1+X2) ——平均句长、两音节以上的单词数	通用报纸杂志;医学;金融财会
SMOG Grading 公式: Y=3+X1 ——多音节单词数	通用读物
FORCAST 公式: Y=20-(X1÷10) ——每150词所含单音节词数	军事说明类文本
Automated Readability Index 公式(ARI 公式): Y=0.50 * X1+4.71 * X2-21.43 ——平均句长、平均词长	技术文本
Navy Readability Indexes 公式(NRI 公式): Y=0.4 * X1+6 * X2-27.4 ——平均句长、平均词长	军事说明类文本(海军)
Hull 公式: Y=0.49 * X1+0.29 * X2-2.71 ——平均句长、前置名词修饰语每百词数量	技术写作

由表3.3可知,英文可读性公式的自变量多为两个(这一点明显有别于汉语可读性公式——参见3.1.2节),且多数含有平均句长这一变量。可读性公式的应用对象多为通用读物和技术文本两类,应用领域最多的为军事领域,其

次是金融财会、医学等。将某一可读性公式单独应用于某一领域,原因在于该公式的完全适用性(Li 2008)。而以组合方式使用多种可读性公式是因为仅使用一种公式可能无法满足要求(Kincaid *et al*. 1975)或者可靠性不够高(Pati *et al*. 2012; Wu *et al*. 2016)。每一种可读性公式都有其最佳的适用场景,因此就某一公式的自变量做适当调整,不失为一条可行之路(孙文章 2019)。

就建筑文化英译内容的可读性分析而言,本案例尝试采用 Automated Readability Index 公式、Gunning FOG Index 公式、Hull 公式进行验证:

- 第一个公式为军队使用而构建,历经手动和计算机模式的验证(DuBay 2004: 49)以及军事领域的应用性验证(Kincaid *et al*. 1975)。
- 第二个公式可参见 3.1.3 节。
- 第三个 Hull 公式专为技术写作而推出,经受过 107 名理科学、工程学、管理学学生的测试。Hull 首次推出的可读性公式含有五个变量,但发现变量过多会降低公式可靠性且不实用之后,就施行了简化。(DuBay 2004: 51)

采用上述三种公式的首要目的是以组合方式进行验证,而且三种公式的首个自变量均为平均句长,第二个自变量分别为平均词长、两音节以上的单词数、前置名词修饰语每百词数量,以此实现三个不同视角验证自变量对因变量的贡献值。前述提及自变量多少的问题,未见有具体多少个变量才是最好的这一说法。但从历时视角看,时间越靠前推出的英文可读性公式一般以两个自变量为主,而时间越往后自变量会变得相对多一些。如书籍专用 ATOS 可读性公式(英文)设置有三个变量,即平均句长、词汇复杂性、平均词长,而汉语可读性公式的自变量少则三个,多达七个自变量,多以三四个为主(刘苗苗等 2021)。两种语言的可读性公式自变量的个数区别,原因可能有二: 一是语言的区别,汉语为意合语言,不能像英语那样提供更多的形式数据,只有设置更多的变量才能达成与英语相同的效果;二是汉语可读性公式的设置时间一般靠后,可供选择的技术手段相对较多,为诸如七个变量的设置创造了条件。

三种可读性公式的计算过程如下(由于第三方库 textstat 未能提供 Hull 公式算法,本案例以计算复杂词的算法代替)。所用语料为三个有关中国建筑文化的英译文，内容分别涉及中国古建筑的文庙、木构和科技史，每个文本的单词词数为 8 300 至 8 500 不等，均为正式出版物，属于“科技+文化”的学术类文本。之所以做如此选择，原因在于本人对三种图书的了解，可以从直观角度感受可读性公式的适用性。

```
可读性计算:
import textstat
readableList = [ ]
for item in filesList:
    Y_ARI = textstat. automated_readability_index( item)
    Y_fog = textstat. gunning_fog( item)
    Y_words = textstat. difficult_words( item)
    combine = ( Y_ARI, Y_fog, Y_words)
    readableList. append( combine)
combine2 = list( zip( textNameList, readableList) )
ARI = [ item[ 0] for item in readableList]
fog = [ item[ 1] for item in readableList]
相关性检验:
import pandas as pd
sr1 = pd. Series( ARI)
sr2 = pd. Series( fog)
sr1. corr( sr2)
```

【计算结果】

```
[ ('文庙', (19. 6, 15. 36, 584) ),
('木构', (20. 9, 15. 77, 958) ),
('科技史', (16. 4, 12. 96, 1332) ) ]
```

2）讨论与总结

由计算数值可知，Automated Readability Index 公式和 Gunning FOG Index 公式的结果相似，经相关性检验为极强相关（相关性系数=0. 9889），两组数据似乎只能说明科技史文本的可读性更容易一些。复杂词计算结果显示科技史的复杂词最多，似乎与前两组数据所暗示的意义有些矛盾。复杂词多应该导致可读性更难一些，但查看相关公式的自变量系数，无实质性区分。由此可以说，可读性公式用于区分阅读难易度似乎有其成效，但要区分英译内容的实际传播成效则几乎无法实现。这一结果可验证黄立波的疑问——可读性无法区分译者风格。实际上，可读性公式所能提供的信息均以词频为依据，属于浅层语义信息。设想寻求以浅层语义信息解读深层语义，难度不容小觑。

文庙内容由经验丰富的非母语翻译人士外译英语而成，木构内容由相应专业的英语母语人士翻译，科技史则由相应专业的非母语人士完成英译。根据相应专业其他英语母语者的阅读感受，木构内容应该是最佳译作。而这些阅读信息均无法与上述可读性数值实现关联。其实，这里的关键问题是译者风格或传播成效应该采用哪些变量，才能实现真正意义上的译者风格或传播成效的有效表征，而非人类整体感觉上的大致印象。因此，上述论证至少可以说明已有的可读性公式不能非常有效地表征建筑文化的英译内容，至于评判传播成效则基本上难以实现。

现有的新技术已经提供某些深层语义信息，拓展了可读性公式的适用边界。François 和 Miltsakaki(2012)采用 46 个传统和非传统变量，通过支持向量机机器学习，发现两类变量的有效组合使用可提升英文文本的可读性效果。其所运用的非传统变量有多种概率分布值、概念密度等。Sung 等(2014)利用词汇、句法、语义、连贯层面的 31 个语言学变量(特征)，依托广义线性模型，通过支持向量机机器学习，能够更好地阅读理解汉语文本的复杂性。除了传统变量外，也使用了非传统变量隐喻表达数量、含复杂语义类别的句子数等。Crossley 等(2019)就英语文本阅读理解和阅读速度展开可读性研究：阅读理解部分设置 63 个语言学变量，经回归分析显示有 13 个变量对阅读理解有显著预测能力；阅读速度部分设置 51 个语言学变量，经回归分析显示有九个变量对阅读速度有显著预测能力。该项研究所采用的非传统变量包括虚词的习得年龄、多连词占比、想象力实词、字符熵、词汇具体性、语义独特性、平均句长情感形容词等。

新技术的应用可以让变量数目增加许许多多，这里的关键是有谁能够想象出会有多少可能的变量。只要有新变量，新技术一定可以将其纳入可读性公式之中，而且有些变量值的获取只能依靠新技术。一般情况下，变量的数量与可读性公式的效度成正比,变量越多,其预测能力越强(吴思远等 2018)。这是与传统可读性公式的显著区别。传统模式下变量的多与少所导致的数字差别已不明显,因此多数可读性公式所采用的变量数并不多。新技术模式下,变量数并无限制,但其最终结果可能只是以一个数字表示一个译文(若以一个可读性公式为例),无论数字多么精细,这并不利于通过数字去解释译文的意义。译文的译者风格或传播成效应该兼顾其整体性和局部性,以局部性数字只能解读译文的某一个维度,不同的局部性数字会有高低之差,汇成一个整体性数字并不能解读译文的整体性,有时会相互抵消。因此,纳入非传统变量的多维度分析方法可能是解决译者风格或传播成效的一种有效手段。

3.2.3　译文句子复杂性对比

1）案例概述

3.2.1 节新版可读性公式得出中国版和德国版著作权法英译本的可读性数值分别为[('Chinese', 188.9), ('German', 152.01)],是四个版本中可读性最为相近的两个。本案例拟就两个译本的句子复杂性作对比,试图分析句子复杂性可能会对译文可读性产生哪些影响。影响句子复杂性的因素有很多,不同的研究会有不同的变量设置。通常可以将影响句子复杂性的变量分为两类:传统变量和非传统变量(见表 3.4)。本案例将选择六个变量展开句子复杂性维度下的译文可读性对比。

表 3.4　影响句子复杂性的变量

传统变量	非传统变量
平均句长,句长跨度/句长变化度,平均从句数,T 单位长度总数,复杂名词词组占比,简单句占比,介词短语比例,并行结构句子数,复杂结构句子数,段落句子数,连接词数,短语句法结构复杂度,被动句数,情态句数	平均句长情感形容词,信息熵,语义独特性,概率分布值,概念密度,隐喻表达数量,含复杂语义类别的句子数,依存句法复杂度,平均句法树高度,话题链数量,话题链分句总数,具体性/抽象

表 3.4 所示变量主要根据作者经验以及本章所引用的论文概括而出。从已有文献看,影响句子复杂性的变量有很多,但细看会发现不同的文献有时采用不同的名称,其实所指是同一个对象,因此表 3.4 未列入所有的名称。例

如,作者在本章创造了“句长跨度”概念,而其他文献亦有“句长变化度”,但不知两者是否同指,至少有些相似。传统变量与非传统变量两者并不矛盾,从时间维度看,前者指借助传统工具可以获取的数值,而后者只能依托新技术;新技术所针对的变量并非仅仅是非传统变量,传统变量亦可依托新技术实现更为精准的预测。变量的产生有各种不同方式:有的变量所指是一个相对较大的概念,为实现更为细腻的分析,可将其细分为多个变量(高霞 2021);以新技术产生新变量,如信息熵;以新技术实现传统变量的可计算化。在可能的情况下应选取更多的变量,但须注意变量的分类和效度。

2)数据提取

本案例拟选取的变量:句长跨度、平均从句占比、情态句占比;词向量概率均值、情感句占比、平均句长具体性/抽象性。

- 句长跨度可参见 3.2.1 节,计算结果为[('Chinese', 101), ('German', 121)];
- 平均从句占比等于从句数除以总句数乘以 100;
- 情态句占比等于情态句数除以总句数乘以 100;
- 词向量概率均值系某一概念词的词向量范数(经 np.linalg.norm 求得),范数常用于度量某个向量空间(或矩阵)中每个向量的长度或大小;
- 情感句占比是译文所含情感词数除以总句数,情感词按相应词表确定;
- 平均句长具体性/抽象性是指译文所含抽象性词的数值总和除以句子数所得数值,抽象性词按相应词表确定。

上述变量可分为两类:一类是词向量概率均值,选择五个关键概念词,这一变量仅用于表征概念词在自身词向量空间的长度或大小,获取数据是为了查看概念词在各自向量空间的数值是否关联(至于两个向量空间之间的可比性尚需更多研究);其他变量均为第二类,可用于对比两个译文的句子复杂性。

计算平均从句占比的关键在于从句的提取判断,两个因素至关重要:一是分句是否到位;二是无效从句的清洗。以下仅为简化方式列出提取方法,计算结果为[('Chinese', 24.6875), ('German', 39.2629)]。

```
sentNumList = [ ]
for item in filesList:
    sentList = [ ]
    para = item.split('\n')
    for line in para:
        sent = nltk.sent_tokenize(line)
        sentList += sent
    sentNumList.append(sentList)
clauseConj = ['that ', 'whether ', 'if ', 'what ', 'which ', 'who ',
              'whom ', 'whose ', 'when ', 'where ', 'why ', 'how ',
              'whatever ', 'whoever ', 'whomever ', 'as ', 'while ',
              'till ', 'whenever ', 'since ', 'as soon as', 'unless ',
              'as long as', 'in case', 'if only', 'on condition', 'so that',
              'in order that', 'lest ', 'because ', 'now that',
              'notwithstanding ', 'though ', 'for all that', 'as if',
              'according as', 'the more']
conjNumList = [ ]
for item in sentNumList:
    conjSentList = [ ]
    for sent in item:
        for word in clauseConj:
            if word in sent:
                conjSentList.append(sent)
    conjNumList.append(round(len(set(conjSentList)) / len(item) * 100, 4))
```

情态句占比的计算算法类似于平均从句占比,仅提取含有情态词的句子。所用情态词为['can', 'could', 'may', 'might', 'must', 'will', 'shall', 'should'],计算结果为[('Chinese', 37.1875), ('German', 56.6974)]。

词向量概率均值的计算有三个关键环节:一是词形还原;二是 Word2Vec 模型训练;三是概率均值计算。计算结果为[('author', (1.0584, 2.6988)), ('copyright', (2.3954, 2.7635)), ('court', (1.3209, 2.2573)), ('right', (1.8471, 2.7594)), ('work', (2.241, 2.759))]。

```
import numpy as np
from gensim.models import Word2Vec
modelChinese = Word2Vec(sentNumList2[0], window=5, size=200)
```

```
modelGerman = Word2Vec(sentNumList2[1], window=5, size=200)
keywords = ['author', 'copyright', 'court', 'right', 'work']
aveWordVector = []
for word in keywords:
    Yc = modelChinese.wv[word]
    YcNorm = np.linalg.norm(Yc)
    Yg = modelGerman.wv[word]
    YgNorm = np.linalg.norm(Yg)
    Ycg = (round(YcNorm, 4), round(YgNorm, 4))
    aveWordVector.append(Ycg)
list(zip(keywords, aveWordVector))
```

情感句占比的提取是依托情感词表,本案例所用情感词表为知网的四类情感词,即负面评价词语、负面情感词语、正面评价词语和正面情感词语,共计8 937 个情感词,但凡句子中含有情感词的均须提取。计算结果为[('Chinese', 78.125), ('German', 96.1729)]。本案例未区分含有一个或多个情感词的句子的情形。

```
sentiNumList = []
for item in sentNumList3:
    sentiSentList = []
    for sent in item:
        for word in filesList2:
            if word in sent:
                sentiSentList.append(sent)
    sentiNumList.append(round(len(set(sentiSentList)) / len(item) * 100, 2))
list(zip(nationList, sentiNumList))
```

平均句长具体性/抽象性用于表征译文的具体/抽象程度,即具体性/抽象性词汇的使用情况,系根据具体性/抽象性词表(Brysbaert *et al.* 2014)确定。该词表约有四万个英语单词,每一个单词均赋值有具体性/抽象性数值和标准差。计算结果为[('Chinese', 10.6158), ('German', 5.0887)]。

```
aveTextValueList = []
for line in sentNumList3:
```

```
    textLemma = " ".join(line)
    textValue = []
    for item in concretList:
        if str(item[0]) in textLemma:
            textValue.append(item[1])
    aveTextValueList.append(round(sum(textValue)/len(line), 4))
list(zip(nationList, aveTextValueList))
```

【计算结果】

```
经计算共获取十对数据:
[('句长跨度', (101, 121)),
 ('平均从句占比', (24.6875, 39.2629)),
 ('情态句占比', (37.1875, 56.6974)),
 ('情感句占比', (78.125, 96.1729)),
 ('平均句长具体性/抽象性', (10.6158, 5.0887)),
 ('author', (1.0348, 2.7399)),
 ('copyright', (2.3612, 2.7285)),
 ('court', (1.3096, 2.3748)),
 ('right', (1.8344, 2.7661)),
 ('work', (2.2306, 2.8736))]
```

3）讨论与总结

经 Python 单因素方差检验发现,十对数据同时参与检验(F=0.155957,p值=0.697547)时p值大于0.05,说明两组数据无显著差异,也即由十对数据构成的中国版和德国版句子复杂性彼此之间无显著差异。将十对数据分成两组,即五个词向量概率均值为一组和其他变量为另一组,检验后发现,五个词向量概率均值一组存在显著差异(F=12.17046,p值=0.008215),而另一组不存在显著差异(F=0.250523,p值=0.630184)。

```
a = []###中国版
b = []###德国版
for item in dataList22:
    a.append(item[1][0])
```

```
    b.append(item[1][1])
ratio = a + b
types = []
for n in range(len(ratio)):
    if n < len(ratio)/2:
        types.append('a')
    elif n >= len(ratio)/2:
        types.append('b')
combine = list(zip(types, ratio))
import pandas as pd
from statsmodels.formula.api import ols
from statsmodels.stats.anova import anova_lm
df = pd.DataFrame(combine, columns=['types','ratio'])
model = ols('ratio ~ types', df).fit()
anova_lm(model)
```

上述数据及其检验结果说明:

- 上一节的结论即数据之间会有相互抵消的作用,本案例再次予以确证,因此将数据分维度分析是较为合理的方法,而维度的确立需要循环往复的验证。
- 纯粹的非传统变量一组即五个词向量概率均值,其检验结果的显著差异性更能表明中国版与德国版之间多有不同这一现实,可以说明词向量这一向量语义分析方法的意义和作用。但本次检验仅选取五个关键概念,后续可进行更多概念的梯度检验。
- 另一组由传统变量和非传统变量组成,这里的非传统变量从形式上说更类似于传统变量。也就是说,这一组由形式数据组成,虽然数据之间存在区别,组间并无显著性差异。
- 以变量句长跨度为例,101 和 121 之差为 20,也即相差 20 个单词,从翻译实践视角看已是明显的差别;另一个变量平均句长具体性/抽象性分别为 10.6158 和 5.0887,数值大小正好与句长跨度相反。可能存在数据的相互抵消作用,所以尽管是小组数据检验也存在大组数据的类似问题。这又一次说明数据的维度区分至关重要。

- 本案例设想把句子复杂性视为一个维度，但结果表明还可以细分，由此可获取更为精准的检验结果，如五个词向量概率均值自成一组；其他变量若构成一组，还须验证变量之间的关联性。
- 本案例仅选用十个变量，但有的变量已经说明维度的区别即两个版本之间存在关键概念的不同。由此可见，这是一个复杂的验证过程，因为著作权法含有许多不同的概念，有的概念彼此相近，有的却区别较大。
- 以句子复杂性变量的确可以区分译文可读性，但设想在更高程度上说明这种区别，则需更多句子复杂性维度的合理变量。变量的组合不是简单的堆砌，而是逻辑意义下的合理组合。

参考文献

[1] Brysbaert, M., A. B. Warriner & V. Kuperman. 2014. Concreteness ratings for 40 thousand generally known English [J]. *Behavior Research* 46: 904 – 911.

[2] Crossley, S. A., S. Skalicky & M. Dascalu. 2019. Moving beyond classic readability formulas: new methods and new models [J]. *Journal of Research in Reading* 42(3 – 4): 541 – 561.

[3] Dale, E. & J. S. Chall. 1948. A formula for predicting readability: Instructions [J]. *Educational Research Bulletin* 27(2): 37 – 54.

[4] DuBay, W. H. 2004. The Principles of Readability [R]. Costa Mesa: Impact Information.

[5] François, T. & E. Miltsakaki. 2012. Do NLP and machine learning improve traditional readability formulas? [A]. *NAACL – HLT* 2012 *Workshop on Predicting and Improving Text Readability for Target Reader Populations* (*PITR 2012*) [C]. Montréal: Association for Computational Linguistics. 49 – 57.

[6] Kincaid, J. P., R. P. Fishburne Jr., R. L. Rogers & B. S. Chissom. 1975. Derivation of new readability formulas (Automated Readability Index, Fog Count and Flesh Reading Ease Formula) for navy enlisted personnel [R]. Institute for Simulation and Training. 56. https://stars.library.ucf.edu/istlibrary/56.

[7] Li, F. 2008. Annual report readability, current earnings, and earnings persistence [J]. *Journal of Accounting and Economics* 45: 221 – 247.

[8] Pati, S., J. E. Kavanagh, S. K. Bhatt, A. T. Wong, K. Noonan & A. Cnaan. 2012. Reading Level of Medicaid Renewal Applications [J]. *Academic Pediatrics* 12: 297 – 301.

[9] Soh, K. C. 2020. *Teaching Chinese Language in Singapore: Concerns and Visions* [M]. Singapore: Springer.

[10] Sung, Y. T., J. L. Chen, J. H. Cha, H. C. Tseng, T. H. Chang & K. E. Chang. 2014. Constructing and validating readability models: the method of integrating multilevel linguistic

features with machine learning [J]. *Behavior Research Methods*. DOI 10. 3758/s13428-014-0459-x.

[11] Wu, D. T. Y. , D. A. Hanauer, Q. Z. Mei, P. M. Clark, L. C. An, J. Proulx, Q. T. Zeng, VG. V. Vydiswaran, K. Collins-Thompson & K. Zheng. 2016. Assessing the readability of ClinicalTrials. gov [J]. *Journal of the American Medical Informatics Association* 23: 269 – 275.

[12] 高维和, 刘德文, 闵凉宇. 2020. 可读性和吸引性对商品销量的影响: 基于电影简介的文本分析[J]. 中国管理科学. https: //doi. org/10. 16381/j. cnki. issn1003-207x. 2019. 1776.

[13] 高霞. 2021. 不同水平学习者英语作文句法复杂度研究[J]. 外语教学与研究(2): 224 – 237.

[14] 黄立波. 2014. 基于语料库的翻译文体研究[M]. 上海: 上海交通大学出版社.

[15] 江新, 宋冰冰, 姜悦, 翟雨莹. 2020. 汉语水平考试(HSK)阅读测试文本的可读性分析[J]. 中国考试(12): 30 – 37.

[16] 刘苗苗, 李燕, 王欣萌, 甘琳琳, 李虹. 2021. 分级阅读初探: 基于小学教材的汉语可读性公式研究[J]. 语言文字应用(2): 116 – 126.

[17] 孙文章. 2019. 董事会秘书声誉与信息披露可读性: 基于沪深 A 股公司年报文本挖掘的证据[J]. 经济管理(7): 136 – 153.

[18] 唐国豪, 姜富伟, 张定胜. 2016. 金融市场文本情绪研究进展[J] 经济学动态(11): 137 – 147.

[19] 王蕾. 2008. 可读性公式的内涵及研究范式: 兼议对外汉语可读性公式的研究任务[J]. 语言教学与研究(6): 46 – 53.

[20] 吴思远, 蔡建永, 于东, 江新. 2018. 文本可读性的自动分析研究综述[J]. 中文信息学报(12): 1 – 10.

第4章　翻译对等的短语特征

好的翻译应该是实现了译文与原文的翻译对等，但如何达成翻译对等，不同的译者、不同的体裁，其翻译对等的实现路径会截然不同。正如定义所述，"好翻译"是指译文完全转化了原文的含义、表述简洁、易于理解，符合译文所属特定领域的要求以及语言文化方面的习惯表述要求，同时资深译员在译文校订以及专业审读在译文审读时都认为译文已无需任何修改（管新潮 2017：69）。由此概念可知，翻译对等有多种类型或层次，如小说文本的文体风格对等、法律法规的法律意义对等、工程翻译的术语对等，不同体裁的对等要求各异；而现有的机器翻译引擎所能实现的对等大多都是句子级别的对等，若设想进一步提升机器翻译的质量，自下而上的段落或篇章层次对等以及自上而下的短语或搭配层次对等都是值得分析探究的对象。鉴于此，本章试图在共选理论的指引下，依托 Python 技术，分析短语层面上的翻译对等。

4.1　翻译对等概述

4.1.1　共选理论

共选理论是语料库语言学的重要理论阐述之一，它将词汇、语法、意义交织为一体，以三者的密切关系重构了语言描述的视角和方法框架。共选理论认为，三者的选择不是独立或单一进行的；词汇与词汇、词汇与语法、词汇和语法结合而成的型式与意义之间，形成了可描述的共选关系（卫乃兴 2012）。共选理论视角下的短语不同于传统意义上的固定短语，而是指语言交际中词语反复共现或共选组成的词语序列，亦称为扩展意义单位。其意义构建是从具体层面过渡到抽象层面，即词语搭配、类联接、语义趋向和语义韵四个层面（梁红梅 2015）。词语搭配是词汇与词汇的共选，类联接是词汇与语法的共选，语义趋向和语义韵是型式与意义的共选。词汇与词汇的共选既体现于词形之间，也不同程度地体现于抽象的词元之间（卫乃兴 2012），是核心词与搭配词在一定范围内呈显著性共现（梁红梅 2015）。词汇与语法的共选将词汇与语法结构综合为一体，通过观察词形经常使用于其中的结构，并观察结构所涉及的高频词语（或其概率），确定表达一定意义的短语单位（卫乃兴 2012）。型式与意义的共选说明，用于不同型式的词语其表达的意义不同，用于同一型式的词语，其意义特征趋同（卫乃兴 2012）；语义偏好是核心词与具有一定语义特征的词语的共现关系；语义韵是一种态度意义，是核心词与周边词语共同透视出的说话者的态度（梁红梅 2015）。

基于共选理论，以医学英语为例，进行关键词语义范畴分类以及关键词语境共选词的语义趋向分析，结果发现: 关键词的显著性高频搭配词的语义分类与关键词自身的语义范畴分类高度重合；医学关键词的搭配词语义趋向与这些关键词在普通英语环境下的搭配语义趋向有显著差异，由此可突显医学专业独特的词汇语义共选特色（吕桂，何安平 2014）。分析三套依据共选理论编写的国外英语教材的元语言序列，并探讨其中的短语教学设计特征发现: 以短语为教学中心的英语教材采用反复出现的元语言序列的典型范式突显短语知识；教材突出强调自然英语中高频词的短语知识，尤其是单个目标词的多种典型搭配；较抽象的短语知识在较高水平级别教材中的呈现比例较高（梁红梅 2015）。

在共选理论中，抽象层面上的语义韵表达了型式与意义之间的关联性，对语义韵的意识不足或认识不到位是造成外语学习者语言失误的主要原因。中国英语学习者同本族语者在语言运用中所呈现的语义韵有着显著差异，以 cause 一词为例，中国英语学习者明显少用具有消极涵义的搭配词，而过多使用积极含义的搭配词（王海华，王同顺 2005）。典型搭配、中间语搭配和异常搭配这三个概念可有效表达中国英语学习者的英语语义韵特征。典型搭配显示较强的搭配规约与语义韵和谐特征；中间语搭配有违搭配规约，与语义韵不尽和谐；异常搭配则违反或破坏搭配规约，显现语义韵冲突，导致语用错误。研究表明：中国英语学习者可在一定程度上使用某些词项的典型搭配，但搭配范围狭小，不能使用大量搭配表达语言交际中的常规意义；所呈现的英语含有大量的中间语搭配实例，虽符合语法规则，但有违搭配规约，语义笼统或模糊，语义韵较弱；异常搭配则与节点词的语义韵冲突，破坏语义和谐，语用功能不适切或显示一种语用错误（卫乃兴 2006）。

语义韵出现在真实的文本中，与意义单位密不可分。语义韵分析旨在明晰意义单位中传递的态度和感情，代表了语言使用的功能和目的（李文中等 2020）。自然语言处理所运用的语义分析技术如情感分析、词向量匹配等，也许可助力于意义单位的态度和情感表达。若能将此类语义分析技术与语义韵分析相结合，将是一次富有意义的探索。

4.1.2 翻译共选

上一节所描述的共选理论是以单语语料库为对象，探究词语搭配、类联接、语义趋向和语义韵四个层面上的共选关系。共选理论的指导意义不仅仅在于单语短语学的研究和应用，随共选理论而产生的对比短语学是语料库语言学由单语语料库模式向双语或多语语料库模式发展而催生的研究应用方向（卫乃兴，陆军 2014: 4）。对比短语学旨在发现和描述对应或对等的跨语言意义单位，通过对比双语词语的组合行为异同，尤其是对比词语的型式、意义和功能特征异同，确立跨语言交际中使用的多词意义单位（卫乃兴，陆军 2014: 4）。对比短语学的出现使得语料库语言学与语料库翻译学的研究范式实现双语或多语模式的相互融合，也为语料库翻译的有效短语（搭配）提取提供了某种程度上的理论指向（无论是理论研究还是翻译实践），即语义趋向和语义韵模式下的双语短语提取模式。对比短语学所依据的语料库既可以是双语平行语料库，也可以是双语可比语料库：前者的双语之间存在翻译关系，可更为直观地考察双语之间的对应或对等；后者的双语之间虽未建立某种联系，但两者均为真实的自然语言，可为双语对比提供真实的语言特征。这一语料库特点已在语料库翻译学研究和翻译实践中得到明确体现。

李晓红和卫乃兴(2012)从英汉双向平行语料库提供的初似对应词出发，探究其语义趋向和语义韵的错综对应关系，并最终确立意义和功能特征高度对应的汉英对应词语单位。对应词的搭配习惯和具体语境中的态度表达趋同度越高则对应程度越高，二者的对应具有广泛的语境普适性；相反，对应词在各层面的趋异度越高则只构成部分对应，二者的对应呈特殊的语境制约性，在翻译实践中不能视为典型的优选对应词语。于璐和田建国(2015)借助英汉双语平行语料库所提供的初拟对应词，探讨了“坚持”及其对应率最高的两个初拟对应词 insist on 和 persist in 在语义趋向和语义韵方面的相关特征。研究发现，“坚持”的主导语义趋向是积极的，所构筑的语义韵也是积极的。而 insist on 和 persist in 的主导语义趋向均呈中性，语义趋向范围均为“部分交叉式”。相较之下，insist on 的语义趋向范围更广，语义韵属于积消平衡的状态，其与“坚持”的对应程度更高。因此，典型对等词的判定，其语义趋向和语义韵均是十分重要的考察要素，二者不能割裂，其中语义韵的对应是确立双语对等词汇的关键。

有关近义词语义韵的对比研究(Xiao & McEnery 2006)表明，近义词语义韵及其搭配的语义趋向都是不同的，因此语内近义词不可互换；英汉语系不同，但两种语言的近义词搭配行为和语义韵却是相似的。相应的对比研究(杨梅 2013)还表明，双语视角下近义词的“对等”不能局限于两种语言的词汇在内涵意义层面的对等以及语义的模糊对应，近义词跨语言对应关系的确立必须结合语境，即根据词语与语境的共选行为确定跨越词项单位的态度和评价意义。这种语义韵的对应是确立跨语言近义词对应关系的重要因素。

在汉英翻译界面下，对比《红楼梦》英译本与原创英语中 hear of 的异同，探索语义韵在翻译过程中的作用和变化特征。研究表明，语义韵常模在翻译过程中起着统领作用，制约着译者的词汇、语法选择；译者对语义韵进行操控与利用，使翻译文本中高频出现原创英语中的低频共选型式，特定语义韵呈现凸显和显化趋势(高歌，卫乃兴 2019)。以时政类高频词“精神”的英译为例，考察双语词语在形式、意义和功能层面的对应情况。其结果表明，高频序列“名词+精神”的英语形式对应为二项搭配序列、单个词和搭配框架语；汉英对应单位型式各异,搭配词选择多样,语义趋向不尽相同;但由型式和意义相互共选而构成的更大的短语单位均指向相似的交际目的,功能层面的对应是最高程度的双语对等(李晓红 2016)。

上述研究所指的翻译共选最后均落脚于语义趋向和语义韵,唯有两者的对等才能确立英汉对应词或近义词的对等,也即从具体的词语搭配对等上升至抽象的语义韵对等。由此可见,中外互译,尤其是中译外实践(由母语译入非母语)中的短语选择并非仅仅是型式的对等,必须是语义趋向和语义韵的对等,这才是翻译对等在短语层面上的最高境界。

4.1.3 翻译对等

1) 微观与宏观层面

翻译对等的概念并非只是缘起于对比短语学的兴起,奈达(Nida)的动态对等乃至功能对等均已证实翻译对等存在的现实性和必然性。但两者所涉及的翻译对等彼此区别明显:对比短语学的翻译对等从翻译共选视角出发,强调的是词语的反复共现或共选,是一种较为微观的考察模式;而功能对等是指目的语读者对译文的阅读感受与源语读者具有相同的效果,强调的是两类读者的同一性或相似性整体感受,是一种较为宏观的模式。两者的共通之处为:语义趋向和语义韵的对等会使译文的呈现更为符合目的语读者的阅读体验,相当于实现另一层次的功能对等。

2) 相互对应率

短语层面上的翻译对等可表示为相互对应率(Altenberg 1999,转引自卫乃兴 2011),是指双向平行语料库中语法结构和词语相互被译的概率,其计算公式如式 4.1 所示。

$$MC = (At + Bt)/(As + Bs) * 100 \tag{4.1}$$

式中,MC 表示相互对应率(结果为百分数),At 和 Bt 分别表示词语 A 和 B 在目的语文本中的出现频率,As 和 Bs 分别表示词语 A 和 B 在源语文本中的出现频率。公式适用条件:词语 A 与词语 B 存在互译关系。相互对应率的计算结果(卫乃兴 2011)显示,以“重视”一词为例,大部分词语的相互对应率都较低或很低。可能的原因是受交大科技平行语料库特点的影响: 一是各类文本及其形符数不够平衡,英语源语文本的各项数据都远高于汉语源语文本;二是各领域的文本数和形符数也不平衡。

以法律领域的“责任”一词为例,其对译英语词至少有 responsible/responsibility、liable/liability、accountable/accountability、duty/duties、burden、obligation、consequences(检索自 20 部联合国公约,共计 8 746 个句对)。由此可见,“责任/responsibility”的相互对应率也会类似于“重视/attach (great) importance”的相互对应率。这是义项分配之故,即“责任”一词英译后的各义项占比均相对较低,义项越多占比越小,各义项占比之和不会超过 100%。“重视”一词的相互对应率(卫乃兴 2011)之和为 90.9%,就是这一原因所致。另一方面,这些较低占比数值中的最大值即可认为相应的互译词语是该词语最重要的相关义项,即“重视/attach (great) importance”属于强对应(卫乃兴 2011)。又以 copyright 一词为例,其对译汉语词为两个,即“著作权”和“版权”,因此相互对应率也是在这两个词语之间实现分配。影响具体占比的因素可能较为复杂,如语料库文本数量、具体形符数、语料库平衡性、体裁类型、具体互译词的义项、译者用词习惯等。本章将在 4.2.1 节详细描述法律领域的相互对应率。

3) 翻译实践与翻译对等

翻译实践中的翻译对等情形各异,因为不同体裁的翻译要求相互有别。以下描述法律类、时政类、科技类、文学类四种翻译体裁的翻译对等。

法律类翻译一般会有较为严格的翻译对等要求,尤其是法律法规的翻译。作为判决依据的法律法规,其译文必须实现与源语版本完全对应,否则用作参照或法律依据时极有可能产生误解,甚至因此输掉官司。但问题是: 这种完全对应是逐词逐句的对应吗? 答案显然是否定的。法律文本的翻译虽讲求严格对等,但从实际效果看,法律意义/法律概念上的对等应该列为首要,其次才是文字形式的对等。汉语与英文本来就是两种差异性极大的语言,而多以内在逻辑衔接方式写就的中文其英译有一定的难度,相应的英译文本若想做到文字形式的对等则是难上加难。因此,中译外的翻译对等首先应该实现法律意义对等,而外译中如从拼音文字翻译成中文则可同时实现法律意义和文字形式的对等。

时政类的翻译对等应该做到政治等效。政治等效是指翻译必须准确、忠实地反映原语和说话者的政治思想和政治语境,另一方面要用接受方所能理解的译入语来表达,使双方得到的政治含义信息等值,使译文起到与原文相同的作用(杨明星 2008)。在国际传播力建设的当下,时政类中译外的翻译对等应以何种形式体现政治等效呢?首先是短语层面的政治等效,即可以固定为一种译法的短语皆应给予固定,而无法固定的语言形式其译文不能局限于中文的语言形式、概念意义甚至已有的引申意义,必须根据说话者的语境、真实思想和对外关系的大背景对语言形式进行必要的调整和取舍(杨明星 2008)。其次,围绕短语构建句子层面的意义等效。第三,语言形式对等,这一点对中译外而言,有其较难逾越的高度,因中文特点使然,尤其唐诗宋词之类的外译。

科技类的翻译对等首先可表述为术语对等,不仅体现在译文与原文之间,也体现在译文的上下文之中。科技类翻译所涉及的内容相对较广,至少可分为三类:海洋工程和机械电子为一类,数学和物理为另一类,第三类是医学、生物和化学。这三类的术语都具有较为显著的领域特色,可在翻译实践中分类别对待。术语对等是科技类翻译的最小对等单位,较大一级的对等单位是短语搭配。英语术语一般以两三个单词居多,但也不能忽视医学、生物和化学领域的单个单词术语的数量。实现英汉术语对等的术语库,自然也能满足中译英的需要。短语搭配一般以科技文本的惯用表达为主体,可实现科技表达的相对程式化,其模式也可由英汉对等直接转向为汉英对等。科技表达的相对程式化并不否定科技文本对文笔或文采的要求,这与作者或译者的语文水平息息相关。

文学类的翻译对等难以一言以蔽之,其影响因素过于繁多,有时候同一作者不同时期的译作其翻译对等风格也会有显著变化,最有代表性的恐怕就是葛浩文翻译的莫言小说(冯全功 2017):后期两部作品《檀香刑》和《蛙》中的异化翻译手法明显多于前期三部作品《红高粱》《丰乳肥臀》《生死疲劳》中的翻译异化手法,因为葛浩文在莫言获诺贝尔文学奖之后更加注重传达原文的异质性。如果说葛浩文的早期译文受外界影响存在更多文化操纵的话,后期则更强调对原文的"忠实"(大幅度的操纵现象相对少见),表现在意象话语的翻译上就是更多地保留原文的意象。这已说明,葛浩文的后期莫言小说翻译更为关注与原著在特色表述上的翻译对等。这一翻译现象说明,文学翻译也可以实现如法律类和科技类翻译所要求的多数翻译对等,关键在于译者主体性发挥的程度。

上述四类翻译对等,若从 Python 应用视角看待,应该是程式化越高的文本其自动化实现的可能就越大。但现实情况却是这样的: 法律类和科技类翻译可以说是程式化程度较高的一类,但翻译实践中也会有文笔表述的要求,正如上文所指的"语文水平"那样。因此,以 Python 实现翻译对等这一命题,其路径应该是多重的,不应仅限于术语层面。

4.2 翻译对等的短语实现路径

4.2.1 双语文本对应词的相互对应率

1) 语料库描述

本案例所使用的语料库为英汉双向平行模式,其中的英汉方向平行语料文本为联合国公约,汉英方向平行语料文本是中国法律及其英译本。为增强可比性,将两个方向的子语料库规模设置相当(以形符数为主要参照标准;具体公约和法律名称详见 Python 运行结果): 英汉方向共计 17 部公约,文件大小为 6.53 M,合计句对 7 675 句,英语平均句长 26.55 词及其总形符数为 203 735;汉英方向共计 33 部中国法律,文件大小为 5.58 M,合计句对 6 808 句,英语平均句长 30.25 及其总形符数为 205 915(未计入英文标点符号)。

```
公约和法律名称提取
import os
fileslist = os.listdir(path4)
```

```
lawNames = [ ]
for item in fileslist:
    item2 = item.split('_')
    lawNames.append(item2[0])
lawNames
```

2）数据清洗

本案例最初读取的数据是以 xlsx 格式保存的双语句对平行文本，而最终有待计算的是相互对应率，因此须就语料展开清洗以提高计算精度。清洗可分为两个环节：一是英文词形还原；二是中文分词处理。处理后仍以 xlsx 格式保存，以便后续调用。英文词形还原以统一词形为目标，意在减少词形变化可能产生的统计干扰；本节采用 nltk 的 WordNetLemmatizer 方法。中文分词的精度目前仍存有问题，但就相对较大的语料库而言其影响不是很大，尤其是经自定义方法分词后可进一步提升特定语料的分词精度；本小节仅采用 jieba 分词工具。

```
import jieba
import pandas as pd
df = pd.read_excel(path2)
pairList = list(zip(list(df['zh-CN']), list(df['en-US'])))
pairListClean2 = [ ]
for item in pairList:
    tokens = nltk.word_tokenize(item[1].lower())
    tags = find_pos(item[1])
    lemma_words = [ ]
    for i in range(0, len(tokens)):
        lemma_words.append(wnl.lemmatize(tokens[i], tags[i]))
    engWord = " ".join(lemma_words)
    chnWord = " ".join(jieba.cut(item[0]))
    chn_eng = (chnWord, engWord)
    pairListClean2.append(chn_eng)
```

【清洗结果】

31	第十二条　　会计核算 以 人民币 为 记账 本位币 。	article 12 renminbi be use as the base currency for bookkeeping in accounting practice .
32	业务 收支 以 人民币 以外 的 货币 为主 的 单位 ， 可以 选定 其中 一种 货币 作为 记账 本位币 ， 但是 编报 的 财务会计 报告 应当 折算 为 人民币 。	the unit whose receipt and expenditure be conduct chiefly in currency other than renminbi may select one of them as the base currency for bookkeeping , but the financial and accounting report prepare shall be reflect in renminbi convert from the foreign currency .
33	第十三条　　会计凭证 、 会计 账簿 、 财务会计 报告 和 其他 会计 资料 ， 必须 符合国家 统一 的 会计制度 的 规定 。	article 13 accounting voucher , account book , financial and accounting report and other accounting document must conform to the provision of the uniform accounting system of the state .
34	使用 电子计算机 进行 会计核算 的 ， 其 软件 及其 生成 的 会计凭证 、 会计 账簿 、 财务会计 报告 和 其他 会计 资料 ， 也 必须 符合国家 统一 的 会计制度 的 规定 。	where the accounting practice be conduct with computer , the software thereof and the accounting voucher , account book , financial and accounting report and other accounting document produce therefrom , must also conform to the provision of the uniform accounting system of the state .
35	任何 单位 和 个人 不得 伪造 、 变造 会计凭证 、 会计 账簿 及其 他 会计 资料 ， 不得 提供 虚假 的 财务会计 报告 。	no unit or individual may forge or alter accounting voucher , account book and other accounting document , nor submit false financial and accounting report .
36	第十四条　　会计凭证 包括 原始凭证 和 记账 凭证 。	article 14 accounting voucher shall include original voucher and record voucher .
37	办理 本法 第十条 所列 的 经济 业务 事项 ， 必须 填制 或者 取得 原始凭证 并 及时 送交 会计 机构 。	in handle the economic transaction and operational matter stipulate in article 10 of this law , original voucher must be draw up or obtain , and then promptly file with the accounting office .

3）数据提取

相互对应率的计算须以特定的互译词为目标,而互译词的确定有多种方法:一是经验式确定,如“责任”一词,适用于较为熟悉的体裁,选定具有代表性和解释力的词汇;二是计算式确定,如以信息贡献度提取或主题建模等方法。本案例尝试以第二种方法确定互译词,以体现统计数据的客观性和数据考察的整体性。正如 4.1.3 节所述,“义项越多的词汇其相互对应率越低,各义项占比之和不会超过 100%”,那么设想以相互对应率为标准进行同一语料库内不同互译词的相互对比,其可比性又如何确定呢？不同的词汇其义项多寡受限于多种因素,法律翻译的影响因素一定会与文学翻译的有所不同,并非后者的义项就一定是多于前者。有时严肃文本因专业表达的需要而呈现多重义项,如法律“责任”一词的英译。另一个必须引起重视的影响因素是反向翻译时的对应义项因素,即翻译原因可能会导致某些义项的占比发生较大变化。因此,本案例尝试选择具有代表性的单义项和多义项互译词,就相互对应率的实际意义展开对比研究,其中的多义项也有多与少的区别。

首先以信息贡献度方法提取两个子语料库的主题词,代码涵盖信息贡献度方法和对比输出 xlsx 格式方法。经目视检查发现,排序前 100 的主题词只有两个即 party 和 work 排序相同、信息贡献度权重相近,其他主题词多有不同。这种差异性究竟有多大,有待实证数据提取。

【提取结果——信息贡献度排序】

	A	B	C	D	E	F
1	kw_eng_chn	weight_eng_chn			kw_chn_eng	weight_chn_eng
2	chemical	0.009700653			company	0.011306266
3	party	0.009025221			party	0.010058553
4	inspection	0.008167817			insurance	0.007775234
5	member	0.007798808			contract	0.00768391
6	state	0.007672644			administrative	0.007293634
7	facility	0.007285554			committee	0.007149579
8	weapon	0.006804254			grassland	0.00589339
9	contract	0.006047451			people	0.005875508
10	agreement	0.005354666			planning	0.005303726
11	union	0.005325806			elderly	0.00520744
12	council	0.005183765			employment	0.00496507
13	convention	0.005139941			drug	0.004938505
14	country	0.005137594			person	0.004657723
15	service	0.005102579			congress	0.004611579
16	committee	0.004675379			shareholder	0.004491284
17	destruction	0.004647098			ship	0.004310621
18	conference	0.004583927			employee	0.004235854
19	contracting	0.004247143			servant	0.004201819
20	health	0.003639559			accounting	0.004135288
21	product	0.003574122			safety	0.004117244
22	price	0.003466365			disabled	0.004100914
23	work	0.003417381			work	0.003997526
24	international	0.003338538			unit	0.003994453
25	administrative	0.003197379			carrier	0.00397922

数据提取算法——前 100 主题词差异性:

```
text8_1 = list(zip(list(df8['kw_eng_chn']), list(df8['weight_eng_chn'])))
text8_2 = list(zip(list(df8['kw_chn_eng']), list(df8['weight_chn_eng'])))
selectBothList = []
for item in text8_1[:100]:
    for word in text8_2[:100]:
        if item[0] == word[0]:
            selectBothList.append(item+word)
```

【提取结果——前 100 主题词差异性】

```
[('party', 0.009025221140078843, 'party', 0.01005855327294915),
('member', 0.007798808030501241, 'member', 0.00247181095527725),
('state', 0.007672644123127651, 'state', 0.003193526589473636),
('contract', 0.006047451250068054, 'contract', 0.007683909734779585),
```

```
('council', 0.005183764756714291, 'council', 0.002057231892637384),
('service', 0.005102579246206649, 'service', 0.001609655832868971),
('committee', 0.004675379015911143, 'committee', 0.007149579191915068),
('work', 0.003417380543261188, 'work', 0.003997525552263527),
('administrative', 0.003197379420228751, 'administrative', 0.00729363421170952),
('organization', 0.003158768445879691, 'organization', 0.002045945803900496),
('director', 0.003047036331884964, 'director', 0.002728475579844247),
('ship', 0.002944882584358731, 'ship', 0.004310621457917481),
('shall', 0.002825515324159166, 'shall', 0.002534890412701087),
('production', 0.002806407390577084, 'production', 0.001802509016569487),
('regulation', 0.002447390863187402, 'regulation', 0.002162734369309839),
('meeting', 0.002355736171783791, 'meeting', 0.00247291485468204),
('person', 0.001824404554217487, 'person', 0.0046577230519716),
('safety', 0.00179757089896648, 'safety', 0.004117243520250559),
('government', 0.001456036861086271, 'government', 0.003920565742369249),
('use', 0.001407042044269905, 'use', 0.003745257813858269),
('right', 0.001382074591496001, 'right', 0.002305011453530078),
('company', 0.001198999942218293, 'company', 0.01130626581400296)]
```

从提取结果看,按信息贡献度大小排序的前 100 个主题词有 22 个同时出现在两个子语料库中,其中只有前述的 2 个主题词是排序相同且信息贡献度权重相近,director、shall、regulation、meeting 四个主题词是排序不同但信息贡献度权重相近,其他 16 个为排序不同且信息贡献度权重也不相近;两个子语料库的前 100 个主题词有 78 个互不相同。仅有的这些信息显示,两个子语料库的主题词构成还是存在较大的差异性。这可能与两类法律文本的构成相互间存在一定区别有关(前述仅就子语料库规模做了统一),即我国的法律英译以及联合国公约的汉译,从上述的公约和法律名称也可体会到这一点。鉴于此,选择下述词汇计算相互对应率: work 和"政府"。

4) 相互对应率计算

本次相互对应率计算从英汉方向语料库的 work 一词开始(排序相同、信息贡献度权重相近),其对应义项为"作品、合作、工作、工程、工厂、改装"等,据此选择对应词"work/工作"计算其相互对应率。

```
英汉方向:
pairList5_As = []
for item in pairList5:
    if "work" in item[0]:
        pairList5_As.append(item)
As = len(pairList5_As)###268
pairList5_As_Bt = []
for item in pairList5_As:
    if "工作" in item[1]:
        pairList5_As_Bt.append(item)
Bt = len(pairList5_As_Bt)###104
汉英方向:
pairList6_Bs = []
for item in pairList6:
    if "工作" in item[0]:
        pairList6_Bs.append(item)
Bs = len(pairList6_Bs)###441
pairList6_Bs_At = []
for item in pairList6_Bs:
    if "work" in item[1]:
        pairList6_Bs_At.append(item)
At = len(pairList6_Bs_At)###294
计算结果:
MC_work 工作 = (At + Bt)/(As + Bs) * 100
```

对应词"work/工作"的相互对应率计算结果为 56.135 4%,其他对应词亦可采用本法计算。作为多义项的 work 一词,其所有义项的相互对应率计算值总和为 104.247 6%,已超出 100%界限,不同于"重视"一词的相互对应率(卫乃兴 2011)之和为 90.9%。究其原因,最大的可能是其尚未列出所有的义项占比。

本次计算从汉英方向语料库的"政府"一词开始,其对应义项为 government。仅从字面看,似乎"政府/government"应该是单义项对应词。其结果果真如此吗?相互对应率计算结果为 96.1201%。这一结果明显大于"重视"或 work 的相互对应率。仅从计算结果看,似乎也不能认为其是百分百的单义项,因为数值并非 100%。但有一点可以证实,即相较于 work 或"重视",其对应义项明显很少。

5）讨论与总结

从相互对应率的大小可以看出对应词初始词（上节所指的 work 或“政府”）义项的多与少，例如“政府”一词可选义项明显少于 work 一词。这一数值可供比较初始词翻译时的词内义项选择，相互对应率越大，表示其在翻译义项选择中占比越高，说明该对应词就考察对象而言其短语对等程度越大，相应文本或语料库内的重要性越高。但不同初始词的义项之间似乎无法借助相互对应率进行相互对比，因为不同初始词的义项本来就有多与少的区别，与具体文本或语料库关系不大。

从“重视”和 work 两词看，相互对应率之和似乎不会过于偏离 100%，这是因为相互对应率的计算均在对应词初始词的义项范围内进行。从初始词到目的语对应词方向看，相互对应率之和应该小于 100%，但从目的语对应词到初始词方向看，却未必尽然，因为反向翻译有可能增加占比，但这一占比的增加还是受到对应词初始词义项范围的限制。

影响相互对应率大小的因素可能还有：

- 中文分词——可能会影响到对比精度；
- 不同词形——以 government 和 governmental 两词为例，前者译为“政府”，后者译为“政府间”，但分词后均含有“政府”一词，此时计算对应词“政府/government”的相互对应率就会把“政府间”的“政府”也包括在内；
- 英文的词形还原——并非所有词均得到有效的词形还原处理；
- 语料库可比性——两个翻译方向的语料库是否具有较高的可比性。

总之，相互对应率的作用是判断对应词的短语对等程度，其在一定程度上可以反映出翻译操作中词与词之间的相互对应性，即文本或语料库内的特定词在可比性方面的重要性。本案例的语料库设置仅就规模大小进行了验证，尚未展开词汇构成方面的验证，但构词验证可能会增加语料库构建的难度。

4.2.2 文本互信息共现

1）定义与概念

互信息是指信息论中两个随机变量之间的关联程度，而文本或语料库研究中的互信息是指两个字或两个词之间的相互关联性，可用于描述词汇的搭配关系（黄德根等 2004）。互信息值越大，相互间的关联性就越强，其搭配关系越显著。作为一种整体性度量方法，互信息所呈现的是两个变量之间相互依赖的指标，由此可获得按互信息值大小排序的词汇关联性概率分布。

互信息值大小的度量方法即互信息方法，可用于确定词汇之间的搭配关系，并由此构成互信息共现，即以互信息值确定的词汇搭配关系。互信息共现也是一种共选，其存在于文本或语料库之中，而共现/共选关系的呈现则必须依托互信息值的计算。另一种互信息共现方法就是词汇共现分析，属于内容分析方法之一，其原理是对一组词汇两两统计其在同一篇文献中出现的次数，以此为基础对此类词汇进行分层聚类，并发现词汇之间的亲疏关系，通过共现分析可以揭示学科和主题的结构变化（路青等 2016）。

在搭配关系的研究中，互信息方法也存在一定的不足，即当一个搭配词和节点词共现的次数不多但仍有较高的互信息值时，它可能表明了词语的搭配强度，也可能是由于语言使用者独特的个人用语特点或者某个语料库的特点所致（卫乃兴 2002）。总之，互信息方法能够较好地从文本或语料库中识别出复合词、固定词组、科技术语等（卫乃兴 2002）。

互信息值的计算公式（卫乃兴 2002；黄德根等 2004）如式 4.2 所示。

$$MI(x,y) = log2(P(x,y)/P(x)P(y)) \tag{4.2}$$

式中，x 和 y 分别为一个文本或语料库中的任意两个词形，$P(x,y)$ 是两个词形的共现频率，$P(x)$ 是 x 词形出现的频率，$P(y)$ 是 y 词形出现的频率，$MI(x,y)$ 是两个词形共现的概率即互信息值。$MI(x,y)>0$，表明 x 和 y 的关联程度强；$MI(x,y)\approx 0$，表明 x 和 y 的关联程度弱，仅属于偶然共现；$MI(x,y)<0$，表明 x 和 y 互补分布，不存在关联关系（黄德根等 2004）。

Python 互信息值计算方法可采用 nltk 包实现。以《中华人民共和国著作权法》英译本的 copyright 一词为例，计算其互信息搭配情况。

```
segText = nltk.word_tokenize(text)
segText2 = [w.lower() for w in segText if w.isalpha()]
bigram_measures = nltk.BigramAssocMeasures()
finder = nltk.BigramCollocationFinder.from_words(segText2)
```

```
stop_words = nltk.corpus.stopwords.words('english')
stopText = lambda w: w.lower() in stop_words + ['i','ii','iii','however','article']
finder.apply_word_filter(stopText)
MI_scoreList = finder.score_ngrams(bigram_measures.pmi)
selectMI_scoreList = []
for item in MI_scoreList:
    word = " ".join(item[0])
    if "copyright" in word:
        selectMI_scoreList.append(item)
```

【计算结果】

	A	B
1	('copyright', 'dispute')	5.78161
2	('country', 'copyright')	5.78161
3	('enjoying', 'copyright')	5.78161
4	('entire', 'copyright')	5.78161
5	('exercising', 'copyright')	5.78161
6	('copyright', 'administration')	5.78161
7	('copyright', 'owners')	5.49211
8	('copyright', 'owner')	5.4523
9	('unpublished', 'copyright')	4.78161
10	('copyright', 'licensing')	4.45968
11	('copyright', 'pledge')	4.19665
12	('exercise', 'copyright')	3.97426
13	('enjoy', 'copyright')	3.90714
14	('signed', 'copyright')	3.78161
15	('copyright', 'enjoyed')	3.45968
16	('employment', 'copyright')	3.45968
17	('compilation', 'copyright')	3.19665
18	('copyright', 'administrative')	2.78161
19	('copyright', 'section')	2.78161
20	('section', 'copyright')	2.78161
21	('copyright', 'contract')	2.69415
22	('copyright', 'according')	2.61169
23	('owners', 'copyright')	2.32218
24	('copyright', 'shall')	1.61169
25	('copyright', 'law')	0.13776
26	('law', 'copyright')	0.13776

与 copyright 一词相关联且符合互信息关联性条件要求的词汇可参见计算结果，除去重复计算的，仅为 20 个左右。关联性较强的词汇为 dispute、country、enjoy、entire、exercise、administration、owner。计算结果中出现重复词汇，是未对文本进行词形还原处理之故；另一个未处理的因素是互信息词汇的前后排序问题。

2）同源译本的互信息对比

由上一小节可见，互信息方法也可用于探究原文与译文的互信息对比以及同源译本的互信息对比,即采用按互信息值大小排序的词汇关联性概率分布对比两个文本的语义分布情况,进而确定两个文本的相互对等程度。本小节将重点分析同源译本的互信息对比。本案例采用美国版权法的两个中译本进行对比。两个译本分别为张大伟主编的《美国版权法》(以下简称“张译本”)和《十二国著作权法》中收录的美国版权法孙新强译本(以下简称“孙译本”)。美国版权法每隔几年就会做出局部修订,当前最新的修订版于 2016 年通过,而张、孙译本分别是 2009 年、2011 年修订版的译文(彭颖婕 2020: 2)。

本案例以两个译本的互信息值分布判断相同互信息词对的可比性,即经计算后提取两个译本中所有相同互信息词对的互信息值,由此构成互信息概率分布。同时检验两个概率分布的相关性。

```
数据清洗:
import jieba, re
from zhon. hanzi import punctuation as cn
from string import punctuation as en
text12_3 = jieba. cut(text12_2)
text12_4 = [w for w in text12_3 if w not in list(cn + en) + [" "]]
text12_5 = [w for w in text12_4 if re. findall('[\u4e00-\u9fa5]{1,}', w)]
提取相同互信息词对的概率分布:
sameItem12 = []
sameItemZhang = []
for item1 in text12_MIscoreList:
    for item2 in textZhang_MIscoreList:
        if item1[0] == item2[0]:
            sameItem12. append(item1)
            sameItemZhang. append(item2)
相关性计算:
text12_MIscore = [item[1] for item in sameItem12]
textZhang_MIscore = [item[1] for item in sameItemZhang]
from scipy. stats import pearsonr
corr, p = pearsonr(text12_MIscore, textZhang_MIscore)
```

【计算结果】

(0. 8992826140677707, 0. 0)

由此结果可见,两个互信息概率分布呈极强相关,且经数据检验证明这一整体相关性具有显著性(p 值为 0.0)。张译本所提取的互信息词对有 32 350 个,孙译本有 29856 个,从两个译本中共提取出 7810 个相同的互信息词对(词汇相同,且前后排序一致;有些词对是词汇相同、排序相反,本次计算未予提取),由此构成可供比较的互信息概率分布。当然,这一概率分布比较也存在一些不足:一是未提取词汇相同、排序相反的词对,处理后的相同词对数量会明显增多,可能会更具说服力;二是未就译本主题词所构成的词对进行互信息值或互信息分布对比;三是直接对比原始互信息分布即 29 856 个词对的互信息概率分布,其相关性接近于 1,这一数字并不能说明什么问题。

本案例的明显作用在于提示通过概率分布也可比较多个同源译本的文本词汇翻译对应情形,为翻译对比提供一种有效的技术分析路径。

3) 句子互信息

本小节的句子互信息对比延续上一节内容,即通过计算译文句子内含的互信息词对来对比两个译本的异同,并通过 spaCy 句子相似性验证结果的准确性。注意词对的互信息值仅取正值,因为负值表示无关联性(黄德根等 2004)。所用例句如例 4.1 所示。

例 4.1:

原文: any infringement of copyright commenced after first publication of the work and before the effective date of its registration, unless such registration is made within three months after the first publication of the work.

孙译文: 作品首次发表后、登记生效日前已经开始的版权侵权行为,但作品在首次发表后三个月内登记的除外。

张译文: 在该作品首次出版以后,但在其注册生效日期以前侵犯其版权,除非在该作品首次出版以后三个月内进行注册。

计算平均互信息值:

```
sent12Pair = []
for item in text12_MIscoreList:
    if re.findall(item[0][0]+'[^\x00-\xff]{1,}'+item[0][1], sent12):
        if len(item[0][0]) > 1 and len(item[0][1]) > 1:
```

```
            sent12Pair.append(item)
len(sent12Pair)
total12Value = sum([item[1] for item in sent12Pair])
total12No = len([item[1] for item in sent12Pair if item[1] > 0])
sent12PairAverage = total12Value / total12No
计算两个句子的相似性:
import spacy
nlp = spacy.load('zh_core_web_lg')
sent1 = nlp(corpus[0])
sent2 = nlp(corpus[1])
print(sent1.similarity(sent2))
```

提取结果显示,苏译文的互信息词对仅为 19 个(去除负值后余下 13 个),而张译文的有 34 个(去除负值后余下 27 个),有效词对数量计算:张译本是孙译本的两倍多;最后计算均值,孙译文为 2.803623135945921,张译文为 2.8220196052134616;两者按均值统计计算其差值占比仅为 0.328 1% 和 0.325 9%。采用 spaCy 包计算两个句子的语义相似性(词向量度量),结果为 0.9175092792634791(差值占比也有 8.249 1%),符合两句译文的直观相似性感受,以此可验证互信息均值的适用性。本案例仅为随机抽取句子进行验证,尚未展开较大规模数据的检验。

4.2.3 译文与原文的术语对等

本案例以《中华人民共和国著作权法》中文版及其英译本为双语研究对象,展开译文与原文的术语对等研究。中文版及其英译本均为国家发布的正式版本,在法律概念和意义上的对等自然是无懈可击的。本案例之所以加以运用,主要是为了验证所用技术是否具有合理的适用性,进而探索 Python 编程语言与语料库翻译的融合路径。本案例采用宏观和微观两种方法检验中文版及其英译本在术语层面的对等性。宏观方法为信息贡献度方法(胡加圣,管新潮 2020),即通过此法提取中文版及其英译本的主题词,并就系列主题词的可比性展开分析。微观方法为词向量方法,即对比其中关键主题词的词向量,并分析跨语言技术的可行性和适用性。

1）宏观方法

该方法所涉及的技术运用和分析流程可分为四个步骤:

- 第一步——分别读取《中华人民共和国著作权法》中文版及其英译本;
- 第二步——中文 jieba 分词,清洗标点符号等,合并成词组间留有空格的文本;英文词形还原、清洗标点符号,合并成单词间留有空格的文本;
- 第三步——按信息贡献度提取中文主题词,同时根据哈工大停用词表等进行清洗操作;提取英文主题词,同时根据 nltk 自带的停用词等进行清洗操作;
- 第四步——组合汉英两类主题词提取结果,呈四列输出 Excel 格式,以供直观分析对比。

【提取结果】

	A	B	C	D	E	F
1	著作权法中文版	言息贡献度			著作权法英译本	言息贡献度
2	作品	0.008021			work	0.00723
3	报酬	0.0078			license	0.006041
4	著作权	0.007385			compensation	0.005814
5	支付	0.006988			people	0.004209
6	人民法院	0.00563			owner	0.004073
7	法人	0.005393			published	0.003907
8	应当	0.00536			vest	0.003907
9	组织	0.005031			court	0.003897
10	图书	0.005026			publisher	0.003726
11	许可	0.005019			without	0.003702
12	使用	0.004949			organization	0.003679
13	发表	0.004731			act	0.003633
14	著作权人	0.004653			infringement	0.003598
15	取得	0.004357			right	0.003504
16	制品	0.004324			sound	0.003444
17	录音	0.004026			book	0.003409
18	作者	0.003797			visual	0.003304
19	已经	0.003631			public	0.003228
20	录像	0.003325			station	0.003099
21	合同	0.00327			recording	0.003095
22	复制品	0.002984			author	0.003092
23	申请	0.002984			pay	0.003027
24	播放	0.002748			television	0.002991
25	起诉	0.002451			person	0.002956
26	改编	0.002284			year	0.002837
27	注释	0.002284			performance	0.002815
28	享有	0.002149			china	0.002689
29	未经	0.002145			acquire	0.002688
30	出版者	0.002062			radio	0.002683

就提取结果而言，中文分词技术已经对主题词排序产生较为明显的影响，如“人民法院”的对应词有两个 people 和 court；“著作权人”的对应词有 copyright 和 owner，其英译文一分为二导致“著作权”和“著作权人”无法与 copyright 和 owner 实现真正的对应；“已经”一词其实不存在对应的英文词，尤其经词形还原之后；等等。这些问题都有可能导致信息贡献度出现权重偏差。尽管如此，著作权法的主要概念已经呈现，如“作品”和 work 均位列第一，这是著作权法的最核心概念；其他核心概念均有出现，如“报酬”和 compensation、“支付”和 pay、“人民法院”和 court（暂且以一个单词作为对应）等。唯一例外的核心概念是 copyright，其位列 32，而“著作权”则是第三，两者权重排序相去甚远，这可能与“著作权人”所对应的英文词被切分为两个词有关。

将上述结果中“作者”一词和之前的主题词为基准（考虑“作者”之后的“已经”一词为无意义之故），将对应的英文词汇与中文词汇一一对应。

【提取结果】

	A	B	C	D	E	F
1	著作权法中文版	信息贡献度CN	序号CN	序号EN	著作权法英译本EN2	信息贡献度EN2
2	作品	0.008020525	1	1	work	0.007230351
3	报酬	0.007799846	2	3	compensation	0.005814482
4	著作权	0.007384537	3	32	copyright	0.002486831
5	支付	0.006987784	4	22	pay	0.003026958
6	人民法院	0.005629851	5	8	court	0.003896622
7	法人	0.005392961	6	24	person	0.002955932
8	应当	0.005359768	7	37	shall	0.002137064
9	组织	0.005030625	8	11	organization	0.003678587
10	图书	0.005025638	9	16	book	0.003409433
11	许可	0.00501896	10	2	license	0.006041172
12	使用	0.004948906	11	103	use	0.000743366
13	发表	0.004730647	12	6	published	0.003907041
14	著作权人	0.004652694	13	5	owner	0.004073023
15	取得	0.004357221	14	28	acquire	0.002687581
16	制品	0.004323645	15	82	copy	0.000923287
17	录音	0.00402561	16	20	recording	0.003094631
18	作者	0.003797285	17	21	author	0.003091663

由上述直观结果可见，“序号 CN”和“序号 EN”似乎是处在合理与不合理区间之内，仅凭直观感受似乎难以确认，因此拟就两个信息贡献度的概率分布即“信息贡献度 CN”和“信息贡献度 EN2”进行相关性检验。检验结果确认两组概率分布为中等程度相关（相关性系数为 0. 48642847078353607），且具有

显著性(p 值=0.047<0.05)。这一结果可以证实汉英主题词的语义排序具有相关性,毕竟两者之间存在实际的翻译关系,同时也证明了上述的直观感受。若设想进一步证实,则须从分词和停用词两个角度加以优化。

2）微观方法

该法所涉及的词向量应用步骤基于宏观方法的第一步展开:

- 第一步——中文 jieba 分词,合并成词组间留有空格的文本,然后运用 split()和 spacy 的 sents 功能先分段再分句,构建成句子列表;英文先分段再分句,构建成句子列表,然后逐句词形还原;
- 第二步——中文清洗去除标点和单个汉字;英文清洗去除 nltk 停用词、标点符号、特殊停用词;
- 第三步——运用 Word2Vec 模型训练词向量并得出可比结果。

【提取结果】

作品	Work
[('法人', 0.6675662994384766), ('著作权', 0.642816424369812), ('或者', 0.6100396513938904), ('作者', 0.6015888452529907), ('著作权人', 0.5644286870956421), ('复制品', 0.5623788237571716), ('应当', 0.5509371757507324), ('录音', 0.5302839279174805), ('人民法院', 0.5263606309890747), ('制品', 0.525773286819458), ('可以', 0.5222156047821045), ('制作', 0.5184904336929321), ('行政', 0.5118449926376343), ('许可', 0.5017192363739014), ('公众', 0.4969707131385803), ('报酬', 0.48390352725982666), ('仲裁', 0.4824936091899872), ('享有', 0.4799068570137024), ('权利', 0.47727859020233154), ('整理', 0.4674128293991089)]	[('law', 0.8494095802307129), ('right', 0.8408517241477966), ('shall', 0.8287521600723267), ('sound', 0.8275383710861206), ('recording', 0.8239820003509521), ('owner', 0.8138725757598877), ('people', 0.8044425249099731), ('product', 0.790836751461029), ('author', 0.7808607816696167), ('may', 0.7743443250656128), ('copyright', 0.7674099802970886), ('term', 0.7530697584152222), ('license', 0.7505496144294739), ('record', 0.7458369135856628), ('arbitration', 0.7445424795150757), ('year', 0.7415987253189087), ('distribute', 0.7392685413360596), ('compensation', 0.73673415184021), ('virtue', 0.733514666557312), ('circumstance', 0.7298837304115295)]

以“作品/work”词对(仅选相关性排名前 20 的)为例,分别可见上述由词汇构成的汉英语义场,即一系列与指定主题词最具相关性的词汇或短语,且按相关性大小排序。“作品”一词是著作权法的核心关键词,其他所有的词汇均因其而展开,汉语语义场已包含其他关键概念如“著作权”“作者”“著作权人”“人民法院”“许可”“报酬”“仲裁”“权利”等。其对应的英语语义场为 right、owner、people、author、copyright、license、arbitration、compensation 等。就此所选核心语义场的概率分布进行相关性检验,结果为 0.9854501859871824,呈高度相关,且具有显著性(p 值<0.000 0)。这一结果似乎可以证实微观方法的有效性。

3) 结语

本案例就已知具备对等关系的文本展开术语对等研究,探究语义技术的可行性。相关研究证明,这一逆向推理方法可以为具有翻译关系的双语文档提供技术佐证。研究过程的关键是如何构建以词汇或短语组成的语义场,并由此解读概念之间的对等关系。这一方法可推广至可比语料库,即具有可比关系的单语或双语语料其概念或术语对等关系皆可由此得到验证。

本案例的不足之处:一是停用词的设置以及对清洗作用的认知,除了常规的英汉词表外,还须针对语言特征适当设置一定的停用词,如中文的“已经”;二是本案例的中文分词相对较为完整如“著作权”和“著作权人”,但所对应的英文分词显得有些支离破碎,其解决方案是合并核心概念词,如 copyright 和 owner 可合并为 copyright-owner;三是著作权法的文本字数相对较少,英译本清洗后仅剩 2 600 词,几乎已达到应用信息贡献度方法的最低限度词数要求。

参考文献

[1] Xiao, R. & T. McEnery. 2006. Collocation, semantic prosody, and near synonymy: A cross-linguistic perspective [J]. *Applied Linguistics* 27(1): 103 - 129.

[2] 冯全功. 2017. 葛浩文翻译策略的历时演变研究: 基于莫言小说中意象话语的英译分析[J]. 外国语(上海外国语大学学报)(6): 69 - 76.

[3] 高歌, 卫乃兴. 2019. 汉英翻译界面下的语义韵探究: 来自《红楼梦》英译本的证据[J]. 解放军外国语学院学报(1): 48 - 56.

[4] 管新潮，陶友兰. 2017. 语料库与翻译[M]. 上海: 复旦大学出版社.
[5] 胡加圣，管新潮. 2020. 文学翻译中的语义迁移研究: 以基于信息贡献度的主题词提取方法为例[J]. 外语电化教学(2): 28 – 34.
[6] 黄德根，马玉霞. 杨元生. 2004. 基于互信息的中文姓名识别方法[J]. 大连理工大学学报(5): 744 – 748.
[7] 李文中，濮建忠，甄凤超，邵斌. 2020. 再探语义韵[J]. 当代外语研究(2): 72 – 83.
[8] 李晓红. 2016. 基于语料库的双语对应短语单位研究: 以"精神"一词的英译为例[J]. 外语与翻译(2): 37 – 44.
[9] 李晓红，卫乃兴. 2012. 汉英对应词语单位的语义趋向及语义韵对比研究[J]. 外语教学与研究(1): 20 – 33+157.
[10] 梁红梅. 2015. 从英语教材元语言序列看短语教学设计: 一项基于共选理论视角的研究[J]. 当代外语研究(2): 40 – 49+78.
[11] 路青，靖彩玲，范少萍. 2016. 基于互信息的共词分析方法研究[J]. 情报科学(4). 48 – 51.
[12] 吕桂，何安平. 2014. 专门用途英语词汇语义共选特色探究[J]. 山东外语教学(1): 36 – 42.
[13] 彭颖婕. 2020. 法律翻译功能观视角下基于信息贡献度的法律术语翻译研究: 美国版权法中译本对比[D]. 上海交通大学.
[14] 王海华，王同顺. 2005. CAUSE 语义韵的对比研究[J] 现代外语(3): 297 – 307+330.
[15] 卫乃兴. 2002. 基于语料库和语料库驱动的词语搭配研究[J]. 当代语言学(2): 101 – 114+157.
[16] 卫乃兴. 2006. 基于语料库学生英语中的语义韵对比研究[J]. 外语学刊(5): 50 – 54+112.
[17] 卫乃兴. 2011. 基于语料库的对比短语学研究[J]. 外国语(4): 32 – 42.
[18] 卫乃兴. 2012. 共选理论与语料库驱动的短语单位研究[J]. 解放军外国语学院学报(1): 1 – 6+74.
[19] 卫乃兴，陆军. 2014. 对比短语学探索: 来自语料库的证据[M]. 北京: 外语教学与研究出版社.
[20] 杨梅. 2013. 双语视角下近义词语义韵对比研究[J]. 广西民族大学学报(哲学社会科学版)(3): 181 – 184.
[21] 杨明星. 2008. 论外交语言翻译的"政治等效": 以邓小平外交理念"韬光养晦"的译法为例[J]. 解放军外国语学院学报(5): 90 – 94.
[22] 于璐，田建国. 2015. 英汉对应词语单位的语义趋向和语义韵对比研究[J]. 西北工业大学学报(社会科学版)(2): 89 – 93.

第5章　翻译知识库的构建与应用

从数据到知识是一个从量变到质变的过程,在此过程中数据持续实现有序化并得到验证,最终揭示出事实所固有的逻辑规律。这是一个循序渐进的认知过程,随着认知层次的提升,其外延、内涵、概念化和价值都在不断强化(李嵬 2018),由此逐步构成日趋完善的知识库。随之出现知识共享、知识营运、知识创新等行为,其支撑基础就是知识库。知识库是在普通数据库的基础上,按一定要求存储于计算机的相互关联的某种事实和知识的集合,是经过分类、组织、序化的知识集合(鄢珞青 2003)。知识库有通用型和专用型之分,本章旨在通过知识库的描述,为专用型翻译知识库(专业通用词翻译知识库)的合理构建探索一条可行之路。

5.1　知识库概述

5.1.1　语义知识库

语义知识库是现代语义理论的实践应用产物,可基本满足语义辨析之需要(郑捷 2018: 333)。国际上最知名的以英语词汇为基础的通用型知识库是WordNet,由普林斯顿大学认知实验室的 George A. Miller 等开发而成。WordNet 的特点在于其设置了近 12 万个同义词集和 20 多万个词汇语义对,即具有同义关系的两个或两个以上词汇均构成词集,每个词集表示不同的概念;不同词集之间借助概念-语义关系和词汇关系相互关联(https://wordnet.princeton.edu/)。HowNet 是汉语通用型知识库,是一个典型的语义场论的知识库体系，由中国科学院董振东开发。虽然目前的计算语言学界已经多用经由 Word2Vec 等词嵌入模型计算得出的语义向量表征词汇并计算词汇之间的语义相似性，但 HowNet 对后代知识库系统的构建仍具有重要意义（郑捷 2018: 334）。

虽然类似 WordNet 和 HowNet 的语义知识库受限于其覆盖领域，实际的使用效果会受影响（郑捷 2018: 443），但结合特定的应用场景，语义知识库的价值仍然凸显。以 WordNet 为例，将基于知识库 WordNet 的相似性方法和基于语料库词向量 Word2Vec 的相似性方法进行融合，其计算结果明显优于单独使用其中之一种方法的结果（Guo *et al.* 2018）。WordNet 作为一种语义知识库，其对外语学科的作用更是不容忽视。

知识库的构建模式一般为：早期在知识库规模较小的时候，采用手工方法是可行的。熟悉领域知识的专业人员负责抽取相关的概念和关系等，然后采用诸如 Protégé 等本体构建工具进行构建。但随着数据量和知识量的迅速扩大，手工构建本体的效率变得非常低下，所以主流方法是采用自动构建技术来生成本体（付雷杰等 2021）。这一“手工+自动”构建流程尤其适用于特殊用途垂直领域知识库的构建。

知识库是知识图谱的具体展现形式，而知识图谱是数据经整理后成为可由计算机处理的知识库（覃晓等 2020）。就知识图谱这一概念而言，其有双重含义：一是借用 CiteSpace 等工具所获取的学术文献知识图谱；二是语义网络概念下的大数据知识图谱。学术文献知识图谱以文献为节点，以文献间的引用与被引用等为边构成，由此可以发现诸如研究热点、关键研究人员等信息，对于文献计量学有着重要的意义。此类研究的优点是可以量化对某个特定领域的认识，把握发展的脉络和未来的趋势；但这种研究具有明显的同质化，很多时候数据的样本量很小，并不能得到很有价值的结果（付雷杰等 2021）。而大数据知识图谱本质上是一种揭示实体之间关系的语义网络，可以对现实世界的事物及其相互关系进行形式化描述（徐增林等 2016）。知识图谱并不是一个全新的概念，可视为语义网络深化发展的形态，其出现实际上是学术界和工业界对于互联网发展的一种探索的结果（付雷杰等 2021）。因此，从大数据视角看，知识图谱是指将不同的异质信息资源经融合后用于表征某些特定领域语篇的知识的大型语义网络(Fensel *et al*. 2020:6)。

上文所述实体是指现实或虚拟世界中具有特定语义的任何对象或概念,是知识图谱中的最基本元素(阮光册等 2020)或者是知识库所包含的知识要素。它既可以是人、机构、地点等,也可以是关键概念等。这些知识要素彼此之间以一定的逻辑关系相互联结形成实体关系,共同构成一个具有语义推理功能的知识库(徐健等 2008)。

5.1.2 翻译知识库

翻译知识库并非一种简单的双语平行语料库,而是一种语义知识库,可由前者按照一定规律并结合单语或可比语料库而生成。翻译知识库不仅用于翻译实践,亦可应用于翻译教学和研究。

1) 知识化翻译

当今的翻译技术,无论是机器翻译还是计算机辅助翻译,都是在信息检索与匹配技术的基础上实现的,是一种信息化翻译工具,其对提高翻译效率和质量的作用不言而喻。但不足之处也显而易见:一是因语料数据繁杂而无法精准定位专业信息;二是无法提供翻译所需的知识体系化信息;三是无法实现用于翻译知识推理的信息可视化。因此,知识化翻译工具的产生也有其必然性,这是在知识工程、知识本体、主题图谱等知识技术基础上构建的翻译工具,能够立体化、形象化、专业化地描述和定位翻译资源,弥补信息化翻译工具的不足。(苗菊, 宁海霖 2016)

李爽(2011)认为,智能主体所表现出的问题求解能力主要是由其知识库决定的,其次才是它所采用的推理方法,这是知识工程的第一原则。基于知识库的翻译实践的本质是从知识库中搜索等价的语篇,而不再是普通翻译中的从一种语言中的词语和语句结构到另一种语言的词语和语句结构的简单转换。因此,其所构想的语篇翻译知识库(双语)才是实现知识化翻译设想的基础和前提。

传统翻译术语库虽可提供与术语相关的信息,但对术语所代表的概念关系及其所对应的客观事实描述不足。而双语术语知识库的构建是知识化翻译实践的一种解决方案。其途径是基于本体理论描述特定领域的知识,构建该领域核心概念和概念之间的关系,使领域基本概念得以清晰化、系统化、可视化,帮助译员便捷地获取领域知识图谱。这一翻译知识库的核心是数据结构,即经过处理后的有序数据——可编码的术语知识。其构成是概念库、规则库、实例库三者。其中语义类型及其关系的设定构成概念库,属性的设定构成规则库,概念库与规则库共同构成知识本体,而所有的实例则构成实例库(李双燕,苗菊 2021)。

2)双语信息检索

跨语言检索信息所呈现的是第二种语言的检索结果,为跨文化沟通提供可直接阅读的语言信息。其方法多为将检索对象直接翻译成另一种语言,然后直接进行单语检索。

基于检索翻译的英汉跨语言信息检索系统(Chen 2006)是利用不同的双语知识资源,将英文检索词翻译成中文并由此达成检索中文信息的目的。该系统可有效检索词典尚未收录的词条并克服词汇匹配错误等问题,其所采用的翻译知识库系由双语构成,如双语词典、机器翻译系统、平行文本或三者组合。相关研究表明,该词汇知识库方法具备跨语言信息检索的应用潜力,若能合理采用语言学知识和自然语言处理技术,将显著改进语言信息的检索效果。

汉英方向的法律语义检索词典(管新潮 2021: 192 - 196)以 WordNet 实现中文检索词条(作为检索对象)的英文同义词检索,不仅呈现 WordNet 内置的同义词词条释义,还可呈现单语语料库经 LsiModel(gensim 包)语义相似性匹配后的语义检索结果。从某种意义上说,这为词典的词条检索范式拓展了检索路径。该词典所用翻译知识库为语义知识库 WordNet 的汉英对照模式,其检索的关键是汉语词条所对应的英语词条是否全面充分。作为句级语义释义的是单语语料库,其构建质量也是影响语义检索的一个关键因素。

3)机器翻译与知识表达

自神经网络机器翻译出现以来,翻译质量相较于统计机器翻译已有显著提升,但其基于句对语料库的翻译模式却也拖累了机器翻译算法的先进性,因语料的质量难以从根本上进行验证。这是自机器翻译应用起始终必须面对的问题,因此构建属于特定知识表达的翻译知识库是不同阶段的机器翻译提升翻译质量的一条有效路径。

早期的机器翻译知识库构建模式(尚属于信息检索匹配层面):由译者构建相应的短语级、从句级和句子级双语对应的知识表达(翻译知识库)并用于机器翻译实践,不愧是一种优化选择,也是翻译实践一直以来多有沿用的惯例。其认为通用的语法规则和词典不足以实现专业译者所需的翻译质量,尽管机器翻译输出的结果语法是正确而且可以理解,但这不是真实的专业翻译所需要的结果(Yamano *et al*. 1992)。

基于统计或基于规则的自然语言处理系统所对应的一种翻译知识库构建模式——概念层次网络(HNC)理论。该理论认为,自然语言理解是一个从自然语言空间到语言概念空间的映射过程,两个空间各有自己的一套符号体系;语言空间符号体系千差万别,但语言概念空间的符号体系只有一个,全人类的语言概念空间具有同一性。HNC 词语知识库是把 HNC 理论应用于汉语理解处理而建立的语言层面的知识库。HNC 汉英机器翻译词语知识库是在 HNC 词语知识库的基础上应用于汉英机器翻译的语义知识库,为了解决汉语和英语在词汇、语义、句法等方面的映射问题。知识库的调用可实现对语言的分析和转换,并应用于机器翻译的源语言分析以及源语言向目标语的转换与生成(刘智颖 2015)。

语言智能时代下的一种翻译知识库构建模式——在神经网络机器翻译时代,如何将单语语义结构资源(知识库/知识图谱等)转换成多资源,是翻译知识库构建的新尝试,由此不仅可以提升专业翻译的质量,也可助力于跨语言检索。医学与财经领域术语表达的知识库构建实践表明(英译德),引入百科知识,加之有限数量的目的语领域词汇,经子词特征的神经机器翻译的领域适应性调整,可显著改进专门领域的翻译质量。同时若结合多词术语表达知识库,其翻译应用效果会有显著改进(Arčan *et al*. 2019)。

5.1.3　讨论与小结

广义上说,知识库应该拥有强大的语义处理能力和开放互联能力,它是一把开启智能机器大脑的钥匙,可以为相关学科领域开启新的发展方向(徐增林等 2016)。知识库有其双重特殊性:一是知识库的建设以知识点为基础,知识又是不断更新、不断产生、不断发现的,具有很强的动态性;二是知识信息的采集来源广、数量大,数据质量参差不齐,媒体与格式多种多样(鄢珞青 2003),具有多维度的复杂性。因此,知识库的构建必须注重知识的时效性和真实性、标准性和规则性,以利于知识共享和知识创新。设想到某一时间点知识库已相当完善之际,我们又该如何面对传统型知识生产呢?

构建知识库的关键在于两方面:高质量知识的获取和知识的融合。如何从互联网大数据以及其他数据来源中获取高质量的知识,是构建知识库的难题之一,即如何定义实体并建立实体之间的关系以及用什么方法抽取实体知识等。从不同来源获取的知识可能存在大量的噪声或冗余,不同语种对同类型知识也可能存在不同的描述方式,使用什么方法把这些知识有效地融合在一起,以建立更大规模的知识库,是完成大数据智能的必经之路(覃晓等 2020)。

翻译知识库的构建必定有其如下领域特殊性:

从计算机辅助翻译视角看,翻译知识库的构建似乎与其关联性不大,其实这是分别独立对待记忆库和术语库的结果所致。实践中,这两种数据库之间完全可以彼此相互关联:一是记忆库可提供语境关系,而术语库可成为关联不同句子实体的链接;二是所谓的术语库并非仅用于存储术语,其范围可扩展特殊知识表达如语块或搭配等,这为翻译实践中特殊表达的一致性提供可能。由此可构成一种检索匹配层面上的初级翻译知识库,并与译者构成一种互动关系。从机器翻译视角看,译者似乎没有可能参与翻译知识库的构建之中。译文产出之前可能的确如此,但之后的译后编辑却是译者可以自由发挥的场景。一是不同的知识领域可以构建互不相同的用于译后编辑的翻译知识库;二是如何将翻译知识库恰如其分地应用于译后编辑却是一个全新的概念,有待更多的探索。其关键是如何构建翻译知识库用于识别机器译文的误导性错误,这才是译后编辑之所需。

从翻译教学与科研视角看,翻译知识库的构建有其用武之地。以语料库翻译为例,可为不同知识领域的翻译构建实体、实体关系、实例库,并通过一定的机制使其相互关联，进而在更高层次上抽取实体关系，以服务于不同知识领域的翻译教学与科研活动。其中与语料库翻译相关的变量设置将决定翻译知识库的作用和意义。迄今为止，此类翻译知识库并不多见，其构建难度和预先的知识准备甚是关键。如双语术语知识库（李双燕，苗菊 2021），严格意义上说，应该是一种用于翻译教学的翻译知识库。下文即将述及的专业通用词翻译知识库是一种可应用于翻译实践的知识库，原因在于可作为实体考察的专业通用词这一概念源自翻译实践。

5.2　专业通用词翻译知识库

5.2.1　专业通用词概念

专业通用词（General Words for Specific Purposes，GWSP）这一概念源自汉英或英汉翻译实践，是指某个专门或垂直领域中所使用的词汇含义与日常普通含义有所区别的通用词汇（管新潮 2017）。这意味着，无论是英译汉还是汉译英，源语的单一词汇对应着目的语的多种词汇，这一语言现象会使非母语译者译出母语的难度显著加大，而专业通用词的发现和应用会极大地助力于这一问题的解决。这一点至少已在翻译实践层面上得到验证和应用。

- 以法律领域的“责任”一词为例，其英译有多个对应词如 responsibility、liability、accountability、duty、obligation 等。汉译英时，若不能准确把握英语对应词的真实意义，那么就可能会导致法律责任的不明晰。Responsibility 所指的责任是道德责任、法定责任、刑事责任；liability 所指的是法定责任、刑事责任（适用于英式英语）、债务责任、企业责任；accountability 则是追责的责任，等等。
- 以财会领域的 book 一词为例，book 可译为“账簿”，对应的搭配有 book value（账面价值）、book amount（账面金额）、book cost（账面成本）等。当 book 构成 contract book 或 book of contracts 搭配时，其转义为“组合”，多以 whole book of contracts 或 entire book of contracts（整个合同组合）的形式出现（田艳，王天奇 2018）。

- 以医学领域的 normal 一词为例,normal saline 的组合使其转化为具有稳定性的术语“生理盐水”,而在 Respiratory examination gave normal findings(呼吸系统检查未见异常)示例中,normal 的释义“未见异常”则是典型的专业通用词用法。

上述三个专业通用词所呈现的复杂性使得对这一概念的把握存在一定难度,尤其是翻译实践的应用方面。有关专业通用词的研究目前正处在第二个阶段,即构建翻译知识库的研究阶段。第一阶段的研究方式因受限于技术,通常会以经验式为主,但并不妨碍对专业通用词这一翻译现象及其理论的认知。相关研究的关键在于如何获取专业通用词。传统的方法是采用定量与定性相结合的模式,几乎可以肯定由此方式所获取的每一个专业通用词均极具代表性,但其数量相对过少。以提取医学专业通用词为例,因专业的独特性,须考虑如下因素(管新潮, 陶友兰 2017: 152):

- 将所选词汇尽可能地局限在英语四、六级词汇甚至是四级词汇范围之内;
- 专注于相关词汇的各种搭配情形,注意其不同语境下的不同搭配;
- 选择一个关键英文词所对应的不同中文译法,同样也选择一个关键中文词所对应的不同英文译法;
- 若是非医学专业的人士,开始时可“无视”语料中出现的复杂异常的医学词汇;
- 医学翻译中的“归化”策略应用;
- 医学翻译的准确与否会影响到临床疗效。

这样的提取方式虽可行但亦有其局限性,即经验式方法无法足额提取某一领域内的所有专业通用词,且提取速度赶不上时代对翻译知识更新的需要,因此也无法在更多领域展开关联研究。虽然专业通用词在翻译教学甚至是翻译实践中已多有应用且效果良好,但以智能化方式呈现的翻译知识还是远远不能满足翻译教学、翻译实践、翻译科研的需要。因此,完全有必要开启第二阶段的全面智能化专业通用词研究。

运用 Word2Vec 模型提取专业通用词方法就是一个典型的实践示例(田艳, 王天奇 2018)。以间接方式比较专业领域所属的双语平行语料库英文子库 V1 和通用英语语料库 V2 中的候选词词向量。如果候选词 A 在 V1 子库向量空间的关联性与 V2 子库向量空间的关联性相近，那么候选词 A 在两个子库中具有语义相似性，即不存在专业通用词特征。反之，则存在专业通用词特征。具体就候选词 A 在 V1 子库向量空间中的平均相似度和在 V2 子库向量空间的平均相似度进行比较，同时设定阈值，提取小于该阈值的词语。由此已提取出如上文所述的 book 等专业通用词实例。

5.2.2　翻译知识库概念与定义

与专业通用词翻译知识库相关的概念/定义有如下四种：实体、实体关系、实例库和知识推理。

就知识库所涉实体关键概念而言，可认定专业通用词本身就是专业通用词翻译知识库的实体，因这一翻译知识库旨在解决以专业通用词为表现的一词多译问题。其不仅涉及单一的专业或垂直领域，还涉及不同专业或垂直领域之间是否存在关联性问题。虽然已有研究（管新潮 2017）表明，专业通用词具有特定的专业属性，不同的领域拥有各自所属的专业通用词（词形、义项），不同领域之间很少会出现重合现象。但这是基于传统方式的研究结果，而非智能化方式的产物，有必要为此再行研究验证，以提供更为精准的解读。专业通用词这一实体概念能否实现进一步的理论深化和更多的技术应用，关键在于能否完全提取某一专业或垂直领域内的所有词汇，以实现实体节点的全覆盖。

专业通用词的实体关系意味着在特定语境下仅与某些词实现词组搭配。"责任"一词的英译对应词有 responsible/responsibility、liable/liability、accountable/accountability、duty/duties、burden、obligation、consequences（检索自 20 部联合国公约，共计 8 746 个句对）。英译时，相应的搭配词决定了某一语境下应该出现的英译对应词。下述的 responsibility 是与 authority 搭配而形成 the designated person or persons 的责任，是通用型法定责任，由此可反向推理得出在此语境下将"责任"译成英语时所应选择的对应词是什么。这一实体关系表明词向量方法可以为关键词如 responsibility 搭配词的确定提供语义分析支持。

例 5.1:

原文: The responsibility and authority of the designated person or persons should include monitoring the safety and pollution-prevention aspects of the operation of each ship and ensuring that adequate resources and shore-based support are applied, as required.

译文: 指定人员的责任和权力应包括对各船的安全营运和防止污染方面进行监控,并确保按需要提供足够的资源和岸基支持。

实例库是指含有此类专业通用词的单语或双语句子可为语境判断提供文本依据。以汉译英的“责任”一词为例,在确定其所有的英译对应词后为其提取英文实例。其优点在于可从大量的相关领域英文文本中选择实例,极大地拓展了实例的选取可能性,为词向量等方法确定关联词奠定了基础。

本案例下专业通用词翻译知识库的知识推理由词向量模型(或其他模型工具)决定,即经由英语单语语料库训练得到词向量模型,并由此确定关键词的关联词群,再通过关联词逐一确定具体实例。因此,知识推理强弱的关键是单语语料库是否全面,是否具有代表性。这一语料库属性可进一步证实专业通用词翻译知识库的应用价值在于特定的专业或垂直领域。

5.2.3 专业通用词提取方法

传统的专业通用词提取方法以四、六级词汇为通用词,依托翻译实践经验或借助一词多义现象实现专业通用词的提取操作。多年的理论与应用实践表明,提取方法并非一成不变,可以在最新技术的支撑下实现更为灵活的专业通用词提取。作为专业通用词的通用性词表同样可以有更多选择和参照,如 COCA 和 BNC 汇总后的一万词词表、具体性/抽象性评价词表、欧洲语言教学与评估框架性共同标准六级词表等。有了更多可选技术和词表,两者的合理组合必将拓展提取方法的有效应用路径。

1) 方法 1: COCA/BNC 词表的 FastText 模型提取

步骤 1: 读取待分析文本并确定库容

以 pandas 读取保存于 Excel 的 20 部联合国公约,并确定相应的英语单语语料库库容,以便后续制作库容大小对等的通用语料库,以构成具有可比性的专用和通用语料库。

```
import nltk
import pandas as pd
df = pd. read_excel( path1)
sentList = list( df[ 'en-US' ] )
wordList = nltk. word_tokenize( " ". join( sentList) )
len( wordList)
```

步骤 2: 选取相应库容的 BNC 语料库

本案例选用 BNC 语料库构成库容大小对等的通用语料库。由于 BNC 语料库库容高达 1 亿多词,若全部采用,可能因一般的电脑算力不足而导致后续如词形还原计算耗时过多,故通过随机数方法部分选用语料内容。BNC 语料库内含 4 049 个 txt 文件,按单个文件平均数计算,应选用其中的 110 个文件。其实,单个 txt 文件内含词数有大有小,最后生成的库容也因此发生变动。

```
import random
numList = range(0, 4049)
randomList = random. sample( numList, 110)
```

步骤 3: 构建 FastText 词向量

本步骤以 FastText 模型分别构建专用和通用两个词向量。专用词向量因原始语料以句对形式保存于 Excel,而通用词向量的原始语料是以 txt 文件保存,故两者的初始读取方式有所区别,但过程数据均为英语句子列表结构。随后是数据清洗: 词形还原、去除停用词、去除非字母单词。最终所得数据是以句子为单位的嵌套列表,其中的句子已分解为单词列表。这是相关词向量模型训练之前所必需的语言数据结构。下述将相关数据输入 FastText 模型,其参数设置为 200 维向量,窗口 5 意味着左五右五选词训练。经训练所得的词向量可保存,以便后续调用。

```
from gensim. models. fasttext import FastText
ft_model_BNC = FastText( sentwordListBNC2, size=200, window=5)
```

```
ft_model_BNC. save(pathFile)
ft_model_BNC = FastText. load(pathFile)
```

步骤 4: 手动方式对比平均关联性

本步骤以手动方式对比某些专业通用词(之前根据实践经验提取的)和普通词汇的关联性系数是否彼此之间存在一定的规律性。先计算指定词的前 20 个最为关联的词,再得出这 20 词的平均关联性数值。

```
ft_model_BNC = FastText. load(pathFile)
wordSimilarityBNC = ft_model_BNC. wv. most_similar('hand', topn=20)
averageSimilarityNBC = sum(list(dict(wordSimilarityBNC). values()))/20
```

步骤 5: COCA/BNC 词表 20%基础词汇与 20 部法律语料库的重合度

COCA/BNC 词表是对比 COCA 和 BNC 两种英语(美式和英式)语料库后得到的一万词词表,并按词汇的通用程度细分为十个等级。通常而言,最常用词汇为 20%,构成了通用文本约 80%的内容(Olinghouse & Wilson 2013)。故据此选用 COCA/BNC 词表的最基础 2 000 词与 20 部联合国公约进行对比,以确定后者的基础词汇覆盖面(本案例为 997 个词)。本步骤选取词汇的方式多为遍历对比形式。

```
import os
files1 = os. listdir(path4)
wordGradeList = []
for file in files1:
    readFile1 = open(path4 + '/'+ file, encoding="UTF-8"). read(). lower()
    wordList1 = readFile1. split('\n')
    wordGradeList. append(wordList1)
wordGrade2000 = []
for item in wordGradeList[0: 2]:
    wordGrade2000 += item
```

步骤 6: 自动方式对比平均关联性

在步骤 4 的基础上,根据步骤 5 对比得出的词表,计算出具体词的专用和通用平均关联性数值,并导入 Excel 表,以便可视化对比。本步骤将平均关联性数值取值范围设置为(0~0.1),其依据是步骤 4 的考察结果和 Excel 表的多次对比结果。

```
relatedList = []
for word in list(set(word1917In20)):
    wordSimilarityBNC = ft_model_BNC.wv.most_similar(word, topn=20)
    averageSimilarityBNC = sum(list(dict(wordSimilarityBNC).values()))/20
    wordSimilarity20 = ft_model_20.wv.most_similar(word, topn=20)
    averageSimilarity20 = sum(list(dict(wordSimilarity20).values()))/20
    if 0.1 > round(abs(averageSimilarity20 - averageSimilarityBNC), 2) > 0:
        item3 = (word, averageSimilarity20, averageSimilarityBNC)
        relatedList.append(item3)
```

【计算结果】

	A	B	C
1	word	averageSimilarity20	averageSimilarityNBC
2	able	0.999056995	0.91452108
3	absolute	0.998097408	0.934163901
4	accept	0.967311138	0.935356778
5	access	0.986320388	0.953033417
6	accident	0.996222281	0.951932159
7	accuse	0.994952077	0.945072582
8	across	0.99729071	0.961281794
9	act	0.978359851	0.934085348
10	active	0.994066235	0.964582029
11	actual	0.998215374	0.958018336
12	adapt	0.997656885	0.960771507
13	address	0.999081665	0.91098071
14	admit	0.992302975	0.89826352
15	adult	0.998111358	0.947397992

【分析与讨论】

本提取方法的优点是以 Python 编程方式较大限度地降低了专业通用词提取的人工介入水平,以词向量方式确立了词汇与关联性数值之间的数学关系,并以专用和通用对比方式较为全面地提取了相关的专业通用词。

本方法已识别出语言数据处理过程中词形还原方法的具体应用问题——与算力相关。处理著作权法/版权法等十万级词汇之内的语料文本时,nltk 的 from nltk.stem import WordNetLemmatizer 和 spacy 的 spacy.load('en_core_web_ sm')方法在词形还原时间上无多大差别。但本案例的语料库库容上升至 200 万词以上时,spacy 方法在个人电脑上耗时过多(似乎有得不出结果的感觉),而 nltk 方法仍可以较快速度获取词形还原结果。

本案例将平均关联性数值取值范围设置为(0~0.1),系考察上述 Excel 表内容的结果,其合理性仍有待进一步检验。取值仅大于 0 时,所得词汇个数为 995,基本等同于步骤 5 的 997 个结果。考察上述 Excel 表发现,取值大于 0.1 的词汇皆为普通词汇,故此经由该取值范围得出 678 个词汇。从实际结果看,词汇个数有明显较少,但仅凭直觉似乎还可以缩小取值范围,但有可能对其他有效词汇产生不利影响。对应策略一是完全人工处理,二是继续寻找单词与数字之间的关联规律性。

2）方法 2: 专业通用词的句子相似性度量

步骤 1: 制作“原句+词形还原句”对应结构

为 20 部联合国公约的每一个句子进行词形还原,以构成“原句+词形还原句”的元组列表结构,以便后续通过检索词元来确定原句。下述的 find_pos 为自定义函数用于确定词性标记符。

```
from nltk.stem import WordNetLemmatizer
wnl = WordNetLemmatizer()
sentListPair = []
for sent in sentListRaw:
    tokens = nltk.word_tokenize(sent.lower())
    tags = find_pos(sent)
    lemma_words = []
    for i in range(0, len(tokens)):
        lemma_words.append(wnl.lemmatize(tokens[i], tags[i]))
    sentPair = (sent, " ".join(lemma_words))
    sentListPair.append(sentPair)
```

步骤 2: 检索一个专业通用词所对应的原句

例如,以原形专业通用词 responsible 检索经词形还原的句子,而返回结果为未经词形还原的句子,以此构成指定专业通用词的原始句群。

```
GWSP_List = ['responsible ']
GWSP_sentList = []
for word in GWSP_List:
    for sent in sentListPair:
        if word in sent[1]:
            GWSP_sentList.append(sent[0])
corpus = list(set(GWSP_sentList))
```

步骤 3: 构建 TF-IDF 向量模型

使用指定专业通用词的原始句群生成 TF-IDF 向量模型,以便后续计算句子之间的相似度。

```
import numpy as np
corpus = np.array(corpus)
from sklearn.feature_extraction.text import TfidfVectorizer
tv = TfidfVectorizer(min_df=0., max_df=1., use_idf=True)
tv_matrix = tv.fit_transform(corpus)
tv_matrix = tv_matrix.toarray()
```

步骤 4: 计算相似性矩阵

在 TF-IDF 向量模型的基础上,计算两两句子之间的相似性数值,并构成相似性矩阵嵌套列表结构。

```
from sklearn.metrics.pairwise import cosine_similarity
similarity_matrix = cosine_similarity(tv_matrix)
```

步骤 5: 输出句对和相似性数值

以两个句子及其相似性值三元素构成元组列表结构的每一个元组元素。相似性取值范围 0 < similarity_matrix[i][j] < 1。由于矩阵的两两对应关系,还须去除重复句对。

```
sentValueList = []
for i in range(len(similarity_matrix)):
    for j in range(len(similarity_matrix)):
```

```
            if 0 < similarity_matrix[i][j] < 1:
                combine = (similarity_matrix[i][j], corpus[i], corpus[j])
                sentValueList.append(combine)
sorted_data = sorted(sentValueList,
                     key = lambda result: result[0], reverse = True)
dataList = []
for n in range(0, len(sorted_data), 2):
    dataList.append(sorted_data[n])
```

步骤 6:确定选词区间

选词区间的确定标准:指定专业通用词必须同时出现在两个构成相似性句对的句子中;两个句子的句长不宜差别过大,一个句子的句长不超出另一个句子的 20%;两个句子的相似性值取值均大于 0.2。

```
combine = list(zip(list(df[0]),list(df[1]),list(df[2])))
responsibleList = []
for item in combine:
    if 'save 'in item[1] and 'save 'in item[2]:
        difference = abs(len(item[1].split()) - len(item[2].split()))
        average = (len(item[1].split()) + len(item[2].split())) / 2
        if difference / average < 0.2:
            if item[0] > 0.2:
                responsibleList.append(item)
```

【分析与讨论】

基于句子相似性概率分布,对所选专业通用词进行验证,即判断其是否合乎要求。判断依据为:一是所选专业通用词必须分别出现在两个做相似性比较的句子中,以此可增强句子的相似性可比性;二是两个做相似性比较的句子其句长差异确定在一定范围之内,因差异过大会导致句子可比性不强,不利于分析。

本方法以那些较为经典的专业通用词(之前以人工方式提取并经过验证的)为依据,如 responsible、instrument、save,展开自动化提取验证。验证时亦须考虑到单词的绝对词频因素,如 save 一词的绝对频率仅为 3,不宜作为分析对象,而前两者则明显呈现出其概率分布特征(responsible 的绝对频率为 65,总形符为 264 521)。同时,也选取了两个非法律专业通用词 high 和 normal,均未显示概率分布特征。验证所得结果与之前的纯人工方式相一致。

本提取方法有待改进之处为:一是未对概率分布进行可视化处理,以此是否会呈现出数字规律性;二是本方法仅为句子相似性度量一种模式,是否有必要纳入其他工具技术如具体性/抽象性词表方法等;三是词频绝对值与相似性概率分布之间是否存在一定的逻辑关系,尚有待验证。

鉴于本节方法 1 和方法 2 的各自特点,有必要进行更多的技术组合验证。有一点业已证明,词向量模型和向量模型在不同的任务类型中均可以发挥其特殊的作用,关键在于如何将此类语言模型应用到合适的项目任务中。语言模型的生成或借用对算力有着越来越高的要求,这也考验着在一定算力之下如何选择适用性编程技巧的能力。

5.2.4　翻译知识库构建模式

如 5.2.2 节所述,专业通用词翻译知识库的构成要素为专业通用词库、专业通用词搭配库、专业通用词实例库、知识推理,且以汉译英为导向。三个子库既自成一体,又彼此相互关联。自成一体意味着应尽可能地从专业或垂直领域中提取子库所需元素,而相互关联是指三个子库之间通过特定的技术手段实现彼此关联,尤其是知识推理手段。

1) 子库描述

(1) 专业通用词库

因汉译英之目的,专业通用词库系汉英对照构成——一个汉语词汇可以对应多个英语词汇,如('责任', 'responsible', 'responsibility', 'liable', 'liability', 'accountable', 'accountability', 'duty', 'duties', 'burden', 'obligation', 'consequences')。其整体数据结构为元组列表,但因所对应的英语词汇多寡有别,元组所含元素的个数也互不相同。

【Excel 保存格式】

	A	B	C	D	E	F	G	H	I	J	K	L	M
1	0	1	2	3	4	5	6	7	8	9	10	11	
2	责任	responsil	responsil	liable	liabilit	accountal	accountal	duty	duties	burden	obligati	consequences	
3	调解	mediatio	concilia	mediate	concilia	consent							
4	裁决	award	settle	decide	decision	judgment							
5	职业	occupati	professi	vocation	employme	career	job	work					

专业通用词库采用成行加载的方式,即选定某一中文词汇便可读取其相应的英语词汇。数据结构中每一个专业通用词的英语对应词汇的个数互不相同,故将空值替换为 xxx,之后再行去除,以保证所对应的英语专业通用词均为有效词。读取一个专业通用词所对应的英语词汇(英语单语呈现)或读取整体数据(汉英对照呈现)的代码如下:

```
data = pd.read_excel(excel_file, index_col = 0).fillna("xxx")
rowList = list(data.loc['责任'])
rowListClean = [w for w in rowList if w != 'xxx']
或者
data = pd.read_excel(excel_file, index_col = 0).fillna("xxx")
num = len(data[0])
dataList = []
for i in range(num):
    rowList = list(data.iloc[i])
    rowListClean = [w for w in rowList if w != 'xxx']
    dataList.append(tuple(rowListClean))
```

(2) 专业通用词搭配库

专业通用词搭配库内含各种类型的短语,而短语提取可涉及不同技术,如 ngrams( )、词表方法、互信息方法、collocation_list( )、noun_chunks、noun_phrases、正则表达式方法、树库方法等(管新潮 2021: 103 - 120)。就本节专业通用词搭配库而言,亦可采用不同方法提取所需搭配。尝试采用 spaCy 的 noun_chunks 方法(仅提取名词短语),但结果不甚理想——含有专业通用词的搭配过少,故最终采用 nltk 的 ngrams( )方法。

根据“责任”的对应英语词汇,全额提取多连词,并经停用词、标点符号、情态动词等常规清洗,最后以自定义方式清洗去除搭配中结尾单词不合要求的部分,最终获得 213 个有效搭配。由此可见,专业通用词搭配可不局限于名词类型,应有更多搭配类型的选择。搭配库的质量除了技术手段保证外,人工检视必不可少。相对于其他两个库而言,搭配库的质量要求更高,因为搭配库所含短语数可限定在一定范围之内,类似于专业通用词库的词数,仅须基本覆盖专业或垂直领域即可,而实例库可持续扩大,以满足更广范围的应用需求。搭配库介于专业通用词库与实例库之间,起到衔接作用,但不像专业通用词那样匹配较广,而是更能以特殊手段精准匹配实例库。这就是作为表征实体关系(权且体现为这一关系)的搭配库的意义之所在。

代码和部分清洗结果如下:

```
stopList = ['made','unless','within','without','among','towards','upon','forth']
GWSP_cleanList4 = []
for item in GWSP_cleanList3:
    if item[-1] not in stopList:
        GWSP_cleanList4.append(item)
```

【提取结果】

[('liability', 'provided'),
('persons', 'held', 'liable'),
('specific', 'duties'),
('binding', 'consequences'),
('financial', 'responsibility'),
('financial', 'burden'),
('legally', 'responsible'),
('liability', 'article'),
('remain', 'liable'),
('undue', 'financial', 'burden'),
('criminal', 'liability'),
('relevant', 'obligation'),
('duties', 'upon', 'receipt'),
('probable', 'financial', 'consequences'),
('high', 'duties'),
('adverse', 'consequences'),
('ordinary', 'customs', 'duties'),
('contribution', 'liability'),

('responsibility', 'towards', 'users'),
('primary', 'responsibility'),
('appropriate', 'burden', 'sharing'),
…]

(3) 专业通用词实例库

专业通用词实例库根据专业通用词库提取而得,每个实例句子至少含有一个专业通用词。其提取方式可根据第 5. 2. 3 节"专业通用词提取方法"的"方法 2: 专业通用词的句子相似性度量"的步骤 1 和 2 实施。提取操作后,"责任"一词所对应的实例句子为 123 个。以此方式构建的实例库可持续更新,即依托新建成的单语语料库实时提取。之所以仅从单语语料库中提取含有专业通用词的实例句子,一是旨在净化实例库,使后续的实例应用选择更具针对性;二是词汇级别的专业通用词汉英对应词汇,可避免句子级别双语语料库较为复杂的制作程序。

【部分已提取的实例库句子】

	A
1	责任
2	Any reference in this Agreement to a "Government" or "Governments" shall be construed as including a reference to the European Economic Community and to any intergovernmental organization having responsibilities in respect of the negotiation, conclusion and application of international agreements, in particular commodity agreements.
3	In exercising its capacity to contract the Council shall ensure that the terms of paragraph 4 of article 48 are brought by written notice to the attention of the other parties entering into such contracts, but any failure to do so shall not in itself invalidate such contracts, nor shall it be deemed to be a waiver of such limitation of liability of the members.
4	A member whose rights have been suspended under paragraph 2 of this article shall in particular remain liable to pay its contribution and to meet any other of its financial obligations under this Agreement.
5	Article 48 GENERAL OBLIGATIONS AND LIABILITIES OF MEMBERS
6	The liability of members arising from the operation of this Agreement, whether to the Organization or to third parties, shall be limited to the extent of their obligations regarding contributions to the administrative budget and to financing of the Buffer Stock under and in accordance with chapters VII and VIII of this Agreement and any obligations that may be assumed by the Council
7	the legal consequences of a breach of this obligation shall be determined by the legislation of the country where protection is
8	The authorities shall indicate to the parties in question what information is necessary to ensure a fair comparison and shall not impose an unreasonable burden of proof on those parties.

2) 知识推理

决定知识库品质高低的关键之一是与其配套的知识推理能力。知识推理是指利用知识库现有的显性知识推断未知知识,进而完善知识网络和补全知识库(袁荣亮, 姬忠田 2021)。也就是说,针对知识库中已有事实或关系的不完备性,挖掘或推断出未知或隐含的语域关系(田玲等 2021)。

由此涉及不同知识推理方法的应用。以大数据知识图谱(知识库)为例,常见的知识推理方法有逻辑规则、嵌入表征和神经网络三类。基于逻辑规则的知识推理方法是指在知识图谱上运用简单规则和特征，推理得到新的事实，其可利用知识的符号性为推理结果提供显性解释。机器学习中的嵌入表征可以将复杂的数据结构转化为向量化的表示，使得原本难以发现的关联关系变得显而易见，由此实现基于嵌入表征的知识推理。基于神经网络的知识图谱推理方法充分利用了神经网络对非线性复杂关系的建模能力，能够深入学习图谱结构特征和语义特征，实现对图谱缺失关系的有效预测（田玲等 2021）。

本案例拟采用词向量模型方法，也即上述基于嵌入表征的知识推理方法，如 Word2Vec 模型、FastText 模型等（管新潮 2021: 175 - 179）。由于 FastText 模型可识别词汇形态特征的特点，下述将以其作为发现关联关系的工具。

步骤 1：读取数据

Excel 表内含双语句对齐文本数据，读取后可直接经由 list(df['en-US']) 转换为句子列表，免去了先分段、再分句的环节。本案例仅选用英文部分。

```
path1 = r'D:\python test\71_20 联合国公约\191016_联合国公约 20 部.xlsx'
import nltk
import pandas as pd
df = pd.read_excel(path1)
sentList = list(df['en-US'])
```

步骤 2：数据清洗一

采用获取形符及其对应词性标记符的方法通过 WordNetLemmatizer 进行词形还原。输入的数据为句子列表结构，故进行逐句词形还原处理，最终构成以分词为基础的嵌套列表结构。

```
from nltk.stem import WordNetLemmatizer
wnl = WordNetLemmatizer()
def find_pos(text):
    pos = nltk.pos_tag(nltk.word_tokenize(text), tagset='universal')
    tags = []
    for i in pos:
```

```
            if i[1][0].lower() == 'a':
                tags.append('a')
            elif i[1][0].lower() == 'r':
                tags.append('r')
            elif i[1][0].lower() == 'v':
                tags.append('v')
            else:
                tags.append('n')
        return tags
sentwordList = []
for line in sentList:
    tokens = nltk.word_tokenize(line.lower())
    tags = find_pos(line)
    lemma_words = []
    for i in range(0, len(tokens)):
        lemma_words.append(wnl.lemmatize(tokens[i], tags[i]))
    sentwordList.append(lemma_words)
```

步骤 3: 数据清洗二

本环节数据清洗可能存在的问题: 一是是否必须清除 179 个停用词;二是仅保留纯字母构成的单词是否绝对必要。回答这两个问题的最佳方法是进行数据对比处理。

```
from nltk.corpus import stopwords
stop_words = stopwords.words('english')
sentwordList2 = []
for line in sentwordList:
    line2 = [word for word in line if word not in stop_words]
    line3 = [word for word in line2 if word.isalpha()]
    sentwordList2.append(line3)
```

步骤 4: 模型训练和应用

直接涉及词向量模型本身的代码并不复杂,模型的运用便捷易懂。本案例的关键是如何将最初获取的语言数据转换成词向量模型所需的语言数据结构——经分词后的嵌套列表结构。

```
from gensim. models. fasttext import FastText
ft_model_20 = FastText(sentwordList2, size=200, window=5)
ft_model_20. wv. most_similar('responsible', topn=20)
```

【提取结果】

[('correspond', 0.9992749691009521),
('compare', 0.999071478843689),
('response', 0.9987092018127441),
('border', 0.9985796213150024),
('terminal', 0.9981544613838196),
('real', 0.9978888630867004),
('map', 0.9978753924369812),
('award', 0.9978015422821045),
('compile', 0.9977161884307861),
('respond', 0.997652530670166),
('mass', 0.9976505041122437),
('marine', 0.9973918795585632),
('transparency', 0.9973837733268738),
('adequacy', 0.9973196983337402),
('orderly', 0.997195303440094),
('study', 0.997096061706543),
('coastal', 0.9970677495002747),
('compose', 0.9968400001525879),
('corresponding', 0.9968337416648865),
('bureau', 0.9967031478881836)]

【分析与讨论】

上述提取结果系词形还原+停用词和非字母单词清洗后的结果，与未经清洗处理（管新潮 2021: 178）的结果相比，所呈现的关联关系明显更具适用性，因其所呈现的关联词汇均为类符形式，这与一些通用的大型预训练词向量如百度、谷歌词向量相一致。本案例较为明显的一个问题可能就是语料库库容问题。这方面的研究其实也并不多见，大多数语料库的构建也都未能述及库容规模的合理性问题。

知识推理所依赖的是专业通用词库和专业通用词搭配库，两者的库容就专业或垂直领域而言有其一定的规模限制，这是由专业通用词的定义所决定的,即专业通用词是一些常见的基本词汇,其数量不会过多。但实例库可以无限放大,可为专业通用词提供更多、更全面、更具有代表性的关联关系。

至于实例库的语义检索是否有必要涵盖所有的关联词汇,是一个非常值得探讨的问题。一是以多少关联词汇方可构建一个有效或最佳的关联语义场(关联性阈值设定);二是关联语义场所包含的词汇是否均为有效的关联词汇;三是关联语义场词汇与专业通用词库的对应关系如何。

3) 小结

虽然特定行业领域的知识库或知识图谱已多有应用,但与翻译相关的却少有述及。本案例旨在尝试构建专业通用词翻译知识库,探索可服务于翻译实践、教学、科研的知识库构建路径。专业通用词翻译知识库的特点是: 一是仅与翻译相关,涉及面相对较小;二是主要解决一词多译现象,提升译入非母语的语言地道性。构建这一知识库的另一个目的是可否通过智能方法发现不同专业或垂直领域之间专业通用词的共性,这是人工翻译实践所无法回答的问题。通过此类非常专业的小型翻译知识库的构建,希冀可为其他类型翻译知识库的构建提供可资借鉴的知识。

翻译语料库的建设已蔚为壮观,无论是在翻译实践还是翻译教学和科研中皆已有效应用。相关的知识生产也比比皆是,如语料库翻译研究的知识产出,又如机器翻译的译文产出及其实践应用。迄今为止的翻译语料库均以双语平行语料库、双语或单语可比语料库、单语语料库等形式存在,若能将其拓展至具备知识推理功能的语料库翻译知识库,翻译语料库就有可能会突破其现有的制约条件,发挥其更大作用。

诸多文献表明,构建知识库的关键在于实体识别,且表述多为组织、机构、地名等实体。这一点应该不会成为翻译知识库的主要实体表现,正如本案例的前述内容一样,翻译知识库所需要的实体是翻译中的概念实体以及实体之间的逻辑关系。这一点可能就是翻译知识库的实质所在。

5.2.5 译后编辑应用

1）引言

机器翻译所产出的译文是译后编辑的基础，译后编辑则与机器翻译如影相随。如何对待机器翻译，不同的行业、不同的应用目的都有各自不同的任务要求，译后编辑也是如此。译后编辑有轻度、中度、重度编辑之分，须对应不同的场景加以合理选择。这是人们对机器翻译+译后编辑（MTPE）模式的一个普遍认识。但与此同时，译后编辑的应用对象也不仅仅是机器翻译所产出的译文，应当有更广阔的概念认知，如广义的译后编辑，其译文来源于翻译记忆的模糊匹配、人工翻译、机器翻译等场景（崔启亮 2014）。

本案例将专业通用词翻译知识库应用于译后编辑，旨在增强汉译英译文文字的可读性和地道性，起到润色文字的作用，其适用于汉译英机器翻译和非英语母语人士汉译英两种情形。就此而言，这是一种广义上的译后编辑，而达成本案例所设目标的关键在于是否拥有一个高品质的英语单语语料库，即翻译知识库所包含的实例库。本案例将以实例库的例句和搭配库的词组搭配进行相似性度量，以实现专业通用词翻译知识库的译后编辑尝试性应用。

选定下述汉英双母语版本为例（标准英语版本仅为验证本案例的最终效果），按中文翻译而得的搜狗译文用于译后编辑:

例 5.2:

标准中文: 按照本谅解备忘录条款，各方负责并承担己方出于为前述备忘中相关的义务和努力而产生的费用、风险和债务。

标准译文: Each Party shall be responsible for and bear all of its own costs, risks and liabilities arising out of its obligations and efforts in accordance with the provisions of this MOU.

搜狗译文（2021 年 7 月 30 日）: According to the terms of this Memorandum of Understanding, each party shall be responsible for and bear the expenses, risks and debts arising from its own obligations and efforts related to the aforementioned Memorandum.

2）句级相似性对比

本案例采用 spaCy 包的 en_core_web_md 语言模型进行句子相似性度量，语言模型应用对比显示 en_core_web_md 优于 en_core_web_lg。由此计算搜狗译文句子与单语语料库各句子的相似性对比数值并按数值大小排序。

```
import spacy
nlp = spacy.load('en_core_web_md')
sentExample1 = nlp(sentExample.replace('\n',''))
pair_list = []
for line in sentList:
    line1 = nlp(line)
    similarValue = sentExample1.similarity(line1)
    sentPair = (similarValue, line)
    pair_list.append(sentPair)
sorted_data = sorted(pair_list, key = lambda result: result[0], reverse = True)
```

【相似性排序结果】

	A	B
1	0.974983877	The liability of members arising from the operation of this Agreement, whether to the Organization or to third parties, shall be limited to the extent of their obligations regarding contributions to the administrative budget and to financing of the Buffer Stock under and in accordance with chapters VII and VIII of this Agreement and any obligations that may be assumed by the Council under article 41.
2	0.971810133	Notwithstanding the termination of this Agreement, the Council shall continue in being for a period not exceeding three years to carry out the liquidation of the Organization, including the settlement of accounts, and the disposal of assets in accordance with the provisions of article 40 and subject to relevant decisions to be taken by special vote, and shall have during that period such powers and functions as may be necessary for these purposes.
3	0.970009033	Each State Party shall take such civil and administrative measures as may be necessary, in accordance with the fundamental principles of its domestic law, to preserve the integrity of accounting books, records, financial statements or other documents related to public expenditure and revenue and to prevent the falsification of such documents.
4	0.969947333	The contracting parties recognize the validity of the general principles of valuation set forth in the following paragraphs of this Article, and they undertake to give effect to such principles, in respect of all products subject to duties or other chargesor restrictions on importation and exportation based upon or regulated in any manner by value. Moreover, they shall, upon a request by another contracting party review the operation of any of their laws or regulations relating to value for customs purposes in the light of these principles. The CONTRACTING PARTIES may request from contracting parties reports on steps taken by them in pursuance of the provisions of this Article.
5	0.969112083	In such consultations, the CONTRACTING PARTIES shall accept all findings of statistical and other facts presented by the Fund relating to foreign exchange, monetary reserves and balances of payments, and shall accept the determination of the Fund as to whether action by a contracting party in exchange matters is in accordance with the Articles of Agreement of the International Monetary Fund, or with the terms of a special exchange agreement between that contracting party and the CONTRACTING PARTIES.

【分析与讨论】

虽说 spaCy 可用于语义相似性分析，但从本案例法律条款句级单位对比结果看，似乎更有可能对句子结构进行参照，即用于优化机器翻译的句子结构。补充若干限制性筛选条件如句长对比、正则表达式非连续结构提取等，发现上述五个例句的第 3 句（51 词）与狗搜译文（34 词）在句子结构上最为接近。参照此例句结构进行译后编辑如下：

例 5.3:

译后编辑译文: Each party shall be responsible for and bear the expenses, risks and debts arising from its own obligations and efforts in accordance with the terms of this Memorandum of Understanding.

显然,经译后编辑的句子结构已非常接近标准译文的结构。若再把 debts 一词改为 liabilities,其表述则更胜一筹。句长过大,本来就不利于机器处理,无论是情感分析还是语义分析皆为如此。一般而言,法律条文都有较长的句子,由排序结果可见,采用相似性度量方法却成就了句子结构的对比,而非以语义为主的对比。这可能是句长超过某一限度后 spaCy 语言模型应用的变异——相似性知识推理。

本案例所用单语语料库共计 8 745 句,从语料库库容角度说数量少了些。该单语语料库由 20 部联合国公约构成,而上述对比句子则是典型的合同条款。其内容上的可参照性似乎并不是百分之百的。由于本案例单语语料库库容较小,从中再行提取符合条件如“责任”一词的实例,其数量可能会更少。因此,若设想有效提升译后编辑的效果,构建一个高品质的足够数量的母语语料库很有必要。

3) 词组搭配

本小节采用 gensim 库进行词组搭配的相似性度量,旨在根据专业通用词搭配库去发现词组搭配对译后编辑的有效参照作用。

步骤 1: 待检索词组

```
sentTest = 'be responsible for'
testList = [word for word in nltk.word_tokenize(sentTest)]
```

步骤 2: 制作向量库料库

```
from gensim import corpora, models, similarities
dictionary = corpora.Dictionary(allList)
corpusVec = [dictionary.doc2bow(line) for line in allList]
testVec = dictionary.doc2bow(testList)
tfidf = models.TfidfModel(corpusVec)
```

步骤 3: 相似性度量

```
index = similarities.SparseMatrixSimilarity(tfidf[corpusVec],
                                            num_features=len(dictionary.keys()))
simValue = index[tfidf[testVec]]
combine = list(zip(list(simValue), sentList))
pairList = sorted(combine, key = lambda item: -item[0])
```

【提取结果】

```
(0.65315455, 'It shall be responsible to the Conference.')
(0.54904735, 'Each committee shall be responsible to the Council.')
(0.5419622, 'The staff shall be responsible to the Executive Director.')
(0.4448492, 'The Deputy Secretary-General shall be responsible to the Secretary-General.')
(0.32392424, 'The Director General shall be responsible to the Conference and the Executive Council for the appointment of the staff and the organization and functioning of the Technical Secretariat.')
(0.30473053, 'The Secretary-General shall be responsible for making the necessary administrative and financial arrangements, in agreement with the Director of the Consultative Committee concerned, for meetings of the Plenary Assembly and the study groups.')
(0.3040028, '"competent authority" means an authority responsible for the implementation and application of health measures under these Regulations;')
```

【分析与讨论】

由于单语语料库库容的限制,未能就 expenses, risks and debts 进行搭配合理性检索验证,而是采用了 be responsible for 进行词语搭配与句子的相似性检验。结果显示,语料库库容充分时足以提供可供参照的提取结果,而且可按句长大小呈现相似性结果。这是 TfidfModel 模型的优势所在。本案例提示了搭配库建设的重要性,所提取的实体关系是否充分取决于单语语料库库容的大小。

参考文献

[1] Arčan, M., D. Torregrosa & P. Buitelaar. 2019. Translating terminological expressions in knowledge bases with neural machine translation [J/OL]. arXiv: 1709.02184v3 [cs.CL].

[2] Chen, J. P. 2006. A Lexical Knowledge Base Approach for English-Chinese Cross-Language Information Retrieval [J]. *Journal of the American Society for Information Science and Technology* (2): 233 - 243.

[3] Fensel, D., U. Şimşek, K. Angele, E. Huaman, E. Kärle, O. Panasiuk, I. Toma, J. Umbrich & A. Wahler. 2020. *Knowledge Graphs — Methodology, Tools and Selected Use Cases* [M]. Cham: Springer Nature.

[4] Guo, C. J., F. Pan & Y. Zuo. 2018. Word similarity algorithm based on multi-features [J]. *Journal of Interdisciplinary Mathematics* 21(5): 1067 - 1072.

[5] Kawasaki, Z., F. Yamano & N. Yamasaki. 1992. Translator knowledge base for machine translation systems [J]. *Machine Translation* (6): 265 - 278.

[6] Olinghouse, N. G. & J. Wilson. 2013. The relationship between vocabulary and writing quality in three genres [J]. *Reading and Writing* 26: 45 - 65.

[7] 付雷杰，曹岩，白瑀，冷杰武. 2021. 国内垂直领域知识图谱发展现状与展望[J/OL]. 计算机应用研究(11). https://doi.org/10.19734/j.issn.1001 - 3695.2021.04.0095.

[8] 管新潮. 2017. 专业通用词与跨领域语言服务人才培养[J]. 外国语(5): 106 - 108.

[9] 管新潮. 2021. Python 语言数据分析[M]. 上海: 上海交通大学出版社.

[10] 管新潮，陶友兰. 2017. 语料库与翻译[M]. 上海: 复旦大学出版社.

[11] 李双燕，苗菊. 2021. 面向技术文档翻译的双语术语知识库建设研究[J]. 中国科技术语(1): 43 - 52.

[12] 李爽. 2011. 基于知识库的语言翻译系统研究[J]. 微计算机应用(6): 75 - 80.

[13] 李嵬，韩朝旭，张培点，杨清春. 2018. 从数据处理到知识转化在医用气体工程设计中的应用[J]. 医用气体工程(2): 20 - 21.

[14] 刘智颖. 2015. 服务于汉英机器翻译的 HNC 词语知识库建设[J]. 语言文字应用(1): 117 - 126.

[15] 苗菊，宁海霖. 2016. 翻译技术的知识体系化演进: 以双语术语知识库建设与应用为例[J]. 中国翻译(6): 60 - 64.

[16] 阮光册，樊宇航，夏磊. 2020. 知识图谱在实体检索中的应用研究综述[J]. 图书情报工作(14): 126 - 135.

[17] 覃晓，廖兆琪，施宇，元昌安. 2020. 知识图谱技术进展及展望[J]. 广西科学院学报(3): 242 - 251.

[18] 田艳，王天奇. 2018. 基于 word2vec 模型的专业通用词提取算法及应用举例[J]. 沧州师范学院学报(3): 68 - 72.

[19] 徐健，张智雄，吴振新. 2008. 实体关系抽取的技术方法综述[J]. 现代图书情报技术(8): 18 - 23.

[20] 徐增林，盛泳潘，贺丽荣，王雅芳. 2016. 知识图谱技术综述[J]. 电子科技大学学报(4): 589 - 606.

[21] 鄢珞青. 2003. 知识库的知识表达方式探讨[J]. 情报杂志(4):63-64.
[22] 郑捷. 2018. NLP 汉语自然语言处理原理与实践[M]. 北京:电子工业出版社.
[23] 袁荣亮，姬忠田. 2021. 基于深度学习的网络信息资源知识图谱研究[M]. 情报理论与实践(5):173-179.
[24] 田玲,张谨川,张晋豪,周望涛,周雪. 2021. 知识图谱综述:表示、构建、推理与知识超图理论[J/OL]. 计算机应用. https://kns.cnki.net/kcms/detail/51.1307.TP.20210629.1143.005.html.
[25] 崔启亮. 2014. 论机器翻译的译后编辑[M]. 中国翻译(6):68-73.

第6章　语言结构识别与译后编辑

每一种自然语言均有其独特的语言结构,不管我们是否已经了解或掌握,它始终伴随着语言使用者的左右。不同的语言结构会对思维方式和行为模式产生不同的影响,语言结构就如同生物结构那样,是一种社会结构化的产物,即语言结构所采用的形式(或称之为模式)是语言使用者的一种社区性产物(Clark 2011)。对语言结构的深入认识会有助于提升自然语言的使用效率,在大数据时代下更会助力于语言数据的智慧型应用。因此,对语言结构的识别就是这一过程的关键。这一点在机器翻译的发展历程中已经表现得淋漓尽致:从基于规则或实例的机器翻译,到基于统计的机器翻译,再到现如今的神经机器翻译。虽然到了神经机器翻译阶段,其语言结构的转换似乎是无法描述的,但机器翻译所产出的译文却也最终呈现了独有的语言结构模式。鉴于此,本章拟就神经机器翻译所产出的译文展开译后编辑研究,探寻语言结构与译后编辑之间的逻辑关系,旨在提升译后编辑的针对性和有效性。

6.1　语言结构概述

6.1.1　语言共性与翻译共性

1）语言共性

语言的呈现是多样化的,但多数语言学家却认为不同地域所使用的语言多有共通之处,这种存在于所有语言之间的特性可称之为“语言共性”(Jäger & van Rooij 2007)。语言共性可体现为:一是句法共性,即所有语言均拥有名词、动词和修饰语；二是语音共性，即所有语言均有元音；三是语义共性，即所有语言均有表示颜色的词汇（Jäger & van Rooij 2007）；等等。语言共性并不是偶然发生的语言现象，其有内在的逻辑性，由此支撑语言加工或语言习得。英语的后缀偏好即为一种语言共性，表示其曲折变化倾向于添加在词尾，相应的语料库调查研究证实在词根的语法分类方面后缀比前缀更为精准，这一分类有利于语言的习得（St. Clair *et al.* 2009）。舆情分析所涉及的共性知识挖掘旨在以较少的人工干预尽可能多地发现共性语言结构模式（即语言共性）与基础性情感元素，既能保持特定领域具有较高的准确率，又便于扩展舆情分析的适用范围（段建勇等 2013）。

由此可见，语言共性的识别可以依据既有的经验知识，通过自动或智能识别方法加以实现。以句法树库为例，通过研究其英语关系从句的挂靠偏向，发现其具有语言共性的结果，即主句主语与宾语位置上的英语关系从句高挂靠均比低挂靠难处理；主语位置上的英语关系从句低挂靠比宾语位置上的难处理；主语位置上的英语关系从句高挂靠比宾语位置上的难处理（刘金路，刘海涛 2020）。从句法树库中亦可提取具有语言共性结构的语块，如双动词结构语块（管新潮 2021: 38）、情态动词结构语块（管新潮 2021: 110－113）、动名结构语块、特殊名词结构语块等，并分析其概率分布，从中获取有关语言共性的分布信息。

2）翻译共性

翻译共性是指译文中呈现的有别于原文的一些典型的、跨语言的、有一定普遍性的特征（柯飞 2005）。这一概念最早由贝克（Baker）提出，是指翻译文本而不是源语文本所体现的典型语言特征（胡开宝 2011: 79）。语料库翻译学所指的翻译共性一般为显化和隐化、简化和范化等特征，其研究范式是发现译文中的语言共性结构（以频率计数），如译文中的“把”字句和“被”字句的汉译应用，表明范化这一翻译共性基本适用于英汉翻译（胡开宝，邹颂兵 2009）。显化和隐化是一对可以相互转化的语言共性，从形式化程度高的语言翻译成形式化程度低的语言，其隐化程度会明显加强（柯飞 2005）。如英汉之间的翻译关系，隐化最为显著的表现就是将英语翻译成汉语时话语标记和人称代词的省略,由此可显著增强汉语句子的结构紧凑感,更符合传统汉语的表述习惯。

基于依存树库,关于汉至英翻译关系的研究结果表明,不管依存距离或依存关系如何,翻译语言和母语之间都存在显著差异;具体指向汉译英,翻译语言的依存距离均值比母语的显著加长,而翻译语言比母语语言呈现出更加偏向支配词居前的倾向(蒋跃等 2021)。对英汉主语依存关系(双语语料库存在翻译关系)的研究表明,汉语主语依存关系的依存距离均值高于英语,汉语比英语承载了更多的认知成本和工作记忆负荷;在具体的依存关系如主语关系中,依存距离存在最小化倾向(李雯雯 2020)。以依存树库中的汉英形容词(英汉混杂语料)为考察对象发现,两类形容词在单语和混杂依存中的结合力相互有别,汉语形容词在单语中的结合力大于混杂依存,英语形容词在混杂依存中的结合力大于单语依存;两类形容词所支配的单语和混杂依存距离均值相互有别,两类形容词作为从属词的单语和混杂依存距离均值也相互有别(王琳 2020)。上述研究表明,依存句法树库在不同语言的句法对比中具有可行性和可靠性,能够为有效挖掘不同语言之间的句法结构差异提供物质基础。这一依存树库方法可为大数据、多语言及语言共性的融合研究提供高效且可靠的理论基础和研究手段(李雯雯 2020)。

可供翻译共性研究的文本类型有两种: 一是具有翻译关系的两种语言文本,即原文和译文;二是译文及其所属语言的原创文本,前提是两者之间须有可比性。翻译共性研究旨在发现翻译文本有别于其原文或原创文本的语言共性。虽然语料库翻译学(以频率为主)和计量语言学(以依存树库为准)视角下的翻译共性研究手段有所不同,但目标都是为了发现句法中的语言共性,用于解释两种语言文本之间的异同。正因为研究手段的不同,可能会导致逻辑解释过程的不同,进而使两者之间的研究结果似乎多有不同。其实,树库结构并非仅用于发现语法结构,例如当两种文本之间存在翻译关系时就可用于对比两种语言之间的语法结构,如语言形式化程度等。

6.1.2　语言结构及其作用

上一节的分析表明,所研究的语料对象若能呈现出规律性的语言结构,就可以表明此类语料具有特定的语言共性或翻译共性。据此共性,可以探究语言结构所隐含的社会政治含义及其变迁,为阿尔茨海默病建立特定的语言结构模型,利用特定的语言结构识别网络中的虚假评论,等等。本节故此展开语言结构与话语分析、阿尔茨海默病、虚假评论三方面的文献综述与分析。

1）话语分析与语言结构

新闻话语分析中的语言结构以不同的“判断”模式呈现,用于描述“判断”词法模式、“判断”语义特征和社会秩序三者之间是如何相互关联的(Huan 2017)。郇昌鹏(Huan 2017)的研究结果显示,对不同社会地位的新闻当事人给出判断的方式各异,即相同短语模式中的相同判断标记符会根据不同的社会地位针对新闻当事人给出不同的判断配价,而且不同新闻当事人的判断倾向于选择独特的局部模式。因此,判断新闻当事人的不同话语模式明确指向产生社会价值的方式的独特性。有关中国硬新闻(传统所指的政治、社会和经济新闻,相对于娱乐、体育等软新闻而言)给出判断的局部语言模式为五种:主谓结构、述宾结构、中心词+补足语结构、状语+中心词结构、定语+中心词结构。以状语+中心词结构为例:

- “千方百计救援受灾群众”(spare no efforts to rescue those people in the disaster areas);
- “犯罪嫌疑人……非法牟取暴利”(the criminals... illegally obtained profits)。

两者均为状语+中心词结构,但新闻当事人已被贴上不同的社会标记,前者为正面判断,后者则为负面判断。这种“判断”语言模式的作用在于描述新闻当事人的社会状况,使新闻受众在语言模式和社会价值之间给出定位。

公司年报免责声明的话语分析(Cheng & Ching 2018)表明,采用局部语法的分析效果优于普遍语法。其结果显示,免责声明包含有一系列局部语法模式,用于表征语法、语义和语篇功能特征的语言学元素,而免责声明的作者则用于表述免除或否认公司年报所述及的法律责任和合法要求。Cheng 和 Ching(2018)分析后发现了 13 种语言模式,其中的模式 2 如表 6.1 所示。

表 6.1　13 种语言模式之二

<table>
<tr><td colspan="3">noun group</td><td>verb</td><td>noun group</td><td colspan="4">prepositional phrase</td></tr>
<tr><td colspan="3">These forward-looking statements</td><td>reflect</td><td>the Group's views</td><td>as of</td><td>the date</td><td>hereof</td><td>with respect to</td></tr>
<tr><td>adjective</td><td>noun</td><td>conjunction</td><td>verb</td><td>adverb</td><td colspan="4">noun group</td></tr>
<tr><td>future</td><td>events</td><td>and</td><td>are</td><td>not</td><td colspan="4">a guarantee of future performance or developments</td></tr>
</table>

这一语言模式明确地展示了公司年报中的前瞻性陈述，即有关公司未来经营业绩的描述内容，但同时公司未就将要实现的计划、估算和预期给出承诺，公司不对未来事件负有法律责任。

2）阿尔茨海默病与语言结构

阿尔茨海默病是最常见的神经退化性疾病，目前尚无完全治愈或减缓病情加重的有效临床治疗手段。因此，早期诊断是治疗阿尔茨海默病以及防止病情加重的关键，而实现早期诊断的方法之一就是确诊病患的言语能力。言语变化或词汇特征的变化是阿尔茨海默病患者的主要症状之一，因为随着大脑的病变，患者的语言加工能力会逐渐衰退（Thapa *et al*. 2020）。

根据美国前总统里根（1994 年确诊患有阿尔茨海默病）和布什（未见确诊）在新闻发布会上的发言内容（未照稿件念读的内容），从中提取出与阿尔茨海默病认知衰退相关的关键词，经线性回归分析后发现，里根的独特词使用数量明显减少、话语填充词和非定指名词显著增加，而布什未见有明显的此类趋势（Berisha *et al*. 2015）。这三种词汇数量的改变表明，里根总统的言语变化已经使其在相应时期内的语言结构发生了改变。构成这一语言结构现象的关键词为独特词数量、填充词数量（如 well, so, basically, actually, literally, um, ah）、非定指名词数量（含有 thing 的代词或名词）、低想象力动词数量（如 get, give, go, have），并由此构成表征言语变化的词汇特征。

英国作家艾丽丝 · 默多克（Iris Murdoch）于 1995 年出版了最后一部小说。与之前出版的小说不同，这部作品未能得到读者太多的关注，倒是不久之后作者被确诊患有阿尔茨海默病的消息引起了诸多注意（Garrard *et al*.

2005）。于是，有研究（Garrard *et al*. 2005）将作家的首部作品、一部鼎盛期作品和最后一部作品进行对比，以期确认言语能力的变化对写作的影响。其结果发现作家的早期作品与最后一部作品在词汇方面如词频和类符形符比方面存在显著的统计学差异。后续研究（Pakhomov *et al*. 2011）则以平均句长和句子所含从句数作为指标并采用 CLAS 系统（Stanford syntactic parser）评判作家写作能力的变化。研究发现早期作品与后期作品在句法复杂性方面有显著差异，后期作品的句法复杂性呈衰减趋势，即 1994～1995 年的句法复杂性衰减超过了 1954～1978 年或 1978～1994 年间的水平。词汇和句法层面所展现的语言结构变化均已表明，该作家在创作期间就可能已罹患阿尔茨海默病。

基于 DementiaBank 语言文字临床数据集，采用若干机器学习算法构建自动诊断模型，旨在助力于从大量人群中诊断出可能患有阿尔茨海默病的患者（Orimaye *et al*. 2017）。该模型学习了多种句法、词法和多连词语言学标记符，旨在区分健康人群和病患人群。与健康人群相比，病患人群明显更少使用句法元素，更多使用词法元素，多连词的使用两者存在显著差异。研究结构表明，使用机器学习算法从老年个体的非书面表达中学习语言学标记符会有助于临床诊断可能的阿尔茨海默病患者。研究所采用的语言结构明显更为复杂，其构成如下述标记符所示：

- 句法元素——coordinated sentences；subordinated sentences；reduced sentences；number of predicates；average number of predicates；dependency distance；number of dependencies；average dependencies per sentence；production rules
- 词法元素——utterances；mean length of utterances；function words；unique words；word count；character length；total sentences；repetitions；revisions；morphemes；trailing off indicator；word replacement；incomplete；filler words
- 多连词——bigrams；trigrams

3）虚假评论与语言结构

与虚假评论的识别相关的研究主要在评论的文本内容和评论者两个方面

（袁禄等 2021）。基于文本内容的研究主要涉及语言特征、文本特征、产品特征、情感特征、心理学特征等方面，其识别方法包括自然语言处理、文本挖掘、统计学相关方法等；基于虚假评论者的研究主要从虚假评论者和虚假评论群组的行为特征进行分析（袁禄等 2021）。其中的语言特征、文本特征等要素因具备多变量设置和分解的可能性，可为虚假评论提供语言结构视角下的有效评论路径。

所涉及的语言特征一般为词汇和句法特征两类，后者又分为浅层和深层句法特征，即浅层特征为词性标记，深层特征以句法树产生式规则表示（袁禄等 2021）。可将浅层句法特征同词汇特征结合，以求获得更好的检测效果（任亚峰等 2014a）。与语言结构相关的文本特征包括评论文本长度、文本复杂度、评论内容的相似度、初评与追评内容的一致性（袁禄等 2021）。

基于语言结构和情感极性，任亚峰等（2014b）定义了七个特征并使用遗传算法获得最佳特征建模，随后采用两种聚类方法进行虚假评论识别，实验证实了这一算法的有效性。所定义的七个特征为评论数量、词汇复杂度、词汇多样性、自我参照词汇、品牌提及度、正面情感和负面情感，但最佳的建模特征为五个，即词汇复杂度、自我参照词汇、品牌提及度、正面情感和负面情感。两种聚类方法分别为硬聚类和软聚类，前者为每个样本强制分配一个类别标签，而后者尝试通过预测某个评论属于虚假评论的概率来识别虚假评论。为达成识别虚假评论的目的，该研究所依据的语言结构是由三个语言特征组成的，即词汇复杂度、自我参照词汇和品牌提及度。虚假评论的词汇复杂度相对简单；自我参照以第一人称单数或复数表示，虚假评论会采用更多的自我参照；品牌提及度以品牌名称表示，以品牌名称的词汇占比表示，占比越大，其虚假程度越高。

4）结语

由此可知，语言结构的作用无处不在，其关键在于语言结构与具体领域的关联性。新闻话语分析中的语言结构可用于描述新闻当事人与其社会价值之间的关系，而法律话语分析中的语言结构则可为公司免除不可确定的法律责任。阿尔茨海默病中的语言结构在于识别词汇或句法结构的对比变迁。虚假评论识别中的语言结构必须与非语言或文本特征相结合。表征语言结构的模式有三种: 一是局部语法结构;二是特征关键词占比;三是句法树。不同模式之间可以相互结合,构造出更为复杂的语言表征结构,用于满足语言结构的识别需要。

6.1.3 译后编辑模式

译后编辑是指编辑和修改机器翻译所产出的译文(BS ISO 18587: 2017)。进入神经机器翻译阶段(2016 年)之后,机器翻译所产出的译文质量有了很大提升,其译文适用性越来越强: 有的译文其质量已非常之高,可直接使用,有的还须通过一定程度的译后编辑就可有效利用。实际上,在某些垂直领域,机器翻译已经进入实用阶段,正在转变为有效的社会生产力。无论是人工实施译后编辑还是机器自动完成,译后编辑正在展示着越来越重要的作用。

既然译后编辑所指的工作是"编辑"和"修改",那么找出机器译文的错误所在并予修正可能就意味着完成了译后编辑任务。李梅和朱锡明(2013)采用汽车技术文献作为研究对象,通过对 10 万个英汉翻译句对做机器译文和人工标准译文的对比分析,发现有 15 种错误类型,其中词汇类错误占比高达 70%,而术语的误译占比为 46%,其结论表明机器翻译的正确率很低。崔启亮和李闻(2015)就英汉科技翻译文本的机器翻译以句法树形式展开分析,发现有 11 种错误类型,其研究表明机器翻译对多义词和复杂结构尚无有效对策,它们应当成为译后编辑的工作重点。官凤霞和费一楠(2019)就汉英专利机器翻译的质量问题展开研究,发现存在十种错误类型,并指出化工和生物医药机器翻译结果是评测质量最差的两个领域,其中贡献率最高的两类错误为术语错误和语义错误,占错误总量的 50%~60%。缪毓蔚(2020)利用财经新闻机器翻译结果统计其错误类型(有四种),认为加入译前编辑可改进机器翻译的产出结果。蔡欣洁和文炳(2021)采用搜狗、有道、谷歌和百度四种引擎进行通用文本汉译英转换,其普遍出现的错误类型有 12 种,并认为搜狗引擎是目前翻译质量较高的一种。

纵观上述英汉机器翻译的错误类型,发现影响错误类型的主要因素至少有两类,即翻译文本体裁和机器翻译引擎。不同的文本体裁使用同一种引擎所得到的译文质量不同,而不同的机器翻译引擎翻译同一文本所得出的译文质量也不同,这就使错误类型无法真正实现明确的归类。因 2016 年是机器翻译的分水岭,即神经机器翻译的引入使翻译质量有了明显提升,这一点已得到上述错误类型历时总结的验证。但与此同时,神经机器翻译也带来诸多不可解释性。使用基于统计的机器翻译,至少可以了解源于句对语料库的统计结果。而神经机器翻译却并非如此,其不可预知性会导致某个翻译引擎因某一变量的改进而无意中削弱另一变量的作用,进而影响到翻译结果,反而可能会降低译文质量。由于自然语言的复杂性如词汇多义性、上下文衔接等因素,神经机器翻译模式下的翻译引擎暂时还是难以达到人类高水平译文的质量,因此机器翻译实践中的译文可用性使译后编辑成了唯一选择。

只有识别出机器翻译的错误所在,才能进行有效的译后编辑。但这里的问题是: 如何才能有效地识别出译文错误? 高水平译者之所以能够高效地完成译后编辑,是因为翻译经验的积累使其能够胜任这项工作,能够识别出译文中的各种错误并加以改正。翻译能力有所欠缺者或初学者面对机器翻译译文,可能完全是另外一种情形。他们可能无法完全识别出所有的具体错误,也可能因机器翻译译文过于顺畅而忽略其真实错误的存在,即机器翻译可能会误导人类正常发挥判断并识别错误的能力。这是一个不容忽视的现实: 谷歌神经机器翻译的质量要高于普通大学生的翻译质量,而且机器翻译所犯的错误跟人工译员所犯的错误非常接近,这给一般水平的学生做译后编辑带来了很大的挑战(曹新宇 2020)。笔者的科技翻译译后编辑课程实践也收集到了同样的例证。

可以想象,仅依靠归纳错误类型恐怕难以胜任实践中的译后编辑。在教学法中,对与教育学边际条件相关的翻译效果进行评估,是错误统计分析中基于译文与原文对比的一种翻译批评法,即翻译教学的任务是研究其错误分类以及避免错误的方法(Stolze 2009: 384 – 385)。上述对错误类型的统计和归类是翻译教学实践中的一种过渡性认知需要。其实,在统计和归类错误类型的同时,已有人提出复杂结构句子的机器翻译往往会出错(崔启亮,李闻 2015)这一论断。那么,什么是复杂结构? 有没有具体的判断或识别标准呢? 若能对句子的复杂结构即语言结构进行有效判断,或者对不同的语言结构进行归类并测试机器翻译出错的可能性,那么译后编辑的实际成效可能会有较大的提升。就此设想,上一节所提及的表征语言结构的模式——局部语法结构、特征关键词占比、句法树,有可能会对译后编辑的实际有效操作产生实质性的作用。具体分析详见 6.2.1 节案例。

至此所讨论的多为人工译后编辑,但准确地说,译后编辑模式应该有三种,即人工、自动和混合式译后编辑。在有效设置自动识别机器翻译语言结构的前提下,混合式译后编辑会是一次有针对性的选择。

6.2 语言结构及其译后编辑探索

6.2.1 语言结构对译后编辑的影响

"科技翻译"课程的教学实践发现,译后编辑已经贯穿整个教学过程。其表现为:一是涉及译后编辑的课程内容自然应该启用机器翻译;二是未涉及译后编辑的翻译作业实际上有同学已经不自觉地使用了机器翻译。机器翻译尽管尚未尽善尽美,但其具有可用性已是不争的事实。如何使用机器翻译就成了当下课堂翻译教学必须面对并迎头解决的问题。

1) 译后编辑实例

译后编辑的课堂教学出现了下述问题:一是同学们有时无法识别出机器翻译的错误所在;二是干脆对尽可能多的机器翻译译文进行译后编辑。后者是"不是办法的办法",即至少可以使译文具有实用性,反正也是一次学习的机会。课堂教学必须解决的首要问题是前者,否则译后编辑教学就无法达成其目的。课堂教学所发现的有趣实例如例 6.1 所示。

例 6.1: 否定式多从句结构

原文: This should not, however, be taken to mean that this document deals comprehensively with all of the concerns which will need to be addressed or even, where a particular matter is addressed, that this document sets out the definitive view of the organisation for all situations.

搜狗译文(2020 年 3 月 16 日):然而,这不应被理解为这份文件全面处理了所有需要解决的问题,甚至在处理某一特定问题时,这份文件阐述了组织对所有情况的明确看法。

百度译文(2020 年 3 月 16 日):然而,这不应被视为意味着本文件全面处理了所有需要解决的问题,甚至在处理某一特定问题时,本文件列出了本组织对所有情况的最终看法。

谷歌译文(2020 年 3 月 16 日):但是,这并不意味着该文档全面处理了所有需要解决的问题,甚至在解决了特定问题的情况下,该文档也提出了组织在所有情况下的明确观点。

参考译文:但并不意味着本文件对所有应该关注的问题都进行了全面阐述,甚或对于需要特定讨论的问题,也不意味本文件制定了适用于一切情形的权威观点。

本例原文为否定结构,而且否定词 not 关联到后续两个由 that 引起的从句。翻译该例句的关键是能否考虑到该否定词 not 与第二个远距离 that 从句之间的关联性。即使是人工翻译(此处仅指学生作业),也多有见到类似于上述三种机器翻译的错误结果。上述机器翻译译文均取自 2020 年 3 月 16 日,但一年半以后的译文仍然存在这一错误(2021 年 12 月 2 日)。删除原句中的"even, where a particular matter is addressed,"从句结构,结果显示搜狗引擎能够识别出 not 与第二个连词的关联性,而其他两个引擎则不能。由此可认定,这一否定式多从句结构是一种复杂的语言结构,对机器翻译和人工翻译均存在 not 欺骗性。

例 6. 2: 主语过长结构

原文: The structural strength of high quality structural steelwork with full material certification and NDT inspection certificates showing appropriate levels of inspection shall be assessed using the methodology of a recognised and applicable offshore code including the associated load and resistance factors for LRFD codes or safety factors for ASD/WSD codes.

搜狗(2021 年 2 月 18 日):高质量钢结构的结构强度应使用公认适用的海上规范的方法进行评估,包括 LRFD 规范的相关荷载和阻力系数或建筑结构设计规范/消防设计规范的安全系数。

DeepL 译文(2021 年 12 月 2 日):具有完整材料证明和显示适当检查水平的无损检测证书的高质量钢结构工程的结构强度,应采用公认和适用的海上规范的方法进行评估,包括 LRFD 规范的相关载荷和阻力系数或 ASD/WSD 规范的安全系数。

参考译文:吊物本身应为高质量钢结构件,且配有足够的材料证书和 NDT 检验证书,以表明其经过适当水平的检验。应采用经认可的且适用的海工规范来评估吊物的结构强度,包括采用 LRFD 规范的相关载荷与抗力系数或 ASD/WSD 规范的安全系数。

例 6.2 原文的主语过长,多达 21 个单词,且带有介词 with 补足语和动词 show 补足语。仅按原有结果进行翻译,有相当的难度,这可能是搜狗译文删除部分内容的原因所在(2021 年 12 月 2 日搜狗译文亦如此)。DeepL 译文虽已具备可用性,但按照出版标准显然不符合中文表达习惯,其他机器引擎(百度和谷歌)译文的质量均在其下。因此,认定出错原因在于主语结构过长、过于复杂。

例 6.3: 虚词过多的结构

原文: Estimated hazard ratios for heart rate of 70 bpm or greater relative to less than 70 bpm were calculated with associated 95% CIs and p values.

搜狗译文(2020 年 5 月 2 日): 心率为 70bpm 或更高相对于小于 70bpm 的估计危险比是用相关的 95% CIs 和 p 值计算的。

参考译文: 心率<70 次/min 与≥70 次/min 组估计的 HR 用来计算 95%CI 和 P 值。

例 6.3 原文句子不长,仅为 26 个词(相对于例 1 和例 2 而言),但原句中含有较多的介词、连词(七个)等虚词,导致机器翻译无所适从(DeepL、谷歌、百度、搜狗 2021 年 12 月 2 日的译文均如此)。尤其是 with 一词,对比参考译文,均为错译。此类情况也常见于 without 结构。由此判定是虚词过多所致,即虚词密度过高。

2) 虚词密度结构

由上述三个例子可见,机器翻译译后编辑可能应该更多关注原句的语言结构,而非仅仅是错误类型。也就说是,在机器翻译存在不可解释性的情况下,追溯其原文的语言结构不失为一条达成有效译后编辑的路径。因此,本案例拟以虚词密度概念来考察机器翻译与译后编辑的关联性,旨在使混合式译后编辑具有可行性。

本案例所指的虚词密度用于表示一个英语句子结构中介词、连词等虚词的占比即虚词数除以句子总词数。这一概念更适用于英译汉译后编辑。为此还须定义具体的虚词(非语言学视角下的所有虚词): 所有的介词,加上连词 and、than、that 等。三个例句的虚词密度计算如下:

```
examples = [例 1, 例 2, 例 3]
examplesClean = [item.replace('\n','') for item in examples]
examplesSeg = [nltk.word_tokenize(item) for item in examplesClean]
result = []
for item in examplesSeg:
    funcList = []
    for word in item:
        if word in funcWords:
            funcList.append(word)
    result.append(len(funcList)/len(item))
```

【计算结果】

[0.23529411764705882, 0.19607843137254902, 0.25]

例 6.2 的问题主要是主语过长,句子其他部分并无难处。由此也能理解其虚词密度仅为 19.61(经换算得出,即乘以 100),其他两个实例均为 20.00 以上。故本案例暂时设定虚词密度不小于 20.00 的句子为复杂结构,即能够使机器翻译产生错译并需要译后编辑的句子。其目的在于通过机器自动识别来提醒有必要就相应的句子译文进行人工译后编辑,而且该句有可能是句子错译或者错译的可能性较大。这一 20.00 阈值是否准确,是否适用于更多文本体裁,尚须采用语料库方式进行验证。测试语料库采用《海洋工程设计手册——海上施工分册》第 13 章的英汉对照内容,共计有 422 个句子。选取的测试实例如例 6.4 所示。

例 6.4:

原文: (27.59, 'The most common method of construction of large and heavy prefabricated structures is by construction in a basin, excavated on the bank of a harbor or river.')

搜狗译文(2021 年 12 月 2 日): 建造又大又重的预制结构最常见的方法是在港池中建造,在港口或河边挖掘。

DeepL 译文(2021 年 12 月 2 日): 大型和重型预制构件最常见的施工方法是在港口或河流岸边开凿的盆地中施工。

参考译文: 大型和重型预制结构物最通用的建造方法是在开凿于港口或河岸的水坞中完成其建造过程。

从 422 个句子中共筛选出虚词密度大于 20.00 的 103 个句子,其中虚词密度最大为 42.86。测试该句的四种引擎译文,发现除了一个术语翻译出错外并无句子结构层面的错误。上述的例 6.4 是一个可以说明虚词密度的具有代表性的实例。百度和 DeepL 的译文无句子结构错误,仅仅是一个术语有问题,而搜狗和谷歌的译文则出现句子结构层面的错误。后两者之所以出现这样的错误,是因为原句的状语补足语没有接入主句之内,导致译文无法理解。因此,这一虚词密度概念的提示作用还是有意义的。

上述的语料测试尽管尚未达成完全有效的自动提示作用,但实例所显示的有效性还是初步显现,实现了一定程度上的自动提示作用。本案例仅仅采用虚词密度这一表征语言结构的概念,如例 6.1 所述的否定式多从句结构并未纳入其中。组合更多的语言结构,其自动提示作用必将更加显著。本案例至此所呈现的描述内容仅仅是一次探索,还不成熟,旨在抛砖引玉,共同探索推进译后编辑教学事业的有效发展。

6.2.2 新闻话语与中译外

2021 年 5 月 31 日,中共中央政治局就加强我国国际传播能力建设进行第三十次集体学习,习近平总书记主持学习并发表重要讲话:

> 讲好中国故事,传播好中国声音,展示真实、立体、全面的中国,是加强我国国际传播能力建设的重要任务。要深刻认识新形势下加强和改进国际传播工作的重要性和必要性,下大气力加强国际传播能力建设,形成同我国综合国力和国际地位相匹配的国际话语权,为我国改革发展稳定营造有利外部舆论环境,为推动构建人类命运共同体作出积极贡献。

翻译与国际传播密切相关,是如何用外语讲好中国故事、传播好中国声音的关键,更确切地说,其关系到如何将富有中国特色的文字转换成外语并使之被国外受众接受的现实。

以中译英为例,中国和英语国家的经济社会历史文化发展多有不同,导致汉英两种语言在语言结构方面存在较大的差异。中文是表意文字，而英文是表音的；中文的语句结构可自如排序，形式化程度较低，而英文的形式化程度较高，必须遵守主谓宾的结构形式；中文更多讲求语句之间内在的逻辑衔接，而英文则是通过话语标记符实现语句的外在形式衔接；等等。因此，在实践译入非母语的中译英过程中，如何将中文的句子结构转换成符合英文表述习惯的语言结构是中译外的关键。本案例故此以新闻话语语料为考察对象，探究如何将中文新闻话语以较为地道的语言结构形式实现内容的真实传播。

本案例先行选用下述英语母语者撰写的七个句子作为直观测试之用，即选用第一句与所有句子进行匹配。结果显示，与自己匹配的相似性几乎为 1，其他句子则按相似性高低排序，不相似的两个句子匹配值为 0。

```
['this camera is perfect for an enthusiastic amateur photographer.',
'it is light enough to carry around all day without bother.',
'i love photography.',
'the speed is noticeably slower than canon , especially so with flashes on.',
'be very careful when the battery is low and make sure to carry extra batteries.',
'i enthusiastically recommend this camera.',
'you have to manually take the cap off in order to use it.']
```

【匹配结果 1】

```
[(0.99999994,
  'this camera is perfect for an enthusiastic amateur photographer.'),
(0.17507769, 'i enthusiastically recommend this camera.'),
(0.0110526895, 'it is light enough to carry around all day without bother.'),
(0.009369953,
  'the speed is noticeably slower than canon , especially so with flashes on.'),
(0.009128553,
  'be very careful when the battery is low and make sure to carry extra batteries.'),
(0.0, 'i love photography.'),
(0.0, 'you have to manually take the cap off in order to use it.')]
```

本案例旨在为中译英选配出与中文内容相符的英语句子结构，因此采用英文实义词进行测试。将第一句修改为“camera perfect enthusiastic amateur photographer",即去除所有的虚词。

【匹配结果 2】

```
[(0.7991873,
  'this camera is perfect for an enthusiastic amateur photographer.'),
(0.10953483, 'i enthusiastically recommend this camera.'),
(0.0, 'it is light enough to carry around all day without bother.'),
(0.0, 'i love photography.'),
(0.0, 'the speed is noticeably slower than canon , especially so with flashes on.'),
(0.0, 'be very careful when the battery is low and make sure to carry extra batteries.'),
(0.0, 'you have to manually take the cap off in order to use it.')]
```

由匹配结果发现,仅用实义词的第一句相似性已缩减至 0.7992,而其他不相似的句子则增加至五句;即便是低数值相似性的句子,其相似性也已明显下降(仅为一句)。这一结果表明实义词方法可以更为精准地选配出所需的句子结构。由此可以推测,采用实义词方法可以呈现出意义相同或相似且语句结构地道化的英文。为验证这一推测的可行性,将去除虚词后的实义词组合成多种单词排序,验证结果均得到 0.7992 这一数值。这意味着,如果把构思中的语句实义词不管其前后词序均予列出,然后去匹配语料库中的句子,可能就会得出预期中的地道英文。当然,这里的关键是必须准备一个相当数量的英语高水平母语者撰写的单语语料库。

为测试较大数据语料库的可行性,本案例选用国外某报刊 SARS 期间有关中国的 296 篇新闻报道构成一个小型语料库。经语料清洗后得到库容为 196561 个单词(不含标点),共为 10022 句。以例 6.5 富有中文特色的句子进行测试。

例 6.5:

原文:我们完全有把握打赢这场疫情防控阻击战。

搜狗译文(2021 年 12 月 3 日):We are fully confident of winning this epidemic prevention and control war.

DeepL 译文(2021 年 12 月 3 日):We are fully confident that we will win the battle to prevent and control the outbreak.

【检索结果】

```
[(0. 17149927,
  'It was heartening to see the epidemic brought under control now.'),
(0. 16309132,
  "That ended the Standard & Poor's 500 winning streak at five weeks."),
(0. 1523151,
  '"I'm much more confident now that a coronavirus is the pathogen," he says.'),
```

组合译文(检索结果的第 1 和 3 句): We are confident that the epidemic will be brought under control.

例 6. 5 的示例说明,先采用机器翻译再使用句子组合这样的方案是可行的,因为它的确提供了可供人为选择的句级语言结构。在测试过程中,也发现无合适例句可选的情形,如本句选用 DeepL 译文时。这一问题的原因在于语料库只有一万个句子可供选择,其选择余地过少。若想实现更优的句子组合目标,语料库的规模和针对性是关键。本案例也采用了实义词方法进行测试,结果不甚理想,其原因在于测试句子与语料库的匹配关系不强,即中国特色词汇的匹配性相对较低。这一原因也可追溯至语料库规模和针对性的问题。那么,究竟需要多大的库容规模才具有更佳效果呢? Brysbaert 和 New(2009)指出,对大多数实践目的而言,一个 1 600~3 000 万词规模(英语单词)的语料库可以满足可靠的词频计算的合理要求。据此推算,本案例应该设有 100 万句子的语料库方可具有较多的句子结构选择机会,也就是说需要 3 万篇长短不一的新闻报道。

本案例是一个运用语言结构实现句子中译英的示例,其说明语料库加智能技术的方式在翻译实践(译后编辑)中具有可行性。技术的运用可以打破中文固有的语言结构,使其有可能选择更为地道的表述结构。本案例的另一个提示为:运用这一组合方式也可为英语新闻写作提供优化句子结构的可能。

6. 2. 3　复杂语言结构的识别

复杂的语言结构并非都会对译后编辑造成误导或伤害,但如何直面复杂语言结构的确是提升译后编辑质量的一个有效方法。从 6.2.1 节可见,容易导致机器翻译出错的复杂语言结构并非仅仅与长句相关联,有时短句结构因介词或连词等原因导致机器翻译无法识别。因此,关注机器翻译译后编辑,就应该关注特定的语言结构,看其对机器翻译是否足够"复杂"。机器翻译引擎所认为的长句和复杂句应该与人工译者所认为的存在一定差异,因为两者之间对翻译的认知是有区别的。6.2.1 节的例 1 曾提及"否定式多从句结构"可能会给机器翻译造成"伤害",因此,本案例拟对这一结构的机器翻译译文进行译后编辑分析,以确认机器翻译所认定的复杂语言结构的真实状况。

本案例采用 20 部联合国公约作为分析语料,共有句对 8 746 个。根据正则表达式"not . * which . * that"提取相应的句子(例 1 的相应正则表达式为"not . * that . * that"),其提取结果为 18 个句子。

```
path = r'D: \. . . \191016_联合国公约 20 部. xlsx'
import pandas as pd
df = pd. read_excel( path)
pairList = list( zip( list( df[ 'en-US' ] ) , list( df[ 'zh-CN' ] ) ) )
sentList = [ ]
for line in pairList:
    if re. findall( r"not . * which . * that", line[ 0] ):
        sentList. append( line)
len( sentList)
```

例 6.6:

原文: A recognized private operating agency may not act on behalf of the Member which has recognized it unless that Member informs the Consultative Committee concerned in each particular case that it is authorized to do so.

搜狗译文(2021 年 12 月 5 日): 获承认的私人经营机构不得代表已承认该机构的成员行事,除非该成员在每一特定情况下通知有关的协商委员会它被授权这样做。

DeepL 译文(2021 年 12 月 5 日): 被承认的私营经营机构不得代表承认它的成员行事,除非该成员在每个特定情况下通知有关协商委员会它被授权这样做。

参考译文: 经认可的私营电信机构不得代表认可的会员行事,但在该会员每次特地通知相关咨询委员会它已授权该私营电信机构代其行事时除外。

参见18个句子之一的例6.6,发现在否定式多从句结构中的人称代词it无法识别其所指代的对象,导致机器翻译译文that从句的"它"出现错译;只有搜狗译文的which从句识别出第一个it,而DeepL译文的which从句it虽译为"它",但这还不能说是真正语义上的识别。参考译文中的it指代private operating agency(私营电信机构),若第二个it较难识别则可根据第一个从句中的it,因为原文已非常清晰地呈现了代词it所处的指代关系。本例句说明,否定式多从句结构因其含有两个从句而使机器翻译的识别距离增加,尤其是第二个从句。这一点与例6.1相同,均为第二个从句的机器翻译出错。

例6.7:

原文: The provisions of paragraph 1 of this Article shall not require the elimination of any preferences in respect of import duties or charges which do not exceed the levels provided for in paragraph 4 of this Article and which fall within the following descriptions:

搜狗译文(2021年12月5日): 本条第1款的规定不应要求取消不超过本条第4款规定的水平且属于下列范围的任何进口关税或费用优惠:

DeepL译文(2021年12月5日): 本条第1款的规定不应要求取消不超过本条第4款规定的水平且属于以下描述的进口关税或费用方面的任何优惠。

参考译文: 任何有关进口关税或费用的优惠待遇,如不超过本条第4款规定的水平,而且在下列范围以内,不必按本条第1款的规定予以取消:

例6.7是采用正则表达式"not . * which . * which"提取的结果之一(共提取21句)。对比三种译文,可以说语义上均未出错,但两种机器翻译的译文可读性都不高。这一句三种译文的"否定式多从句结构"并未导致出错。对比例6.1、例6.6和例6.7的句子语言结构发现: 例6.1的结构还含有第三个从句"where a particular matter is addressed";例6.6则含有人称代词it,这两个成分使机器翻译无法准确给出译文;例6.7的否定式多从句结构中并未出现这样的第三种可能导致语义模糊的成分。因此,就此范围可以断定,当否定式多从句结构中出现第三种模糊成分时,此类语言结构的机器翻译很有可能出现错译。这就相对明确了译后编辑时必须给予此类语言结构更多的关注。

本案例的复杂语言结构识别仅针对一种语言结构即"否定式多从句结构",并未展开更多其他语言结构的测试工作,因此存在下述有待进一步解决

的问题:

- 语料库句对规模较小,因而未采用统计学方式验证此类语言结构是否具有显著性(验证的工作量巨大也是原因之一);
- 语料内容仅涉及法律条文,尚未展开其他体裁语料的测试;
- 识别算法中尚未纳入模糊成分的识别环节;
- 未就句长因素与这一语言结构的关联性展开分析;相对而言,上述例6.1、例6.6和例6.7的句长分别46、36和44个单词,在法律条文翻译中还算不上是真正的长句;
- 本案例仅识别并分析了一种复杂语言结构,其他的语言结构尚未展开相应的分析;
- 本案例仅采用 which 和 that 连词进行测试,其他从句连词尚未测试,至于机器翻译是否出错与从句型式是否相关尚有待后续研究。

参考文献

[1] Berisha, V., Shuai Wang, A. LaCross & J. Liss. 2015. Tracking discourse complexity preceding Alzheimer's disease diagnosis: A case study comparing the press conferences of Presidents Ronald Reagan and George Herbert Walker Bush [J]. *Journal of Alzheimer's Disease* 45: 959 - 963.

[2] Brysbaert, M. & B. New. 2009. Moving beyond Kučera and Francis: A critical evaluation of current word frequency norms and the introduction of a new and improved word frequency measure for American English [J]. *Behavior Research Methods* 41(4): 977 - 990.

[3] BS ISO 18587: 2017. Translation services — Post-editing of machine translation output — Requirements [S]. The British Standards Institution.

[4] Cheng, W. & T. Ching. 2018. 'Not a Guarantee of Future Performance': The local grammar of disclaimers [J]. *Applied Linguistics* 39(3): 263 - 301.

[5] Clark, U. 2011. What is English for? Language structure and the curriculum for English [J]. *Changing English* 18(3): 287 - 296.

[6] Garrard, P., L. M. Maloney, J. R. Hodges & K. Patterson. 2005. The effects of very early Alzheimer's disease on the characteristics of writing by a renowned author [J]. *Brain* 128: 250 - 260.

[7] Huan, Chanpeng. 2018. Evaluating news actors in Chinese hard news reporting: Language patterns and social values [J]. *Text & Talk* 38(1): 23 - 45.

[8] Jäger, G. & R. van Rooij. 2007. Language structure: psychological and social constraints [J]. *Systhese* (150): 99 - 130.

[9] Orimaye, S. O., J. S-M. Wong, K. J. Golden, C. P. Wong & I. N. Soyiri. 2017. Predicting probable Alzheimer's disease using linguistic deficites and biomakers [J]. *BMC Bioinformatics* 18(34). DOI 10.1186/s12859-016-1456-0.

[10] Pakhomov, S., D. Chacon, M. Wicklund & J. Gundel. 2011. Computerized assessment of syntactic complexity in Alzheimer's disease: A case study of Iris Murdoch's writing [J]. *Behavior Research Methods* 43: 136-144.

[11] St. Clair, M. C., P. Monaghan & M. Ramscar. 2009. Relationships between language structure and language learning: The suffixing preference and grammatical categorization [J]. *Cognitive Science* 33: 1317-1329.

[12] Stolze, R. 2009. Fachübersetzen — Ein Lehrbuch für Theorie und Praxis [M]. Frank & Timmer Verlag.

[13] Thapa, S., S. Adhikari, U. Naseem, P. Singh, G. Bharathy & M. Prasad. 2020. Detecting Alzheimer's disease by exploiting linguistic information from Nepali transcript [A]. In Haiqing Yang, K. Pasupa, A. C-S. Leung, J. T. Kwok, J. H. Chan & I. King (Eds.). *Neural Information Processing — Proceedings (Part IV) of 27th International Conference, ICONIP 2020* [C]. 176-184.

[14] 蔡欣洁，文炳. 2021. 汉译英机器翻译错误类型统计分析：以外宣文本汉译英为例[J]. 浙江理工大学学报（社会科学版）(2): 162-169.

[15] 曹新宇. 2020. 把握翻译硕士培养内涵 提升教学研究自信：穆雷教授访谈录[J]. 中国翻译(3): 85-90.

[16] 崔启亮，李闻. 2015. 译后编辑错误类型研究：基于科技文本英汉机器翻译[J]. 中国科技翻译(4): 19-22.

[17] 段建勇，程利伟，张梅，高振安. 2013. 网络舆情分析中共性知识挖掘方法研究[J]. 现代图书情报技术(10): 59-65.

[18] 官凤霞，费一楠. 2019. 人机时代专利翻译前景分析[J]. 中国发明与专利(11): 64-67.

[19] 管新潮. 2021. Python语言数据分析[M]. 上海：上海交通大学出版社.

[20] 胡开宝. 2011. 语料库翻译学概论[M]. 上海：上海交通大学出版社.

[21] 胡开宝，邹颂兵. 2009. 莎士比亚戏剧英汉平行语料库的创建与应用[J]. 外语研究(5): 64-71+112.

[22] 蒋跃，范璐，王余蓝. 2021. 基于依存树库的翻译语言句法特征研究[J]. 外语教学(3): 41-46.

[23] 柯飞. 2005. 翻译中的隐和显[J]. 外语教学与研究(4): 303-307.

[24] 李梅，朱锡明. 2013. 英汉机译错误分类及数据统计分析[J]. 上海理工大学学报(3): 201-207.

[25] 李雯雯. 2020. 基于依存树库的英汉语主语句法计量特征的对比研究[J]. 语言研究集刊(1): 173-191.

[26] 刘金路，刘海涛. 2020. 基于句法树库的英语关系从句挂靠偏向研究[J]. 外语教学(4): 25-30.

[27] 缪毓蔚. 2020. 财经新闻机器翻译常见错误类型的译后编辑研究[J]. 信息与电脑（理论版）(16): 48-50.

［28］ 任亚峰，姬东鸿，尹兰. 2014a. 基于半监督学习算法的虚假评论识别研究［J］. 四川大学学报（工程科学版）（3）：62－69.
［29］ 任亚峰，尹兰姬，东鸿. 2014b. 基于语言结构和情感极性的虚假评论识别［J］. 计算机科学与探索（3）：313－320.
［30］ 王琳. 2020. 基于依存树库的汉英语码转换中形容词的句法差异研究［J］. 外语研究（6）：9－15+95.
［31］ 袁禄，朱郑州，任庭玉. 2021. 虚假评论识别研究综述［J］. 计算机科学（1）：111－118.

第 7 章　翻译质量评估

随着机器翻译技术的日新月异，翻译质量评估模式发生了深刻变化，已演变成文理交叉性极强的研究与应用领域。随着大规模翻译评价语料和机器学习技术的进步，自动挖掘优质翻译数据的内在逻辑逐渐成了主流，翻译质量评估也随之经历了从人工评价到机器自动评分的演变。有鉴于此，本章从翻译质量评估概述出发，梳理总结基于 Python 的自动评估研究方法，以期为语料库翻译提供有益借鉴。

7.1　翻译质量评估概述

7.1.1　翻译质量评估理论

近年来，一些翻译研究者展开了关于标准的探讨与评估理论的构建，为翻译质量评估研究提供了理论基础。其中，较有影响力的有豪斯（House）模式、莱思（Reiss）模式、威廉姆斯（Williams）模式等。Julian House （1977； 1997； 2015）以韩礼德系统功能语言学为指导，主要评价原文与译文能否实现功能对等。House（1977）主要借鉴了语用理论、韩礼德系统功能语言学、布拉格语言学派、语域理论、文体学和话语分析中的重要概念来分析原文和译文的语言话语以及情境文化特征。该模式引入了显性翻译、隐性翻译、文化过滤等概念。House（1997）模式使用经典的韩礼德语域理论中语场、语旨、语式等概念来捕捉文本与其“微观语境”之间的联系。此外，该模式还引入了“体裁”的概念将文本与文本所在的语言和文化社区的“宏观背景”联系起来。House（2015）则借鉴了语料库研究、认知研究和神经语言学理论中的一些概念，对文化过滤、语旨、语式等概念的具体内涵进行调整。豪斯模型经历多次自我修订，在模型框架中不断融入新的评估理念，在翻译质量评估领域具有较大的影响力。

Reiss（2000）以语篇类型原则为基础，提出应依据不同类型文本的不同功能来评价翻译质量。具体而言，莱思依据语言的不同功能——呈现、表达和呼吁——把文本分为四类：重内容文本、重形式文本、吁请功能文本和视听媒介文本。其中，重内容文本包括新闻报道、商业信函、商品清单、操作说明、使用说明、专利说明书、条约、官方文件、自然科学和其他技术领域的专业文献等。重形式文本包括散文、小说、各种形式的诗歌等。吁请功能文本包括广告、宣传、说教等。视听媒介文本包括广播、电视稿件等。豪斯模式以语篇类型为基础，为翻译质量评估打开了新的研究视角。该模式的局限性主要在于其混淆了"语言功能"和"文本功能"，且未提及建立文本功能的具体方法（House 2015）。

Williams（2004）借鉴了 Stephen Toulmin 对论辩结构的分析和 Perelman 等人的新修辞学理论，提出以论辩为中心的评估模式。该模式认为应将是否准确传达原文的论辩结构作为译文质量评价标准。其中，对论辩结构的分析主要体现在基于论辩图式从宏观层面对译文进行评估，包括主张、依据、保证、支持、限定、反驳、例外、限制等多种要素。在微观层面，威廉姆斯基于修辞拓扑[1]进行评估，包括文本组织、连接词、命题函项、论证类型、修辞手段、叙事策略等方面。威廉姆斯模式首次将论辩图式与新修辞学的相关概念引入翻译质量评估之中，对拓宽该领域的方法与路径具有重要意义。该模式的主要缺陷之一是过于局限，无法用于分析没有论辩结构的文本。

此外，也有一些国内学者在翻译质量评估领域进行了探索。司显柱（2008）从系统功能语言学的视角，提出基于汉英互译文本的翻译语篇质量评估模式。司显柱（2016）将"体裁概念"纳入评估，对其早年提出的翻译质量评估模式进行修正。翻译质量评估理论扎根于翻译理论，对评估标准制定、评估方法创新、评估实践优化等具有重要指导意义，但是翻译质量评估理论也一直因为过于主观且与实践脱节等原因而受到批判（刘晓峰，司显柱 2015）。

7.1.2 基于测试的翻译质量评估

测试视角下的翻译质量评估方法可分为七类:①印象评分法;②错误分析法;③基于语料库的评估;④量表评分法;⑤混合评分法;⑥基于评分点的评估;⑦配对比较评估(Han 2020)。

- 印象评分法主要基于主观印象对翻译质量进行评估。该方法无须设置具体的评估标准,但其评分信度相对较低,评分规则也不够客观。
- 错误分析法可细分为错误-量表转换法和错误扣分法两种,主要基于翻译错误识别来评价翻译质量。该方法的优势之一在于错误的识别与认定相关客观,分数也更具可解释性。但该方法导致评分人员认知负荷过重,评估过程更加耗时耗力,实用性相对较弱。
- 基于语料库的评估主要依据现有语料对翻译质量进行评估。该方法的优势之一在于有更为真实、客观的评估依据,但缺陷在于技术门槛相对较高。
- 量表评分法基于评分量表对翻译质量进行评定。该方法评估标准相对固定,可操作性较强,信度和效度良好,是目前最为常用的评估方式之一。
- 混合评分法将错误分析法和基于评分点的评估方法基于不同的权重相结合,进行混合评分。
- 基于评分点的评估主要有基于二分项的校准法(Eyckmans *et al.* 2009)和预选项评估法(Kockaert & Segers 2017)。该方法的主要缺点之一在于评分点只能展示部分译文质量,无法涵盖总体质量。
- 配对比较评估主要通过两两配对比较就翻译质量展开评估(Han 2021)。该方法的优势在于其无须预先对评分员进行培训,相对省时省力。但该方法的劣势是过于主观,缺乏固定的评分标准。

将机器翻译评估指标应用于翻译测试实证研究是近几年比较热门的话题(Chung 2020; Lu & Han 2022; Han & Lu 2021)。Chung (2020)探索了自动评估指标 BLEU 和 METEOR 用于评估 120 份德韩翻译作业的实际效用。总体而言,人机评分取得了较高的相关性(皮尔森系数),BLEU 的人机相关系数为

0.849（p 值<0.01），METEOR 为 0.862（p<0.01）。Lu 和 Han（2022）使用 BLEU、NIST、METEOR、TER 和 BERT 等五个机器翻译评估指标测评了 56 个口译样本的质量。该研究邀请了四组评分人员（有经验的/教师评分者；新手/学生评分员；中文母语评分员；英语母语评分员），基于三种评分方法（分项评分、整体评分和配对比较评估）给出人工分数，并将机器分数与人工评分进行相关性分析。在该项研究中，机器自动评估分数和人工评分取得了较强的相关性，均值达 r=0.65。其中，英译中的人机评分相关性分别为 0.773 和 0.526。在该团队后续的研究中，Han 和 Lu（2021）基于四个机器翻译指标——BLEU、NIST、METEOR 和 TER，针对不同的评估粒度和参考译文的选择，探索了更为多元的评估场景。具体包括：①句子级评估/篇章级评估；②一篇参考译文/多篇参考译文；③基于原文的评估/基于译文的评估。总体而言，人机评估取得了较强的相关性，BLEU、NIST 和 METEOR 的相关系数分别为 0.670、0.673 和 0.882。此外，该研究表明，句子级的评估比篇章级的评估人机相关性更高，参考文献的数量和参考文献的语言并未对人机评分的皮尔森系数产生显著影响。基于测试的翻译质量评估注重评估的信度和效度，为基于信息技术的翻译教学和基于智能的语料库翻译提供了重要的评估思路和实证经验。

7.1.3 计算机辅助翻译质量评估

一些企业和行业协会开发了一系列机器辅助评估系统，如 The SICAL、LISA QA Model、SDL Trados、memoQ、MQM（Multidimensional Quality Metrics）、动态质量评估框架 DQF（Dynamic Quality Framework）等。这些计算机辅助评估系统定义了不同的错误类型，研发了多个评估维度，并提供了一系列评估参数与指标，为翻译的自动评估提供了实践指导。其中，较为著名的是本地化行业标准协会（Localization Industry Standards Association，LISA）制定的 LISA 质量保证模型（LISA QA Model）。LISA QA Model 既可指代其开发的（半）自动翻译质量评估应用软件，也可用于指代一系列用于自动评估的具体指标。就软件而言，最后的版本为 The LISA QA Model 3.1（2006）；就自动评估指标而言，该模型以 SAE J2450 模型为基础，设定了错译、准确性、术语、语言、风格、国家、一致性七种错误类型，每种错误类型分别对应轻微、严重和极为严重三种程度。虽然 2011 年 LISA 由于资不抵债破产，但 LISA 的评估指标与错误分类标准后续被不断改良，至今仍然具有一定的影响力。2014 年，由欧盟资助的 QTLaunchPad 项目设计了多维（翻译）质量指标 MQM（Lommel *et al.* 2014）。在传统的准确性和流畅性的基础之上，MQM 新增了真实性维度，以检验文本是否能够满足交流目的，进而与“语言之外的”现实世界相对应。此外，MQM 的评估维度也得到了极大的丰富，由原来的十几个至几十个维度拓展为 114 个（2014 版）。

翻译自动化用户协会（Translation Automation User Society，TAUS）与都柏林城市大学 Sharon O'Brien 教授团队合作开发设计了动态质量评估框架 DQF（O'Brien 2012）。该框架以“功用”“时间”“观感”为主要参数，从企业翻译质量控制的角度出发，设定一些可供调试的动态模型，以实现翻译质量评估的个性化管理。该评估模型也较为灵活，用户可以定义自己的度量标准。DQF 还在引入了新范式（新媒体的出现催生新文本的概念，须相应引入新的评估范式）、新技术（机器翻译等）相关的内容，试图弥合适应机器翻译质量评估与人工翻译质量评估之间的鸿沟。

除了上文提及的（半）自动评估指标和机器译文自动评估模型，也有一些翻译学者面向笔译教学，研制了基于人机交互的计算机辅助评估系统。系统的研发者主要为中国学者。其中，江进林和文秋芳（2012）研制了适用于中国学生大规模测试的“英译汉机器评分模型”。该模型通过提取 N-gram 匹配等特征，对文本特征和人工评分进行多元回归分析以构建自动评模型。田艳（2011）通过语义相似性计算、句式模板匹配等方法，结合《中国知网》《同义词词林扩展版》等资源，建立了“基于网页的英译汉自动评分系统”。王金铨和朱周晔（2017）通过运用自然语言处理等相关技术，提取文本变量、形式变量和语义变量，通过“多种文体、多种比例训练集、多次随机分组”的方式，构建了适应多种体裁的“汉译英自动评分系统”。计算机辅助评估系统立足于翻译实践，在提高译文批改质效以及推进教育信息化方面发挥了重要作用。然而，遗憾的是，上述系统目前仅限于小规模使用，并没有得到大规模推广。

7.2 机器翻译质量自动评估指标与方法

与人工翻译评估不同的是,机器翻译自动评估具备大规模、高时效等特点。一般而言,机器翻译质量自动评估根据是否有参考译文,可细分为有参考译文的评估和无参考译文的评估。有参考译文的翻译质量评估主要是基于"参考译文最佳相似性"原则,即实现机器译文与人工参考译文的相似性的最大化,比较常见的有以下三种:①基于 N-gram[2] 相似性的评估;②基于翻译编辑率的评估;③基于向量相似性的评估。

7.2.1 基于 N-gram 相似性的评估

基于 N-gram 相似性的评估,又称基于文本匹配相似性的评估,主要通过分析两个文本之间的 N 元组匹配度来评价翻译质量。此类方法通过分析候选译文和人工参考译文中 N 元组共同出现的程度来评价翻译质量,即共现的 N 元组越多,候选译文与参考译文的相似性越高,翻译质量越好。

1) BLEU 译文评测方法

基于 N-gram 相似性的评估中较有影响力的是 BLEU(Bilingual Evaluation Understudy, Papineni *et al*. 2002)。该方法由 IBM 首先提出,是国际机器翻译评测大赛常用的基准指标。BLEU 分数主要通过比较候选译文与参考译文的 N-gram 匹配程度来计算质量分数。BLEU 假设:在不考虑 N 元组位置的情况下,候选译文与参考译文的 N-gram 匹配比例越高,表示两者越相似,则可认为候选译文质量越高。以一元组匹配为例,最原始的 BLEU 标准计算方法如式 7.1 所示。

$$\text{BLEU} = \frac{\text{出现在参考译文中的候选译文的一元组数量}}{\text{候选译文的所有一元组数量}} \tag{7.1}$$

从式 7.1 可以看出,BLEU 实际上是一种基于精确率的计算方式。然而,如果以此方式计算,机器翻译系统可能会倾向于产生大量常见的单词,以获得较高的精确率,如例 7.1 所示。

例 7.1:
候选译文: the the the the the the the.
参考译文: the cat is on the mat.

候选译文是一个单词"the"的 7 次重复,并且"the"出现在参考译文中。根据式 7.1,可以得到的 BLEU 分数为: 7/7 = 1。如此不合理的候选译文获得了很高的 BLEU 分数,这显然是不合适的。

为解决上述问题,BLEU 引入了修正的一元组精确率。其计算方法如式 7.2 所示。

$$P_1 = \frac{Count_{clip}}{\text{候选译文的所有一元组数量}} \tag{7.2}$$

$$Count_{clip} = \min(Count, Max\_Ref\_Count)$$

式中,P_1 是修正的一元组精确率;*Count* 指的是候选译文中与参考译文相匹配的一元组数量;*Max_Ref_Count* 指的是每个一元组 gram 出现在参考译文的最大次数;$Count_{clip}$ 取 *Count* 和 *Max_Ref_Count* 两个数值的较小值。

通过这种方式计算出来的 BLEU 值为 2/7。如果将一元组扩展到 N 元组,候选译文扩充到多个。式 7.2 可以扩展为式 7.3。

$$P_n = \frac{\sum_{C \in \{Candidates\}} \sum_{ngram \in C} Count_{clip}(ngram)}{\sum_{C \in \{Candidates\}} \sum_{ngram \in C} Count(ngram)} \tag{7.3}$$

$$Count_{clip} = \min(Count, Max\_Ref\_Count)$$

式中,*Count* 指的是候选译文中与参考译文相匹配的 N 元组数量;*Max_Ref_Count* 指的是每个 N 元组出现在参考译文的最大次数;$Count_{clip}$ 取 *Count* 和 *Max_Ref_Count* 两个数值的较小值。

此外,由于精确率的计算不考虑参考译文的长度(从数学上说,BLEU 不考虑召回率)。在实际使用中缺乏对漏译单词的惩罚,这样会导致更短的译文往往会获得更高的分数。为解决这个问题,BLEU 引入了过短译文惩罚因子(Brevity Penalty,BP),如式 7.4 所示。

$$BP = \begin{cases} 1 & if\ |c| \geq |r| \\ e^{(1-|r|/|c|)} & if\ |c| < |r| \end{cases} \tag{7.4}$$

式中,$|c|$表示候选译文长度,$|r|$表示参考译文长度。由式 7.4 可知,只有当候选译文长度小于参考译文长度时,过短惩罚因子 BP 才起作用。

综上所述,BLEU 值的计算如式 7.5 所示。

$$Score_{BLEU} = BP * \exp(\sum_{n=1}^{N} W_n \log P_n) \tag{7.5}$$

式中,W_n 表示的是 N-gram 的权重,用于设置各个 N-gram(如 1-gram、2-gram、...、N-gram)对计算结果的影响。通常设置 $W_n = 1/N$,表示各个 N-gram 占据同样的权重。

与其他译文评测方法相比,BLEU 具有一定的优势。由于 BLEU 通过匹配字符的一致性,其使用没有语言限制,可应用于所有语言。而且 BLEU 译文评测方法可在一定程度上反映出候选译文的忠实度和流利度。一元组的共现可以表示原文有多少词已实现翻译转换,这在一定程度上能够展示候选译文的忠实度;而二元组及以上的共现则能在一定程度上显示候选译文的流利度。此外,BLEU 可基于多个参考译文进行评估,以满足翻译的多样性要求。

然而,BLEU 的评估方法也有一些天然的缺陷。例如,没有将实词和虚词区别对待,并未赋予不同单词不同的意义权重;其次,虽说 BLEU 考虑了 N 元组匹配度,但还是在一个比较局部的层面进行计算。其计算思路不涉及整体语法的连贯性和语义的相似性,更利于评估基于短语的机器翻译引擎;另外,BLEU 的分数也不具备很强的绝对性,其计算结果受到多个因素的影响,如参考文献的数量、质量等。后来的指标基本上是围绕解决这些问题进行的。

2)NIST

美国国家标准与技术研究所的 NIST(National Institute of Standards and Technology,Doddington 2002)也是基于 N 元组匹配度的一种机器翻译自动评

分方法。BLEU 和 NIST 的差异主要体现在: BLEU 使用 N 元组匹配度的几何平均值,为同一 N 元组内部的元素赋予统一的权重。而 NIST 使用算术平均值,这使得 NIST 对 N 元组出现的比例差异更加敏感。此外,NIST 引入了信息权重的概念,通过信息量的计算,增大一些出现少的重点词(在 NIST 中,出现次数少的单词被认为具备更大的信息量)的权重。从式 7.6 可以看出,信息权重 $Info(w_1 ... w_n)$ 使用参考译文中(N-1)元组出现的次数与 N 元组出现次数的比值来计算。

$$Info(w_1 ... w_n) = \log_2\left(\frac{the\ \#\ of\ occurences\ of\ w_1 ... w_{n-1}}{the\ \#\ of\ occurence\ of\ w_1 ... w_n}\right) \tag{7.6}$$

式中,分母是 N 元组在参考译文中出现的次数,分子是对应的(N-1)元组在参考译文中的出现次数。可以看出,N 元组出现的次数越少,该 N 元组的信息量就越大。

加入权重信息后,NIST 分数的计算如式 7.7 所示。

$$Score_{NIST} = \sum_{n=1}^{N}\left\{\sum_{\substack{all\ w_1 ... w_n \\ co\text{-}occur}} Info(w_1 ... w_n) \Big/ \sum_{\substack{all\ w_1 ... w_n \\ in\ sys\ output}} (1)\right\} * exp\left\{\beta\log_2\left[\min\left(\frac{L_{sys}}{\bar{L}_{ref}}, 1\right)\right]\right\} \tag{7.7}$$

式中,$\bar{L}_{ref}$ 表示参考译文中的平均句子长度;L_{sys} 表示候选译文的句子长度。N 代表 N-gram 中 N 取值的大小,默认取值为 5(即 5 元组)。NIST 还改变了计算过短惩罚因子的方式。引入了 β 作为惩罚因子的调节系数,根据 $\frac{L_{sys}}{\bar{L}_{ref}}$ 值的不同,选取不同的 β,以尽量减少参考译文长度的微小变化对总分的影响。

对每一个不同大小的 N 元组,$\sum_{\substack{all\ w_1 ... w_n \\ co\text{-}occur}} Info(w_1 ... w_n) \Big/ \sum_{\substack{all\ w_1 ... w_n \\ in\ sys\ output}} (1)$ 将候选译文的每一个共现 N 元组的信息量求和,除以候选译文中的 N 元组数量。然后,将不同大小的 N 元组计算结果相加,乘以过短惩罚因子后得到最终的 NIST 分数。从中可以看出,NIST 的计算是基于算术平均值的。

NIST 的主要贡献有两点:一是使用算术平均值,对 N 元组出现的比例差异更加敏感;二是加入了信息量因素,增大了重点词的权重,弥补了 BLEU 中对所有词进行统一对待的缺陷。虽然 NIST 取得了不错的效果,然而,在同义词、词干匹配等引起的译文不一致问题,NIST 目前还无法有效处理。

3) METEOR

由于 BLEU 和 NIST 主要通过字符完全匹配来评估翻译质量,难以对译文质量进行全面、深入的评价。因此,Banerjee 和 Lavie(2005)提出机器翻译自动评估指标 METEOR(Metric for Evaluation of Translation with Explicit Ordering)。与 BLEU 和 NIST 不同的是,METEOR 针对一元组引入了对齐、词干提取、同义词和召回率的使用。METEOR 的计算主要有三个阶段:第一阶段是"精确匹配"模块;第二阶段是"词干提取匹配"模块;第三阶段是"WordNet 同义词匹配"模块。每个阶段只匹配未满足前一个阶段的一元组。具体而言,候选译文和参考译文中的一元组首先在"精确匹配"模块中进行完全一致的匹配。未通过的一元组会再次经过"词干提取匹配"模块中进行词干提取后再进行匹配。最后,未通过前两个阶段匹配的一元组会进一步通过"WordNet 同义词匹配"模块进行基于 WordNet 的同义词化后的匹配。计算分数时,METEOR 的特殊之处在于它考虑了召回率,即通过 F 值将精确率和召回率结合起来计算,然后通过惩罚因子进行最终的加权计算,具体如式 7.8 所示。

$$F_{mean} = \frac{10PR}{R + 9P} \tag{7.8}$$

式中,P(Precision)代表精确率,R(Recall)代表召回率,F_{mean} 是 P 和 R 的加权调和平均值。

另外,METEOR 通过引入"词块"的概念来计算惩罚因子。"词块"指的是候选译文中连续相邻且与参考译文相匹配的一元组集合,其计算如式 7.9 所示。

$$Penalty = 0.5 * \left(\frac{\#chunks}{\#unigrams\_matched}\right)^3 \tag{7.9}$$

式中,#chunks 代表词块的数量。#unigrams_matched 代表匹配的一元组数量。

从式 7.9 可以看出，词块的数量越少，匹配的一元组数量越多，惩罚因子就越小。最终，将 F 值通过惩罚因子的加权计算，得到 METEOR 的分数如式 7.10 所示。

$$Score = F_{mean} * (1 - Penalty) \tag{7.10}$$

METEOR 考虑了召回率，即参考译文中匹配的 N 元组占其所有 N 元组的比例。这对评估机器翻译输出的质量非常重要，因其反映了译文在多大程度上覆盖了参考译文的全部内容。METEOR 在翻译质量评估中获得了较好的效果。然而，由于其引入了词干化和同义词转化匹配，不可避免受制于语言的种类。缺乏词干抽取算法和同义词词典的小语种语言，在使用 METEOR 时可能会受到一些限制。

4）N-gram 相似性案例

以例 7.2《合同法》简介的翻译为考察对象，探讨基于 N-gram 相似性指标的具体应用。所得结果显示，学生译文 1 的 BLEU、NIST、METEOR 值(0.6599478952420129、5.067848853035315、0.6997980401599255)均高于学生译文 2 的(0.4380952380952381、4.302410270772258、0.4064086281533434)，说明学生译文 1 与参考译文更为相似。

例 7.2:

原文: 在共同法中，合同的构成要件包括合意和对价。合意的达成主要通过要约和承诺来实现。换言之，当承诺的内容与要约的条款保持一致时，合同双发即达成合意。如(受邀约人)作出的承诺与要约的条款不一致，视为对原要约的拒绝，是反要约而非承诺。

参考译文(文件名 ce_ref.txt)[3]: At common law, the elements of a contract are mutual assent and consideration. Mutual assent is typically reached through offer and acceptance, that is, when an offer is met with an acceptance that does not vary the offer's terms. If a purported acceptance does vary the terms of an offer, it is not an acceptance but a counteroffer and, therefore, simultaneously a rejection of the original offer.

学生译文 1(文件名 s1.txt): In common law, the elements of a contract include mutual assent and consideration. Mutual assent is reached primarily through offer and acceptance, that is, when the content of the acceptance is consistent with the terms of the offer, both parties to the contract reach an agreement. If the acceptance made by (the offeree) is inconsistent with the terms of the offer, it is deemed as the rejection of the original offer, and it is not an acceptance but a counteroffer.

学生译文 2(文件名 s2. txt): In the common law, the constituent elements of a contract are agreement and consideration. Consensus is achieved mainly by invitation and commitment, in other words, while the terms of a commitment is the same as the items of invitation, a mutual agreement is achieved. If the commitment made by (the invitee) is not the same as the items of the invitation, it will be regarded as a refusal of the invitation, and it is an anti-invitation rather than a commitment.

文本预处理功能函数:

```
def process_sentence(sent):
    new_sent = sent.lower()
    punctuation = r"""!"#$%&'()*+,-./:;<=>?@[\]^_`{|}~“”?,!【】
()、。:;’‘……¥ ·"""
    dicts={i:''for i in punctuation}
    punc_table=str.maketrans(dicts)
    new_sent = new_sent.translate(punc_table)
    return new_sent

def process_texts(text):
    sentences = sent_tokenize(text)
    sentences = [process_sentence(sent) for sent in sentences]
    return sentences
```

BLEU 值计算功能函数(加入平滑和 N 元组权重):

```
def cal_bleu_with_weights_smooth(r, c):
    reference = [[i for i in nltk.word_tokenize(r)]]
    candidate = [i for i in nltk.word_tokenize(c)]
    smooth=SmoothingFunction()
    score = sentence_bleu(reference, candidate, weights=[1,0], smoothing_
function=smooth.method1)
    return score
```

主体逻辑代码:

```
# Step1. 读入文本数据
ref_file_name= "ce_ref.txt"
```

```
s1_file_name = "s1.txt"
s2_file_name = "s2.txt"
ref = read(ref_file_name)
s1 = read(s1_file_name)
s2 = read(s2_file_name)
# Step2. 文本预处理和分句
refs = process_texts(ref)
s1s = process_texts(s1)
s2s = process_texts(s2)
# 确保分句后长度一致
assert len(refs)==len(s1s)==len(s2s)
# Step3. 分别计算每个句子的 BLEU、NIST、METEOR 值
s1_bleu_scores = []
s2_bleu_scores = []
s1_nist_scores = []
s2_nist_scores = []
s1_meteor_scores = []
s2_meteor_scores = []
for i in range(len(refs)):
    s1_bleu_scores.append(cal_bleu_with_weights_smooth(refs[i], s1s[i]))
    s2_bleu_scores.append(cal_bleu_with_weights_smooth(refs[i], s2s[i]))
    s1_nist_scores.append(sentence_nist([refs[i]], s1s[i]))
    s2_nist_scores.append(sentence_nist([refs[i]], s2s[i]))
    s1_meteor_scores.append(meteor_score([refs[i]], s1s[i]))
    s2_meteor_scores.append(meteor_score([refs[i]], s2s[i]))
```

7.2.2　基于翻译编辑率的评估

除上述基于 N-gram 相似性的评估外，还有提出将翻译编辑率作为评估译文质量的指标。根据参考译文是否有人工参与的不同，可分为 TER 和 HTER（Snover *et al*. 2006）。

1）TER

之前的基于翻译错误率的评估方法，如 WER（Word Error Rate）[4] 中的编辑操作仅包括“删除”“插入”“替换”三种，不包括词序调整。对于必须进行词

序调整的候选译文,通常对其采取"删除"与"插入"操作,即先删去次序不同的词,然后在相应位置插入次序相匹配的词。翻译编辑率(Translation Edit Rate,TER)克服了这一缺陷,增加了"调序"的操作。故 TER 中的编辑操作包括"替换""插入""删除""调序"四种。TER 将每种编辑操作均视为等价操作,即每操作一次,编辑次数均加 1。TER 可利用多个参考译文,方法是将候选译文与多个参考译文逐一进行比对,将其中所需编辑操作次数最少的参考译文作为与候选译文最接近的参考译文。最优编辑距离通常采用动态规划、贪心算法、波束搜索等方法计算。TER 的计算公式如式 7.11 所示。

$$TER = \frac{SUB + INS + DEL + SHIFT}{\overline{N}} \tag{7.11}$$

式中,SUB 是英文 substitution 的缩写,指的是"替换"操作的次数;INS 即 insertion,指的是"插入"操作的次数;DEL 即 deletion,指的是"删除"操作的次数,SHIFT 即 word shifts,指的是"调序"操作的次数;$\overline{N}$ 指的是参考译文的平均长度。

2) HTER

人工干预的翻译编辑率(Human-targeted Translation Edit Rate,HTER)的计算公式与 TER 相同。两者的主要区别在于参考译文的产生方式不同。HTER 需要人工对候选译文进行译后编辑产生参考译文。该参考译文和候选译文的 TER 值作为 HTER 值的结果。该方式在某种程度上缓解了 TER 缺乏参考译文的问题。不过,HTER 需要人工编辑产生译文,且产出的译文应用范围有限,这使得 HTER 成本过高。

3) TER 案例

以例 7.3 所示的 TER 在《合同法》简介的翻译评估为对象,探讨基于翻译编辑率指标的具体应用。所得结果显示,学生译文 1 和学生译文 2 的 TER 值分别为 0.171 546 340 753 673 78 和 0.509 359 445 124 439,表明学生译文 1 的编辑距离率更低,其译文与参考译文更为相似。

例 7.3:

原文:合同是相互负有义务的双方或多方当事人达成的、具有法律强制执行力的协议。合同可以以书面形式签订,也可以以口头形式达成(口头合同)或者依据双方的行为而确立。共同法上违反合同的救济通常是“损害赔偿金”或金钱补偿。在衡平法中,救济可以是合同的实际履行或者禁令。

参考译文(文件名 ce_ref.txt): A contract is a legally enforceable agreement between two or more parties with mutual obligations. Contracts can be in writing, orally agreed upon (parol contracts) or created through the actings of the parties. The remedy at law for breach of contract is usually "damages" or monetary compensation. In equity, the remedy can be specific performance of the contract or an injunction.

学生译文 1(文件名 s1.txt): A contract is a legally enforceable agreement reached by two or more parties with mutual obligations. The contract can be signed in written form, or reached orally (oral contract) or established through the actions of both parties. Remedy for breach of contract in common law is usually "damages" or monetary compensation. In equity, remedy can be the actual performance of the contract or an injunction.

学生译文 2(文件名 s2.txt): A contract is a legal-binding agreement achieved by two or more parties who have obligations to each other. A contract can be signed by written form, in oral form or in the actions of two parties. Relief for break of contract in common law is usually "money" or compensation. In law, relief can be the actual performance of a contract.

文本预处理功能函数

```
def process_sentence(sent):
    new_sent = sent.lower()
    punctuation = r"""!"#$%&'()*+,-./:;<=>?@[\]^_`{|}~“”?,!【】
()、。:;’‘……¥·"""
    dicts={i:''for i in punctuation}
    punc_table=str.maketrans(dicts)
    new_sent = new_sent.translate(punc_table)
    return new_sent

def process_texts(text):
    sentences = sent_tokenize(text)
    sentences = [process_sentence(sent) for sent in sentences]
    return sentences
```

```
主体逻辑代码:
# Step1. 读入文本数据
ref_file_name= "ce_ref.txt"
s1_file_name = "s1.txt"
s2_file_name = "s2.txt"
ref = read(ref_file_name)
s1 = read(s1_file_name)
s2 = read(s2_file_name)
# Step2. 文本预处理和分句
refs = process_texts(ref)
s1s = process_texts(s1)
s2s = process_texts(s2)
# 确保分句后长度一致
assert len(refs)==len(s1s)==len(s2s)
# Step3. 分别计算每个句子的 TER 值
s1_scores = []
s2_scores = []
for i in range(len(refs)):
    s1_scores.append(pyter.ter(refs[i], s1s[i]))
    s2_scores.append(pyter.ter(refs[i], s2s[i]))
```

7.2.3 基于向量相似性的评估

随着神经网络和深度学习的发展,出现了基于向量相似性的评估。词向量是计算语言学的重要概念,指的是“将人类符号化的词进行数值或向量化表征”(陆晓蕾, 王凡柯 2020)。通过神经网络获得译文和参考译文的向量化表达后,可计算两者的余弦相似性,进而获得两组文本的相似性,最终作为翻译质量评估的参考。目前,通过大规模语料进行预训练获得词向量表达的方式在翻译质量评估中已取得良好的效果,如 BERTScore 利用 BERT 预训练模型获得译文和参考译文的单词向量,通过计算两者单词间的相似性作为翻译质量分数(Zhang *et al*. 2020)。也有研究直接使用 BERT 获取句子向量后计算向量相似性进行口译质量的评估(Han & Lu 2021)。

下面以例 7.4《公司法》简介的翻译为考察对象,探讨基于向量相似性指标的具体应用。所得结果显示,学生译文 1 和学生译文 2 的向量相似性分别为 0.9706193189367655 和 0.9510434475365722,说明学生译文 1 的相似性更高一些。

例 7.4:

原文: Corporate governance is primarily the study of the power relations between the board of directors and those who elect them (shareholders and employees). It also concerns other stakeholders, such as creditors, consumers, the environment and the community at large. One of the main differences between different countries in the internal form of companies is between a two-tier and a one tier board. The United Kingdom, the United States, and most Commonwealth countries have single unified boards of directors. In Germany, companies have two tiers, so that shareholders (and employees) elect a "supervisory board", and then the supervisory board chooses the "management board". There is the option to use two tiers in France.

参考译文(文件名 ce_ref. txt):公司治理主要是指董事会与选举他们的人(股东和雇员)之间的权力关系。公司治理也指其他利益相关者(如债权人、消费者及环境和整个社会)的关系。国与国在公司内部形式上的主要区别在于是采用双层制还是单层制。英国、美国和大多数英联邦国家采用的是单层制董事会。在德国,公司治理结构采用的是双层制,即股东(和雇员)选举个"监事会",然后由该监事会选择一个"管理委员会"。法国的公司治理结构有时也选择双层制。

学生译文 1(文件名 s1. txt):公司治理主要研究董事会与选举他们的股东和员工之间的权力关系。它还涉及其他利益相关者,如债权人、消费者、环境甚至整个社区。不同国家公司内部形式的主要区别之一是采用双层董事会还是单层董事会。英国、美国和大多数英联邦国家都采用的单层董事会。在德国,公司结构可以分为两层,股东(和员工)选举"监事会",然后监事会选举出"管理委员会"。在法国也可以选择使用双层董事会的管理结构。

学生译文 2(文件名 s2. txt):公司管理主要是研究董事会与选举他们的人之间的权利关系。还包括一些其他有利益关系的人,如消费者、环境和社区。不同国家在公司内在形态方面的主要差异之一是两级和一级董事会之间的差异。英国、美国和大多数英联邦国家都有统一的董事会。在德国,公司采用两级董事会结构,即股东和员工选出一个"监督会",然后监督会选出"管理层"。在法国,可以选择使用两层。

文本预处理功能函数:

```
def process_sentence(sent):
    new_sent = sent.lower()
    punctuation = r"""!"#$%&'()*+,-./:;<=>?@[\]^_`{|}~“”?,!【】
()、。:;’‘……¥·"""
```

```
    dicts={i:''for i in punctuation}
    punc_table=str.maketrans(dicts)
    new_sent = new_sent.translate(punc_table)
    return new_sent

def process_texts(text):
    sentences = text.split("。")[:-1]
    sentences = [process_sentence(sent) for sent in sentences]
    return sentences
```

```
相似性计算功能函数
# cos_sim()用于计算两个向量的 cosine 相似性
def cos_sim(vector_a, vector_b):
    vector_a = np.mat(vector_a)
    vector_b = np.mat(vector_b)
    num = float(vector_a * vector_b.T)
    denom = np.linalg.norm(vector_a) * np.linalg.norm(vector_b)
    sim = num / denom
    return sim
# cal_bert_sim()用于计算两个句子的相似性
def cal_bert_sim(r,c):
    #获得 r 的 bert 向量表达
    a=bc.encode([r])
    #获得 c 的 bert 向量表达
    b=bc.encode([c])
    #调用 cos_sim()获得两个向量的相似性
    sim = cos_sim(a,b)
    return sim
```

```
主体逻辑代码:
bc = BertClient(check_version=False)
# Step1. 读入文本数据
ref_file_name= "ce_ref.txt"
s1_file_name = "s1.txt"
s2_file_name = "s2.txt"
ref = read(ref_file_name)
```

```
s1 = read(s1_file_name)
s2 = read(s2_file_name)
# Step2. 文本预处理和分句
refs = process_texts(ref)
s1s = process_texts(s1)
s2s = process_texts(s2)
# 确保分句后长度一致
assert len(refs)= =len(s1s)= =len(s2s)
# Step3. 分别计算每个句子的 BERT 向量相似性
s1_scores = [ ]
s2_scores = [ ]
import pdb;pdb. set_trace( )
for i in range(len(refs)):
    s1_scores. append(cal_bert_sim(refs[i], s1s[i]))
    s2_scores. append(cal_bert_sim(refs[i], s2s[i]))
```

近年来,也有采用机器学习的手段如 BLEURT(Sellam *et al*. 2020),通过预训练模型结合人工评估数据的微调进行翻译质量的评估。

7.2.4　无参考译文的机器翻译质量自动估计

参考译文缺失情况下所做的译文质量预测一般称为翻译质量估计(Quality Estimation, QE)。该方法主要利用机器学习算法对模型进行训练,使其对机器翻译质量的评测接近人类的判断。根据训练方法的不同,目前的 QE 系统主要可分为三类:基于语言特征的评估、基于神经网络的评估和基于预训练模型的评估。

1) 基于语言特征的评估

基于语言特征的评估主要包含手工特征抽取模块和机器学习模块,以 QuEst 和 QuEst++为代表(Specia *et al*. 2013, 2015)。基于该方法的模型依赖大量人工预设的语言特征,例如复杂性特征、流利性特征等。这些特征被输入到机器学习库(如 scikit-learn),通过传统的机器学习算法(如支持向量回归或随机决策树)计算翻译质量分数。再通过大量标注语料对模型进行训练,获得翻译质量分数回归模型。基于语言特征的评估方法可解释性较强,能够获得每个特征对分数的贡献程度。然而,基于语言特征的评估方法严重依赖于大量的人工知识,须由专家进行大量的特征工程处理,这会导致模型的可维护性差且效率低下。模型的更新须根据专家的知识进行调整,并且在新特征的处理上也会产生新问题。

2)基于神经网络的评估

基于神经网络的评估主要使用神经网络自动抽取语料数据特征。该方法的系统训练通常采用两阶段训练方式:预测器和评估器(Kim *et al*. 2017)。以阿里巴巴开源的 Bilingual Expert Model(Fan *et al*. 2019)为例,其包含双语专家模块和质量评估器。前者利用神经机器翻译模型抽取输入双语的语言特征(以重建单词为目标进行训练);后者基于前者学习出来的特征向量,使用双向 LSTM(Long short-term memory,Hochreiter & Schmidhuber 1997)训练质量评估器。相较于基于语言特征的评估,基于神经网络的评估方法仅依赖模型自动学习特征,无需人工设计特征,持续为模型提供语料,即可进行迭代更新。这种数据驱动的方法效率更高,但这种方法的解释性弱,预测器的训练也依赖大规模语料。

3)基于预训练模型的评估

近年来,预训练多语言模型如 mBERT(Devlin *et al*. 2018)的出现促进了 QE 模型的发展。这类模型通常以多语言预训练模型为框架,利用自监督学习进行模型学习与评估。此类方法成了近年来 WMT QE 的主流架构,涌现出了 BERT-BiRNN(Fomicheva *et al*. 2020)、TransQuest(Ranasinghe *et al*. 2020)等模型。相较于基于神经网络的评估,此类模型采用预训练+微调的评估方式,模型的复杂度降低,对训练语料的依赖也大幅降低。同时,基于这些预训练模型,也有研究利用图注意力神经网络将句法信息引入翻译质量评估中,如 Syn-XLMR(Bin *et al*. 2021)等。

总体而言,相较于有参考译文,无参考译文的自动评估方法无须提供参考译文,具有成本较低、效率更高等特点,对提高评估效率具有重要意义,尤为适用于处理大规模海量的机器翻译场景。此外,QE 可作为判断是否需要人工校对的过滤器。当候选译文未达到 QE 的理想分数时,再加入人工干预进行校对,由此可极大提高翻译质量和评估效率。然而,其短板也在于可解释性不强,限制了直面用户场景的应用。

4）结语

本章从翻译质量评估理论、基于测试的翻译质量评估和计算机辅助翻译质量评估出发,对机器翻译质量评估的最新进展进行了较为详细的介绍。翻译质量评估理论部分归纳并探讨了该领域的主要思想和理论基础。基于测试的人工翻译质量评估从测试的角度梳理了多种人工评估方式,分析了各自的优势和劣势。机器翻译质量自动评估重点介绍了包括 BLEU、NIST、METEOR、TER 和 HTER 在内的多种自动化评估指标及其应用。限于篇幅,本章未对"无参考译文的翻译质量估计"做深入探讨。对于此部分内容,国际机器翻译大赛 WMT 多次组织了测评竞赛,并提供了多语种语料的评测数据,也开源了部分代码和模型,感兴趣的读者可以自行查阅相关资料。翻译质量评估技术内容浩如烟海,本章仅对翻译质量评估技术进行了初步推介。

说明

[1] 英文为 rhetoric topology。Williams 认为,"拓扑"一词可以将注意力放在论证结构及其相互关系上。

[2] 可以翻译为 N 元组,是计算机语言学和概率论领域的概念,是指给定的一段文本中多个连续单位的序列。N 可以是任意正整数,如 Unigram(N = 1)、Bigram 或者 2-gram(N = 2)、Trigram 或 3-gram(N = 3),以此类推。例如,句子"the elements of a contract are mutual assent and consideration"的 1-gram 是["the", "elements", "of", . . . , "consideration"];2-gram 是["the elements", "elements of", . . . , "and consideration"]; 3-gram 是["the elements of", "elements of a", . . . , "assent and consideration"]。

[3] 参考译文来自《法律英语阅读与翻译教程(第二版)》(屈文生, 石伟 2016),后续示例来源相同。

[4] WER 是最早用于评估翻译系统质量的自动评估方法之一,设计之初主要应用于自动语音识别任务。WER 计算的是候选译文与参考译文词汇之间的编辑距离。编辑距离可通过编辑次数计算获得。编辑次数指的是通过动态程序将候选译文修改至参考译文所需的编辑操作次数,编辑操作包括删除、插入和替换。"删除"指的是当参考译文中不含有候选译文中的某个词汇时,须删除候选译文中的相应词汇;"插入"指的是候选译文中不包

含参考译文中的某个词汇,则须在候选译文中插入相应词汇;"替换"指的是在候选译文某个位置的单词与参考译文相应位置的单词不同,此时则须将候选译文该位置的单词替换为参考译文相应位置的单词。WER 计算的编辑操作次数指的是"删除""插入""替换"次数的总和。WER 通过比较候选译文与参考译文之间的编辑距离来衡量候选译文的质量,通过 1 减去编辑距离便可得到候选译文的质量评分。

参考文献

[1] Banerjee, S. & A. Lavie. 2005. METEOR: An Automatic Metric for MT Evaluation with Improved Correlation with Human Judgments [A]. *Proceedings of The ACL Workshop on Intrinsic and Extrinsic Evaluation Measures for Machine Translation and/or Summarization* [C]. 65 – 72. https://www.aclweb.org/anthology/W05 – 0909.

[2] Chung, H-Y. 2020. Automatic evaluation of human translation: BLEU vs. METEOR [J]. *Lebende Sprachen* 65(1): 181 – 205. https://doi.org/10.1515/les – 2020 – 0009.

[3] Devlin, J., M-W. Chang, K. Lee, & K. Toutanova. 2018. Bert: Pre-training of deep bidirectional transformers for language understanding [A]. *Proceedings of the 2019 Conference of the North American Chapter of the Association for Computational Linguistics: Human Language Technologies* [C]. 4171 – 4186. https://www.aclweb.org/anthology/N19 – 1423.

[4] Doddington, G. 2002. Automatic evaluation of machine translation quality using N-gram co-occurrence statistics [A]. *Proceedings of the second international conference on Human Language Technology Research* [C]. 138 – 145. https://dl.acm.org/doi/pdf/10.5555/1289189.1289273.

[5] Eyckmans, J., P. Anckaert & W. Segers. 2009. The Perks of Norm-referenced Translation Evaluation [A]. *Testing and Assessment in Translation and Interpreting Studies: A Call for Dialogue between Research and Practice* [C]. 73 – 93. https://doi.org/10.1075/ata.xiv.06eyc.

[6] Fan, K., J. Wang, B. Li, F. Zhou, B. Chen & L. Si. 2019. "Bilingual Expert" can find translation errors [A]. *Proceedings of the AAAI Conference on Artificial Intelligence* [C]. 33 (01): 6367 – 6374. https://doi.org/10.1609/aaai.v33i01.33016367.

[7] Fomicheva, M., S. Sun, L. Yankovskaya, F. Blain, F. Guzmán, M. Fishel & L. Specia. 2020. Unsupervised quality estimation for neural machine translation [J]. *Transactions of the Association for Computational Linguistics* 8: 539 – 555.

[8] Han, C. 2020. Translation quality assessment: A critical methodological review [J]. *The Translator* 26(3): 257 – 273. https://doi.org/10.1080/13556509.2020.1834751.

[9] Han, C. 2021. Assessing spoken-language interpreting: The method of comparative judgement [J]. *Interpreting*. https://doi.org/10.1075/intp.00068.han.

[10] Han, C. & X. Lu. 2021a. Can automated machine translation evaluation metrics be used to assess students' interpretation in the language learning classroom [J]? *Computer Assisted Language Learning*. https://doi.org/10.1080/09588221.2021.1968915.

[11] Han, C. & X. Lu. 2021b. Interpreting quality assessment re-imagined: The synergy between

human and machine scoring [J]. *Interpreting and Society* 1(1): 70 - 90. https://doi.org/10.1177/27523810211033670.

[12] Hochreiter S. & J. Schmidhuber. 1997. Long short-term memory [J]. *Neural computation* 9(8): 1735 - 1780. https://doi.org/10.1162/neco.1997.9.8.1735.

[13] House, J. 1977. *A Model for Translation Quality Assessment* [M]. Tübingen: Narr.

[14] House, J. 1997. *Translation Quality Assessment: A Model Revisited* [M]. Tübingen: Narr.

[15] House, J. 2015. *Translation Quality Assessment: Past and Present* [M]. New York: Routledge.

[16] Kim, H., J. H. Lee & S. H. Na. 2017. Predictor-estimator using multilevel task learning with stack propagation for neural quality estimation [A]. *Proceedings of the Second Conference on Machine Translation* [C]. 562 - 568. http://www.statmt.org/wmt17/pdf/WMT63.pdf.

[17] Kockaert, H. J. & W. Segers. 2017. Evaluation of Legal Translations: PIE Method (Preselected Items Evaluation) [J]. *Journal of Specialised Translation* 27: 148 - 163. https://www.jostrans.org/issue27/art_kockaert.pdf.

[18] Lommel, A., H. Uszkoreit & A. Burchardt. 2014. Multidimensional quality metrics (MQM): A framework for declaring and describing translation quality metrics [J]. *Tradumàtica* 12: 455 - 463. https://doi.org/10.5565/rev/tradumatica.77.

[19] Lu X. & C. Han. 2022. Automatic assessment of spoken-language interpreting based on machine translation evaluation metrics: A multi-scenario exploratory study [J]. *Interpreting*. Manuscript submitted for publication.

[20] Ni, B., X. Lu. & Y. Tong, 2021. SynXLM-R: Syntax-Enhanced XLM-R in Translation Quality Estimation [A]. *Natural Language Processing and Chinese Computing, NLPCC 2021* [C]. 27 - 40. https://link.springer.com/chapter/10.1007/978-3-030-88483-3_3.

[21] O'Brien, S. 2012. Towards a dynamic quality evaluation model for translation [J]. *The Journal of Specialised Translation* 17: 55 - 77. https://www.jostrans.org/issue17/art_obrien.pdf.

[22] Papineni, K., S. Roukos, T. Ward & W. J. Zhu. 2002. BLEU: a Method for Automatic Evaluation of Machine Translation [A]. *Proceedings of the 40th Annual Meeting of the Association for Computational Linguistics* [C]. 311 - 318. https://www.aclweb.org/anthology/P02-1040.pdf.

[23] Ranasinghe, T., C. Orasa & R. Mitkov. 2020. TransQuest: translation quality estimation with cross-lingual transformers [A]. *Proceedings of the 28th International Conference on Computational Linguistics* [C]. 5070 - 5081.

[24] Reiss, K & E. F. Rhodes. 2000. *Translation Criticism: The Potentials and Limitations* [M]. London: Routledge.

[25] Sellam, T., D. Das & A. P. Parikh. 2020. "BLEURT: Learning robust metrics for text generation" [A]. *Proceedings of the 58th Annual Meeting of the Association for Computational Linguistics* [C]. 7881 - 7892. https://www.aclweb.org/anthology/2020.acl-main.704.pdf.

[26] Snover, M., B. Dorr, R. Schwartz, L. Micciulla & J. Makhoul. 2006. A study of translation edit rate with targeted human annotation [A]. *Proceedings of the 7th Conference of the*

Association for Machine Translation in the Americas [C]. 223 - 231. https://www.aclweb.org/anthology/2006.amta-papers.25.

[27] Specia, L., K. Shah, J. G. C. De Souza & T. Cohn. 2013. QuEst — A translation quality estimation framework [A]. *Proceedings of the 51st annual meeting of the Association for Computational Linguistics: System demonstrations* [C]. http://www.qt21.eu/launchpad/sites/default/files/Quest.pdf.

[28] Specia, L., H. P. Gustavo, & C. Scarton. 2015. Multi-level translation quality prediction with QuEst++ [A]. *Proceedings of ACL-IJCNLP 2015 system demonstrations* [C]. https://www.aclweb.org/anthology/P15-4020.pdf.

[29] Williams, M. 2004. *Translation Quality Assessment: An Argument-centered Approach* [M]. Ottawa: University of Ottawa Press.

[30] Zhang T., V. Kishore, F. Wu, K.Q. Weinberger & Y. Artzi. 2019. BERTScore: Evaluating Text Generation with BERT [A]. *Proceedings of International Conference on Learning Representations* [C].

[31] 江进林,文秋芳. 2012. 大规模测试中学生英译汉机器评分模型的构建[J]. 外语电化教学(2):3-8.

[32] 刘磊, 梁茂成. 2018. 英语学习者书面语法错误自动检测研究综述[J]. 中文信息学报(1):1-8.

[33] 刘晓峰,司显柱. 2015. 翻译质量评估研究评述[J]. 语言与翻译(3):56-63.

[34] 刘亚猛. 2018. 翻译质量评估的理想与现实[J]. 中国翻译 39(02):8-16+128.

[35] 陆晓蕾, 王凡柯. 2020. 计算语言学中的重要术语: 词向量[J]. 中国科技术语(3).

[36] 秦颖. 2018. 翻译质量评价的标准与自动评价方法研究[M]. 北京: 外语教学与研究出版社.

[37] 屈文生,石伟. 2016. 法律英语阅读与翻译教程(第二版)[M]. 上海: 上海人民出版社.

[38] 司显柱. 2008. 翻译语篇质量评估模式再研究: 功能语言学路向[J]. 中国翻译(2):57-60.

[39] 司显柱. 2016. 翻译质量评估模式再研究[J]. 外语学刊(3):84-94.

[40] 田艳. 2011. 网上英译汉自动评分实践探索[J]. 中国翻译(2):38-41.

[41] 王金铨, 万昕, 董子云. 2018. 翻译质量评价方法及其在计算机翻译评价系统中的应用[J]. 中国翻译(4):73-78.

[42] 王金铨, 朱周晔. 2017. 汉译英翻译能力自动评价研究[J]. 中国外语(2):66-71.

[43] 杨志红. 2019. 翻译测试与评估研究[M]. 北京: 外语教学与研究出版社.

第 8 章　文本情感对比分析

文本情感分析是指针对具有情感色彩偏向的文本进行分析，挖掘其中的情感倾向，进而阐释其社会文化意义和取向。单语框架下的情感分析已相当成熟：以单语情感词典如大连理工大学情感词汇本体库（中文）为例，其既可解决多类别情感分类的问题，亦可解决一般的倾向性分析的问题（情感分为 7 大类 21 小类，共计 27 466 个词语）；以情感分析工具为例，如处理中文的 SnowNLP、Senta 等以及处理英文的 TextBlob、Affin 等，可得出文本的具体情感极性，用于区分文本的正面、中性、负面倾向；或以工具/模型组合方式进行情感分析；等等。文本情感分析可应用于国际关系领域，如社会舆情监测、政治倾向分析、国家形象描述、话语体系建构、选民选情预测等。在市场营销领域中，用于分析和理解他人就产品或服务所给出的看法或观点，可为企业确定产品或服务的市场接受度并以此改进或提升相关质量。教育领域内的情感理论探索与技术应用主要集中于三方面：情感分析系统/方法的构建；学习者满意度/态度/议题的调查；情感、行为和绩效三者间关系的研究（Zhou & Ye 2020）。本章旨在双语框架下（尤其是存在双语平行或双语可比的文本语料之间）以情感分析方法和手段实现文本情感的对比分析，并揭示其中所蕴含的人文社会意义和价值。

8.1　情感对比分析概述

8.1.1　评价理论与情感分析

评价理论是系统功能语言学在人际意义的研究中发展起来的词汇-语法

框架,关注文本如何以词汇语法资源表达态度和立场,进而达成交际目的(赵丽珠,张艳玲 2021)。语言的评价资源由态度、介入、级差三个系统构成,其中的态度是对人品、事物价值的评估;介入是指对作者本身或外部立场来源的界定,承担着调节责任的功能;级差是以态度和介入为前提和基础的,贯穿整个评价系统:情感、判断、鉴赏都涉及等级不同的肯定与否定,介入也牵涉作者介入相关话题的程度(Martin & White 2008,转引自赵丽珠,张艳玲 2021)。由此引文可见,整个评价过程均可能出现相应的情感因素,并在此基础上给出具体的判断。基于评价理论的研究多以定性研究为特色,意味着在理论的运用中会再次融入具体评价者的个体情感,使情感交融反复出现,最终达成评价者自身的交际目的。

法律文本素有庄严冷峻的文体特点,其决定了法律翻译对忠实性的要求会远高于其他文体,而且译者似乎应当在翻译过程中完全隐身,不能发挥任何主观能动性(赵丽珠,张艳玲 2021)。以评价理论为框架,在态度、介入、级差三个维度上讨论译者主体性对《中华人民共和国民用航空法》翻译策略和交际效果的影响(赵丽珠,张艳玲 2021)。其研究发现,与法律文本及其译文最为相关的评价资源是判断资源,即译者在译文中通过增加或使用语气更强的社会评判、社会约束的词汇资源达到维护赞助人权威或警示读者的交际效果;译者主要通过否定和被动语态两种词汇语法资源将自身及其代表的赞助者的声音融入译文之中;级差系统贯穿整个评价系统,最能系统体现级差变化的语法资源是意态化情态。因此,从原文到译文多为情态赋值降低即情感弱化,译者试图通过更为平和的语气来达到规定或是禁止的交际目的。

国家领导人的演讲是政治立场和国家形象的重要载体与集中体现。译文能否准确有效地转述原文思想与形式并实现评价等效,关乎国家态度能否响亮发声,是一国与他国平等对话的“压舱石与助推器”(冯正斌,苏攀 2021)。冯正斌和苏攀(2021)基于评价理论分析了国家主席习近平防控新冠疫情的三则重要国际讲话,考察译文是否再现原文态度。其研究发现,译文较大程度地实现了评价等效;翻译偏离集中在语势系统,主要表现为评价类型转换与评价强度变化,此类偏离并未变更原文评价意义。不同语境下表达方式存在差异,但态度意义是相互联系、相互转化的有机整体,转换表达方式未必影响原文意义;其次,评价力度往往由级差资源赋予并进行区分,而级差资源不会从根本上改变语义;最后,评价类型或评价力度的变化多为有意改写以弥合中西语言以及文化差异。因此,译文即使存在翻译偏离亦是为实现评价等效,且最终实现了评价等效。

Huan(2017)基于评价理论就中国和澳大利亚记者针对可能会影响到社会秩序的风险事件(如地震、火灾等自然风险以及食品安全等人为风险)进行报道时所呈现的个人情感因素展开研究。其发现两国记者均致力于通过建设一个共享情感的社会来重构面临风险事件的社会秩序,因为情感是事件进展过程中将新闻报道的客观性与社会大家庭融合在一起的纽带。两者的区别在于沟通情感所构建的社会价值中心,即澳大利亚的新闻报道多以普通市民来解读社会价值,而中国的新闻报道多以英雄般的人物构建社会价值。

情感的表达是评价者对某一产品/服务或公司采取特定态度的最直接、最明显的表现,就商务语篇汉英公司简介基于评价理论的情感对比分析表明(徐珺, 夏蓉 2013),汉语简介的情感资源比例明显低于英语的(汉语为 3.26%,英语为 19.15%)。其体现为: 一是汉语情感资源仅为"过程"情感,如表示为"青睐"或"衷心感谢",其丰富性没有达到英语的表述程度;二是汉语简介的情感资源类型和分布均低于英语的;三是英语简介的情感资源实现手段比汉语的更为多样化。

上述涉及政治、法律、新闻、公司或产品四个方面的示例均表明,英汉对比分析中的情感因素始终存在,但情感强弱互有不同。不同的场景其情感表述的实现手段也同样相互有别,但均旨在增强情感因素的作用。基于评价理论的情感分析对象既可以是双语平行文本,也可以是双语可比文本,但实现情感分析的手段均为文本中带有情感色彩的词语或搭配。这就需要评价者或作者的主观介入或识别。而基于数据挖掘的情感分析可依托词典或工具等识别手段,相信会给情感分析带去更多的客观性和可行性。

8.1.2　双语可比与情感分析

1) 混合模式下的双语情感分析

双语或多语搭配使用的表达习惯已逐渐成为表达个体意见或评论的重要

形式(栗雨晴等 2016),其中的中英文混合表达也较为常见。因此,如何对此类双语混合式表达进行有效的情感分析将直接影响到情感分析的实际效果。

已有的情感分析方法是将同时含有中英文文字的评论视为一个文本整体(而不是将中英文文字分开),对其进行分词和清洗处理,并将处理后的文本转换为特征向量,分别应用于两个可互换的自然语言处理模型(支持向量机模型和 N 连词模型)(Yan *et al*. 2014)。其结果显示:这一方法可同时有效处理中英文影评文本;支持向量机模型的分类精度高于 N 连词模型;英文评论的分类优于中文评论。实验结果表明这一方法可同时处理两种不同语言,为不同语言的混合式情感分析提供可能。

可通过构建双语多类情感词典实现一种基于双语词典的多类情感分析方法(栗雨晴等 2016)。经过多分类语义倾向性分析发现,利用中英文情感词典进行情感词识别的文本情感分类算法准确率明显高于单一利用中文情感词典进行情感词识别的文本情感分类算法。与人工标注的分类语料文本进行对比证明,双语词典方法可以更准确有效地捕捉群体意见,及时发现社会舆论的倾向。

上述两个实例所采用的方法,从形式上说与绝大多数单语情感分析并无二致,均为合适的模型或有效的词典。但从内容上看,其区别在于双语混合模式下的情感分析需要可识别双语的模型或含有双语的词典,而且取决于模型或词典的质量。

2)可比关系下的双语情感分析

有别于上一小节的双语混合模式情感分析,本小节以双语可比文本的情感分析为内容,考察已有文献的不同成果,涉及中外标准、新品发布、社交媒体多语评价、网络安全、在线评论等方面的情感分析。

借助数据挖掘中的 BiGRU 判决结果倾向性分析模型,对比中英文版本的中外标准,发现两类标准的大部分文字描述均不带有情感色彩,中性文字描述较多,其体现了标准这一特殊体裁的表达特点,但有些定性的或描述性的用语会涉及情感用词(邵珊珊等 2019)。中文标准的正面情感词按词频从高到低排序:标准、系统、符合、规范、支持等;负面情感词排序:命令、非、暴露、超过、活动、压力、约束等。英文标准的正面情感词排序: appropriate、available、support、recommendation、protection 等; 负面情感词排序: failure、object、error、primitive、errors、limited 等。研究结果表明,客观中性的词语是各类标准的首选用词,情感词的出现是为了增强文本的可理解性。本案例与上一节法律文本情感分析案例均已说明,任何严谨庄重的文本体裁都有可能包含部分情感用词。

通过社交媒体发布新产品的公司或企业可以有更好的机会去评估客户的意见或建议、投诉和需求。对社交媒体进行基于数据的系统分析,可产生新的商业价值。Wedel *et al.* (2021)采用基于网络和语言学知识的统计学方法(使用的模块有 SpaCy、LDA、LSA 等),分析新产品发布期间及之后推特评价话题。数据文本虽然只有英德两种语言,但涉及国家有四个,即美国、英国、澳大利亚和德国。分析结果表明,针对产品的积极评价超过负面评价,对苹果产品感兴趣的美国消费者似乎对 iPhone12 新品表达了最为正面的态度,而英国的正面评价是四个国家中最低的。通过词云图发现,产品的某些重要属性是造成评价正面或负面的关键。Wedel *et al.* (2021)提出建议,高精度的情感分析结果可结合主题建模得出,这一方法适用于多语种、多国家、多领域,由此可以了解一家国际化公司的全貌和品牌形象,将有助于调整企业的全球战略。

Kocich(2018)旨在使用一种多语情感分析工具,从社交媒体中挖掘出涉及更多语种的有关移民事宜的情感信息。所用情感分析工具为美国 MIT 媒体实验室(MediaLab)的开源库 Sentiment,其可给出不同类型英语文本的情感值。分析用文本数据来自推特,以 AFINN-165 英语情感词表为基础,使用谷歌翻译将该情感词表翻译成其他语言,然后用于其他语种的文本情感分析。经 100 多个语种的情感分析证明,这一方法有其可行性,所用技术和工具不仅适用于静态数据,也适用于动态数据流的处理。其以多语种文本情感分析呈现了一种可构成不同地理空间情感分布的分析效果。

高质量双语情感词典的开发将有助于提升特殊领域基于词典的文本情感分析的质量,因为词典可用于解释未结构化文本的情感构成。在网络安全领域(Al-Rowaily *et al.* 2015),采用由阿拉伯语情感词典(1 019 个词)和英语情感词典(279 个词)组合而成的词典(其中的词汇均与网络威胁、激进主义等的信息相关联),可以有效分析暗网论坛中的双语文本,从中发现涉及网络威胁、激进主义等的信息。这是采用半自动方式构建而成的情感词典,而运用双语词向量方法生成的词典已经开启其在线评论领域的应用。采用多步骤的双语情感词典归纳法(Chang *et al*. 2021)把词汇约束条件纳入词向量空间以消除歧义性质的情感极性词。由于多数语种的情感词汇资源相对稀缺,该方法设计采用优势语言的词汇资源,通过深度学习前馈网络将词汇转换成稀缺资源的词汇。实验证明,这一方法比仅仅使用双语词典具有更高的精度和更大的覆盖率。

8.1.3 翻译关系与情感分析

翻译关系是指两个不同语种的语料文本之间存在的从源语到目的语的转换对应关系。此类关系下的语料文本可应用于制作双语平行语料库,亦可用于机器翻译或计算机辅助翻译。既然存在翻译关系,也就是说,源语和目的语之间有着多重可能的对等关系:或是意义对等,或是形式对等,或是概念对等,或是多种对等形式的组合或总和。本节试图对翻译关系中存在的情感是否从源语传递到目的语展开文献综述和探讨,试图在词汇层面和句级层面梳理出研究探索的路径或概貌。

1) 词汇层面

罗天和吴彤(2020)以情感词典的方式展开源语与目的语之间的双语情感分析。所用情感词表分别为《当代英汉分类详解词典》中有关情感分类的419 个英语单词以及《评价理论视角下的情感意义研究》和《最佳心理描写词典》所包含的共计 217 个汉语词语。利用 ParaConc 和 AntConc 统计抗战时期的英文原版(*China at War*)和中文译本《扬子前线》两个版本的情感词汇密度(情感词数与语料库总词数之比)。其得出结论:译文的情感强度相比于英文原文相对较低,消极情感略有上升。译文的情感表达受到了压制,受到译者、出版者、审查机关、意识形态、政治等各种因素的制约。

采用基于关键性的情感主题词分布方式(Llopis 2021),就联合国和国际货币基金组织 2019 年世界经济报告英语原文和西班牙语译文展开情感对比分析后发现:英语原文和西班牙语译文之间尽管译文已经传递了完整的含义但仍存在文字上的描述性差异,原文和译文分别以各自的语言体现了经济语篇的不同构思。西班牙语译文的情感极性和强度相对英语原文在整体上有所弱化。英语原文的主要特点是简洁性,而西班牙语译文则是信息较为冗长但具有明确性,主要体现在形容词的使用方面。该方法提取关键性排名前60的词汇进行对比,并在此基础上根据这些词汇各自所在语境以及N连词搭配,选取更具代表性的词汇生成新词表并标注情感极性值后作为参照对原文和译文再次进行对比。结果显示译文的正面情感词与表述与原文较为对应,但负面情感词与原文构成不对称关系。

词汇层面的情感分析是一种常见的分析方法,可直接利用情感词表统计出文本所包含的情感系数,但也因此受到下列因素的影响,如词表的覆盖率、否定词数量、词与词之间的关联性等。本章8.2.2节尝试进行改进,对情感主题词的N连词搭配进行情感分析,旨在利用更大的语义框架来确定情感表述的合理性。而将情感词表利用机器翻译直接转换成目的语的方法也构成了情感词表模式的有效补充。概而言之,情感词表的运用应尽可能有更多工具模型的组合,以此提升情感分类的精确性和可行性。

2）句级及以上层面

Wan(2011)利用协作训练模式解决了跨语言情感分类问题。该方法利用有标签的英文产品评论和无标签的中文产品评论用于中文情感分析。其步骤:①利用英汉机器翻译将有标签英文评论翻译成有标签中文评论,利用汉英机器翻译将无标签中文评论翻译成无标签英文评论,以此构成双语对应的数据集。②利用协作训练算法进行分类器学习。③使用分类器分别获取中文评论及其译文的预测值,一条评论的最终极性为两个预测值的均值。Wan采用三种机器翻译引擎和两个测试数据集进行评估,评估结果证实这一协作训练模式对句子层面的情感分类具有高效性和稳定性,其性能优于词典法、归纳法和直推法。研究还发现有标签数据集的规模大小是影响这一方法有效性的关键因素。

在缺少有标签情感数据的情况下,利用源语丰富的有标签情感数据为目的语进行情感分类是一个行之有效的方法。已有的研究多数是直接将源语有标签数据集翻译成目的有标签语数据集，这一方法可能会受限于机器翻译结果的词汇覆盖率。Meng *et al.*（2012）利用生成式无标签双语平行数据，通过调整参数以最大限度利用双语平行数据。其结果显示，这一混合模型可有效利用无标签数据，从大型平行数据中识别出之前未收入的情感词，显著提升了情感词的覆盖率，使情感分类更具针对性。

与仅利用机器翻译、平行数据等的方法不同，Zhang（2016）利用所选择的训练数据（与目的语高度相似的有标签实例），经优化后用于构建一个有效的跨语言情感分类器。该方法所运用的策略是采用双语对齐的主题模型以及对半监督训练数据进行调整。主题模型呈现了跨语言表征空间，由此可调整训练数据并选出有效实例，以消除源语与目的语之间语义分布差异所带来的负面影响。其结果表明，该方法可有效应用于跨语言情感分类，而且是在双语语义层面上实施的情感分类。

实施情感分析的关键是对文本进行情感分类，但文本情感分类始终是一个问题，尤其是面对长句文本、反话或讽刺文本的情感分类。单语情感分类如此，双语情感分类更是如此。本小节所援引的内容更多是从技术层面来解决情感文本的分类问题，而不是完全意义上的翻译层面，虽然也引入了机器翻译引擎。翻译层面上的思考应该顾及翻译中的更多语言文化特征以及如何将技术与此类特征实现有效融合。不同的文化其情感表述或呈现会有明显区别，如何使双语情感分类更为有效，需要有更多模式或组合模式参与其中。本小节在情感分类方面的三种尝试都是有益的探索，尤其是以主题模型实现的语义情感分类更是一次有着积极意义的尝试，试图从语义层面去解决情感分类所面临的问题。

8.2 情感对比分析案例

8.2.1 企业风险要素文本的情感分析①

本案例以《华为投资控股有限公司 2020 年年度报告》及其英译本中风险

---

① 本案例由上海交通大学外国语学院 2021 级翻译硕士马佳宁撰写。

要素文本为语料(汉语计 3484 字,英语 2257 词),通过机器学习 TextBlob 和大连理工情感词典两种方法计算平行文本的情感得分。采用 Python 程序设计与 Excel 相结合的方式,考察翻译前后语料文本的情感保留情况。结果发现汉语语料与英语语料在情感上表现出了相同的中性倾向,但是英译文较之汉语原文在整体情绪上有明显的积极化倾向。通过观察语料对齐后总计 70 组汉英句对及其对应情感值,发现情感的积极化在译文中主要是由使用强情绪词与增译等翻译策略所致。

1）方法简述

词典方法——以大连理工情感词表为参照,对照词表中收录的情感词及其极性与强度值,通过 Python 程序设计,以句子为单位计算汉语语料的情感得分。为便于合理对比数据,词汇贬义极性调整为由-1 表示(原为 2),并对强度赋值进行了归一化处理,最终情感值取值范围为[-1,1],0 为完全中性,越接近 1 表示情感越积极,越接近-1 表示情感越消极。

机器学习方法——TextBlob 是 Python 库中面向英语文本的自然语言处理库,通过调用其中计算文本情感的模块,以句子为单位计算英语语料的情感得分。情感值取值范围为[-1,1],0 为完全中性,越接近 1 表示情感越积极,越接近-1 表示情感越消极。

对表 8.1 所示的两列数据进行相关性检验,所得相关性数值为 0.300,p 值为 0.012<0.05。这说明,尽管采用不同情感分析方法分别计算汉英语料情感得分,两者之间的情感值分布存在一定的相关性(弱相关)。毕竟汉英之间有着翻译关系,这一检验方式可在一定程度上说明两列数据之间的可比性。

表 8.1　汉英句对情感值

序号	汉语	英语	序号	汉语	英语
1	0.000	0.000	5	0.028	0.375
2	0.000	0.000	6	0.000	0.021
3	0.019	0.146	7	0.046	0.200
4	0.000	0.000	8	0.000	0.500

（续表）

序号	汉语	英语	序号	汉语	英语
9	0.051	0.021	37	0.000	0.134
10	0.000	0.000	38	0.000	0.667
11	0.125	0.400	39	0.048	0.100
12	0.069	0.125	40	0.000	0.000
13	0.021	0.058	41	0.000	0.117
14	0.021	−0.055	42	0.023	0.117
15	0.070	0.146	43	0.000	0.050
16	0.000	0.200	44	0.010	−0.167
17	0.057	0.000	45	0.062	0.340
18	0.033	0.000	46	−0.035	−0.063
19	0.000	0.000	47	0.000	0.000
20	0.037	0.006	48	0.026	−0.083
21	0.000	0.000	49	0.063	0.125
22	0.000	0.000	50	0.000	0.000
23	0.027	0.000	51	0.000	0.500
24	−0.006	0.027	52	0.063	0.187
25	−0.017	−0.054	53	0.033	0.000
26	0.067	0.550	54	0.000	−0.125
27	0.000	0.250	55	0.000	−0.083
28	0.000	0.250	56	0.009	−0.035
29	0.000	0.163	57	0.000	0.367
30	0.035	0.012	58	0.000	0.013
31	0.000	0.000	59	−0.018	−0.063
32	0.052	0.225	60	0.000	0.000
33	0.148	0.178	61	0.000	0.167
34	0.000	0.119	62	0.017	−0.175
35	0.063	0.350	63	0.000	0.000
36	0.032	0.098	64	0.000	0.250

（续表）

序号	汉语	英语	序号	汉语	英语
65	0.000	−0.050	68	0.045	0.050
66	0.000	0.045	69	0.000	0.000
67	0.000	0.000	70	0.000	0.071

对表 8.2 所示的句子数进行 Fisher 精确检验（因使用词典方法得出的情感得分小于 0 的句子数仅为 4，故采用本法），以考察汉英语料各自情感分布与判定情感得分的方法是否有关系。所得 p 值 = 0.098 6>0.05，说明汉英两类不同情感的句子数分布之间无显著差异，两种方法具有可比性。

表 8.2　不同情感句对数对比

方法	句对	情感得分≥0	情感得分<0
词典方法（汉语）	70	66	4
机器学习（英语）	70	59	11

2）翻译现象分析

比较华为 2020 年报风险要素栏目汉英语料情感得分（见图 8.1）。通过计算可得汉语语料整体情感均值为 0.019，英语语料整体情感均值为 0.097，

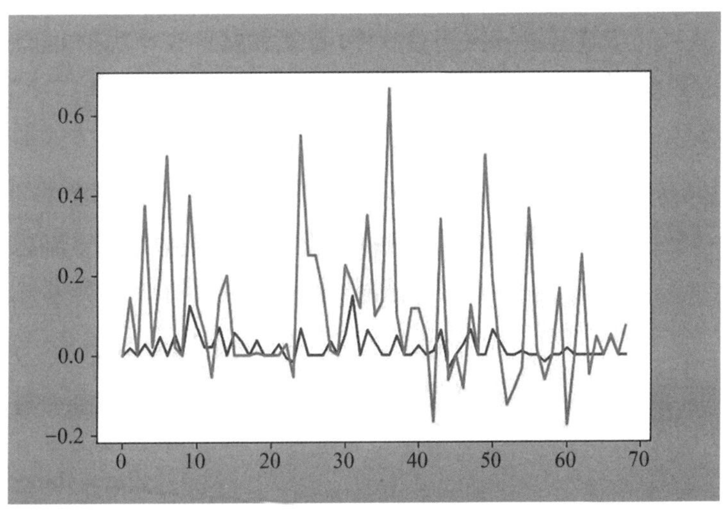

图 8.1　汉英句对情感值折线图

两者表现出相同的中性化倾向,符合年报撰写应有的情感风格。英语语料在情感均值上较汉语原文高出 5 倍,有明显的积极化倾向。继续考察情感值差值显著的句对,可以发现翻译过程中文本的情绪积极化主要是通过小范围词汇层面的微调,故而不会改变文本整体的情绪倾向。

基于汉语原文的基本含义,翻译时会通过采取更强情绪的表达实现积极化(见表 8.3)。“较高”一词表示“有一定的要求”,但程度在中文语境中并不强烈,趋于中性;而译文中的 exceptional 意为 much greater than usual,在中文中往往表示“卓越的、特别的”,是一个非常积极的词汇,显然在情绪上更为强烈,凸显了华为在风险管控中追求并且也能够做到更高更卓越的把控能力。其他形容词如 the greatest 和 staunch 同样在一定程度上强化了对应汉语原文的情感。强情绪词不仅存在于形容词的使用当中。中性的“推进”被译为积极的 ramped up efforts(努力),带有主动积极色彩的 pursue 则强化了原本中立化

表 8.3 典型强情绪词的使用

要应对这些风险,就要求华为具有**较高的**风险管理和应变能力。	0	To address these issues, Huawei requires **exceptional** risk management and response capabilities.	0.667
自然对冲:匹配销售、采购的货币,以实现本币平衡,**尽量**降低外汇敞口;	0	Natural hedging: We structure our operations to match currencies between procurement and sales transactions, to **the greatest** extent possible.	0.367
……持续完善企业风险管理组织和运作机制,**推进**风险管理测评。	0.028	... continuously refined our ERM organizations and operating mechanisms, and **ramped up efforts** to assess risk management.	0.375
该事件对华为的发展带来一定的影响,但华为一直**坚定不移地**拥抱全球化,继续**实施**多元化供应战略,不依赖于任何单一国家或地区,用全球产业链的产品构建供应连续性。	0.062	This ruling has affected our business development to some extent. As **a staunch advocate** of globalization, we will continue to **pursue** supply chain diversity without depending on any one country or region, and then build our supply continuity upon the global supply chain.	0.34
作为全球性公司,华为**基于**自由贸易、开放市场和公平竞争的价值观……	0.052	As a global company, Huawei **embraces** the values of free trade, open markets, and fair competition ...	0.225

的“实施”一词,完全中性的“基于”也由褒义的 embrace(拥抱)来表达。从最终译文的效果看,强情绪词的使用让华为在年报中的形象塑造更为积极,在风险管控上所采取的行动与预期也更具说服力。

在完全忠实地表达原文含义的基础上,译文增加了部分原本隐含于原文意义中的内容,这种情绪的积极化也让意义的传达更为具体(见表8.4)。“制定风险应对方案”的表述当中没有对“风险应对方案”做具体的描述,但是在对应的译文中却出现了褒义的 appropriate(恰当的,合适的)一词修饰 countermeasures(方案),体现出明显的积极倾向。汉语原文的“制定风险应对方案”暗含着方案是“恰当的”这一层褒义的含义,而译文却将这种隐藏的褒义情感明确化,具体说明了华为已制定什么样的风险管控战略规划。其他增译的形容词如 better、preventative、unique、robust 等都有同样的效果,使得部分有关措施和行为的描述更具体、更正面。动词 restrict 原本足以表达“限制”的含义,但与 prohibit 连用后情绪更为强烈,着力于弱化负面清单事件对华为的影响。expertise specializing in 则完全增译了原文“建立信用能力中心”所不包含的“专业”与“专门”这两个褒义的内容。从最终译文的整体效果看,增译策略的运用使华为在描述其对风险描述与具体管控时的表达更为具体,读者阅读时也会受到更积极的情绪感染,自然而然对企业产生信心。

表 8.4 典型增译现象

华为在战略规划和业务计划的制定流程中嵌入风险管理要素——通过战略规划,各领域与区域系统识别、评估各自风险;在年度业务计划中各领域与区域**制定风险应对方案**,并以管理重点工作的方式实现日常运营中的风险监控和报告。	0	At Huawei, risk management factors are incorporated into both strategic planning and business planning processes: Business departments and field offices systematically identify and assess risks during strategic planning, **list appropriate countermeasures** in their annual business plans, and then monitor and report on high-priority risks during routine operations.	0.5
我们**持续优化**资本架构和短期流动性规划及预算和预测体系,**用于评估**公司中长期资金需求及短期资金缺口。	0	We **have** continuously **worked** to improve our capital structure and short-term liquidity planning, budgeting, and forecasting systems to **better** assess mid-to long-term liquidity needs and short-term funding shortfalls.	0.5

（续表）

华为将一如既往地对标行业最佳实践，**主动管理**风险，以法律遵从的确定性**来应对**外部环境的不确定性。	0.067	Huawei will continue, as always, to learn from industry best practices and **take preventative measures** to address risks. The certainty of **legal compliance is our best bulwark** against the uncertainty of external environment.	0.55
华为基于 COSO 模型，参考 ISO31000 风险管理标准，**结合自身**组织架构和运作模式设计建立了企业风险管理体系，**发布了企业风险管理政策及管理流程**……	0.028	In line with the Committee of Sponsoring Organizations of the Treadway Commission (COSO) framework, and referencing ISO 31000 risk management standards, Huawei uses an Enterprise Risk Management (ERM) system that **accounts for** our **unique** organizational structure and operating model. Under this system, we have defined **a robust set of** ERM policies and processes ...	0.375
该事件**并不限制**华为按照合规要求对客户提供产品与服务……	0.062	Remaining on the Entity List **does not restrict or prohibit** Huawei from providing products and services to our customers in accordance with compliance requirements.	0.34
公司……在欧洲及亚太建立信用能力中心。	0	The company has ... and set up centers of **expertise specializing in** credit management in Europe and Asia Pacific.	0.25
展望未来，数字经济**已经成为**全球经济增长的主引擎……	0.070	Looking towards the future, we can see that the digital economy **will definitely become** the main engine for global economic growth ...	0.146

3）小结

华为2020年报官方英语译文中有关风险要素的描述总体保留了汉语原文客观、中立的情感特征，但在忠于这种中性基调的基础上，译文采取了一定的积极化策略，包括采用强情绪词与增译的手段。从效果上看塑造了更为积极、主动的企业形象，强调了企业具体的责任担当与战略计划，对于阅读英语版年报的消费者或投资者而言更具说服力。探究这种积极化背后的原因，推测有以下可能：一是考虑到华为作为国际性企业存在渲染积极形象的需要；二是英语的很多词汇可以表达同一个基本意义，但在情绪上会有强弱之分，因此根据一定的交际目的,在选词上可以更为灵活;三是汉语是意合语言,积极的情绪往往可以暗含在字里行间,而不是完全明确地表达出来,整体情感就显得相对含蓄,而在译文中这类隐藏的褒义内容则通过增译的手段被明晰化。同时本研究也表明,虽然情感词典与机器学习是文本情感分析的两大不同方向,但两种方法所得结果存在可比性,可以互为补充,佐证翻译前后文本的情感变化。

本案例的研究不足:基于词典的情感分析在一定程度上受限于所参照的词典收录的词汇全面与否。本案也遇到相似的问题:由于词典未能收录有关目前基于疫情的最新词汇,在评价相关语句上的表现不尽如人意。因此在后续研究中,词典的完善很有必要;机器学习则同样需要训练相关文本,以期获得更好的分析效果。

8.2.2 汉英对比与中国形象①

本案例以国务院新闻办 2020 年 6 月 7 日发布的《抗击新冠疫情的中国行动》汉语原文及其英译文为语料(汉语计 37 018 字,英文 23 834 词),考察了平行文本中正面情感词的翻译情况。采用 Python 程序设计,以定量定性相结合的方式解释语料文本中国形象建构的差异。结果发现译正面情感词的数量只有原文的 60%左右,而通过具体观察"保卫战""timely""effort(s)"三个案例的具体语境,发现正面情感词在译文中的弱化,主要是由弱译、漏译、合译三类翻译现象所致。

1) 弱译现象

汉语二连高频词"保卫战"一词值得注意:一是因其在汉语原文中出现 20 次;二是搭配极为规律,只以"武汉 保卫战""湖北 保卫战"两种形式高频出现。"保卫战"一词可以认为是情感中性的普通名词,也可以理解为情感正面的褒义词,因"保卫"一词暗含着抵抗外敌侵犯、保卫领土完整的意味,指合情

① 本案例文字已压缩。原文作者秦恺誉系上海交通大学外国语学院 2020 级翻译硕士,该文是其 2021 春翻译技术课程作业,获 A+评分成绩;后经修改,荣获 2021 年第五届 ESP 跨学科创新性青年学术论坛特等奖。

合理的正当防卫。但在以专有名词 Wuhan 或 Hubei 为关键词搜索英语二连词和三连词时，却鲜有“武汉 保卫战”与“湖北 保卫战”的对应词(见表 8.5)。

表 8.5 “保卫战”及其相关英文二连词表

汉语原词		英文译词	
武汉　保卫战	10	Wuhan city	9
		Visited Wuhan	3
		Defending Wuhan	3
		In Wuhan	3
湖北　保卫战	10	Hubei Province	16
		Assist Hubei	3
		In Hubei	3

表 8.5 仅有 defending Wuhan 与“保卫战”一词对应的可能。分别调取 defend 与“保卫战”的具体语境(见表 8.6)。索引行左侧数字表示该索引行在全文中的位置，以索引行前所有字母(汉字)的总数除以全文总字数的结果呈现。设置“位置”这一参数的目的是配合语境信息，锁定两段索引行是否为原文与其对应的译文。由于该结果受索引行句长的影响，数据之间允许一定误差，本案例以 0.05 为限，差值大于 0.05 时(即 5%的全文长度)，一般认为两句话无关。考察发现 defend 一词共出现六次，其中五次均与湖北或武汉有关，均与“保卫战”语境表中的某一索引行形成对应关系。故可以判断以 defend + n. 为基本结构的短语确实是“武汉保卫战”或“湖北保卫战”的一个译法，且符合中国政治文本严谨统一、应翻尽翻的一般特征。但“保卫战”一词搭配“武汉”“湖北”分别出现了 10 次，与 defend 对应的只有五处，因此这种偏直译的译法并不在“保卫战”一词的翻译占有绝对优势。

表 8.6 “defend”与“保卫战”语境对应表

位置	语　　境
0.0325 0.0338	was secured in the battle to **DEFEND** hubei province and its capita 3 个月左右的时间取得了武汉[**保卫战**]、湖北保卫战的决定性成果，

（续表）

位置	语　　境
0. 2076 0. 1892	lems in different regions, to **DEFEND** hubei and its capital city, t 胜，要打好武汉保卫战、湖北[**保卫战**]；强调要按照集中患者、集中
0. 2748 0. 2868	hina won a critical battle in **DEFEND**ing wuhan and hubei against co ，坚决打赢湖北保卫战、武汉[**保卫战**]；指出武汉人民识大体、顾大
0. 3381 0. 3722	ina had won a vital battle in **DEFEND**ing wuhan and hubei against th 出经过艰苦卓绝的努力，湖北[**保卫战**]、武汉保卫战取得决定性成果
0. 3552 0. 3908	to win a decisive victory in **DEFEND**ing wuhan city and hubei provi 3 个月左右的时间取得了武汉[**保卫战**]、湖北保卫战的决定性成果；
0. 8250	nearly 400 cpc members have **DEFEND**ed others' lives and safety at

因五处 defend 与“保卫战”对应的索引行中 battle 共出现三次，说明该词与“保卫战”存在着某种强相关性。运行 Python 程序调取 battle 一词的语境信息，并与“保卫战”的语境列表进行比较，可以发现 battle 一词与“保卫战”的联系强于 defend 一词（见表 8.7）。这五处译文，除了一处使用 protect 一词替换 defend，剩下的译文都仅仅保留了“战”的意思，放弃了“保卫”的涵义。而 battle 一词前的形容词，如 critical、all-out 等，也直接对应“决定性”“全面”等词，与“保卫”无关。以 the battle（against the virus）翻译“保卫战”，由于缺少了“保卫人民”的积极含义而略显中性，情感上不够正面，所以情感意义（或比喻性意义）大于实际意义的“保卫”一词在该文的翻译中确实成为了一个可译可不译的或选项。换言之，具有积极防守、抵御外侵之涵义的“保卫战”一词，在译文中被弱化为单纯的“作战”之意，虽然单用一个“战”字，译文读者也能感受到境况的窘迫与抵抗的顽强，但与汉语中普遍使用的“保卫战”一词相比，毕竟还是简洁中立了许多。

表 8.7　“保卫战”与“battle”语境对应表

位置	语　　境
0. 0043 0. 0038	数（四）第四阶段：取得武汉[**保卫战**]、湖北保卫战决定性成果（五 initial victory in a critical **BATTLE** (march 18-april 28, 2020)
0. 1026 0. 0958	果断关闭离汉离鄂通道，武汉[**保卫战**]、湖北保卫战全面打响 the beginning of an all-out **BATTLE** to protect wuhan and hubei fr

（续表）

位置	语　　境
0.2304 0.2354	异化防控策略，坚决打好湖北[**保卫战**]、武汉保卫战，加强力量薄弱 ure an overall victory in the **BATTLE** against the virus, and achiev
0.2953 0.2725	在（四）第四阶段：取得武汉[**保卫战**]、湖北保卫战决定性成果（3 initial victory in a critical **BATTLE** (march 18-april 28, 2020)
0.2973 0.2731	在院新冠肺炎患者清零，武汉[**保卫战**]、湖北保卫战取得决定性成果 n the city of wuhan, the main **BATTLE**ground against the virus, chin

2）漏译现象

对比发现一些显示出强对应关系的情感词（如“及时”与 timely，“有效”与 effective）存在着词频差距显著的情况。这里尝试以“及时”与 timely 为例分析这一类型正面情感词的翻译现象。通过搜索发现这一对词并没有词频较多的汉语搭配或英文搭配，且中英文搭配之间的关系也并不明朗。可见“及时”或 timely 虽然词频不低，但搭配比较分散，其 N 连词搜索结果并不显著。这种搭配关系不强的情感词，只能结合语境索引来综合观察其翻译特征。

检索发现“及时”的词频（32 次）远高于 timely 的词频（16 次），“及时”语境表中约有一半的索引行无法与 timely 语境表相对应。通过搜索情感中性的词汇（如 information、relevant、release、hospital、government 等），发现有两处译文用 prompt 和 without delay 这类近义词替换了更为常用的 timely，而剩下五处则省略了“及时”一词，出现了明显的漏译。汉语的表述为“及时、主动”两个正面情感词，但译文却仅以 update 一词一笔带过，可见这种连续删除正面情感词的现象亦不是一时疏忽，而是翻译时深思熟虑的结果。从最终的效果看，英文报告中的中国形象，因为在某些场合失去了“及时”这一涵义，积极主动的一面自然有所削弱，相反事件的陈述意味和客观性得到了加强，因此漏译现象与弱译现象一样，对英文译本中国形象的客观化、中立化与低调化重构起到了推波助澜的作用。

3）合译现象

位列词表榜首的 effort(s)是一个极为特殊的存在。一是频次极高,其单数形式出现 14 次,复数形式 41 次,总计 56 次,远远超过其他英语正向情感词。二是汉语高频情感词表中找不到与之相应且词频相近的词汇。在情感词普遍欠译的宏观翻译共性下,竟然出现了这样一个频次甚至比任何汉语情感词的频次都高的英语情感词,其特殊性不言而喻。

经检索发现 efforts 与上文分析的 timely 类似,具有搭配分散、高频搭配不显著的特征。all-out/every effort 表示“付出努力”或“全力”之意,但在查阅汉语高频词时发现,“努力”一词出现了 15 次,“全力”一词出现了 14 次,远远无法与译文中的 effort(s)相对应。effort(s)一词可以是“全力”“历程”“努力”“众志成城”等一系列名词的译文,也可以是“加强”“坚持”等动词名词化的结果,甚至可以是出于语用需要,而在译文中增补的部分。可见译文中的许多不同类型、不同涵义、不同情感色彩、不同语境的词都被合译为 effort(s)。effort(s)一词的本义当然指“努力”或“尝试”,毫无疑问具有褒义色彩的正向情感词。但比较原文发现,原文中因使用了更为丰富多元的词汇,在表达积极意义的同时,还增添了许多额外的情感色彩。如“历程”一词有“历尽艰险披荆斩棘”之意,与“伟大”一词配合使用,是中国政治文本中的高频词,而在英文译本中,China's effort 一词缺少感情色彩,读起来克制谨慎了许多。合译现象的结果必然是全文用词风格的统一,原文纷繁活泼的情感色彩被淡化成了统一的色调,继而只有具体某一种抽象特征得以反复出现。而在白皮书的英译本中,确实出现了各类中文情感词同质化为 efforts 这一个万能词的情况,随着语言背后的情感特征被 efforts 的单一涵义同化,原文的许多微妙之处也继而消失殆尽。

4）结语

官方译文中的中国形象较原文更为客观中立、低调谦虚,而造成这一差异的原因是译者在翻译具有正向情感色彩的词汇时,大量采用了弱译法、漏译法和合译法,使这些词汇的情感色彩严重弱化。研究认为,官方译本有关中国的积极形象之所以被弱化,其背后的潜在动因有三:一是英语行文好用名词句、被动句,客观上有淡化情感的作用;二是西方读者受西方媒体误导,对中国疫情存在误解,因此讲清事实比渲染情感更重要;三是低调客观的行文风格符合中国"韬光养晦"的外交精神,也为日后澄清误解、共同抗疫争取了更多的斡旋空间。

8.2.3 基于情感值的机翻译文分析

本案例旨在以情感分析方式对比原文、参考译文与机翻译文三者之间的异同,并以此分析机翻译文在情感翻译传递方面的具体表现。所用语料取自某大学英语教材的一篇题为"How to Cultivate EQ"的课文及其参考译文(因标题缘故将其作为分析语料),双语对齐后共计获得 41 个句子。所用机器翻译引擎为 DeepL,是 2021 年 12 月 16 日译文,所用情感极性分析工具为英文的 TextBlob 和中文的 SnowNLP。虽然两个工具不能直接对比,但可以测试情感极性分布效果,以进一步确定两种工具之间的差异性。经计算发现,英语原文的平均句长为 18.61,与小说类如张爱玲英文小说的平均句长 14 相比(黄立波 2014: 83)以及法律文本的平均句长 31 相比(管新潮 2021: 57),这一句长数值不能算大,可能是属于通俗体裁文本之故。可以说,此类体裁的句长因素对情感极性大小的计算影响可能较小。

基于上述可能的假设,展开如下分析步骤:

- 将 TextBlob 极性值转换成可以与 SnowNLP 相比的数据,因两者极性值设置不同,前者为-1 值 1 区间(中性值为 0),后者为 0 至 1 区间(中性值为 0.5);
- 可视化以呈现情感极性值分布情况;
- 情感极性值分布关联性检验。

```
情感极性值计算:
from textblob import TextBlob
from snownlp import SnowNLP
valueENList = [ ]
valueCNList = [ ]
valueDeepList = [ ]
for line in pairList:
```

```
    blobEN = TextBlob(line[0])
    valueEN = blobEN.sentiment
    valueENList.append(valueEN[0])
    snCN = SnowNLP(line[1])
    valueCN = snCN.sentiments
    valueCNList.append(valueCN)
    snCN2 = SnowNLP(line[2])
    valueCN2 = snCN2.sentiments
    valueDeepList.append(valueCN2)
valueENList2 = [(value + 1) * 0.5 for value in valueENList]
输出可视化:
x = list(range(41))
yA = valueENList2
yC = valueCNList
yE = valueDeepList
import matplotlib.pyplot as plt
plt.figure(figsize=(15, 8), dpi = 300)
plt.xticks(fontsize=16)
plt.yticks(fontsize=16)
plt.plot(x, yA, color='blue', linewidth=3, linestyle='--', label='原文')
plt.plot(x, yC, color='red', linewidth=3, linestyle='dotted', label='参考译文')
plt.plot(x, yE, color='green', linewidth=3, linestyle='-', label='DeepL 译文')
```

【可视化结果】

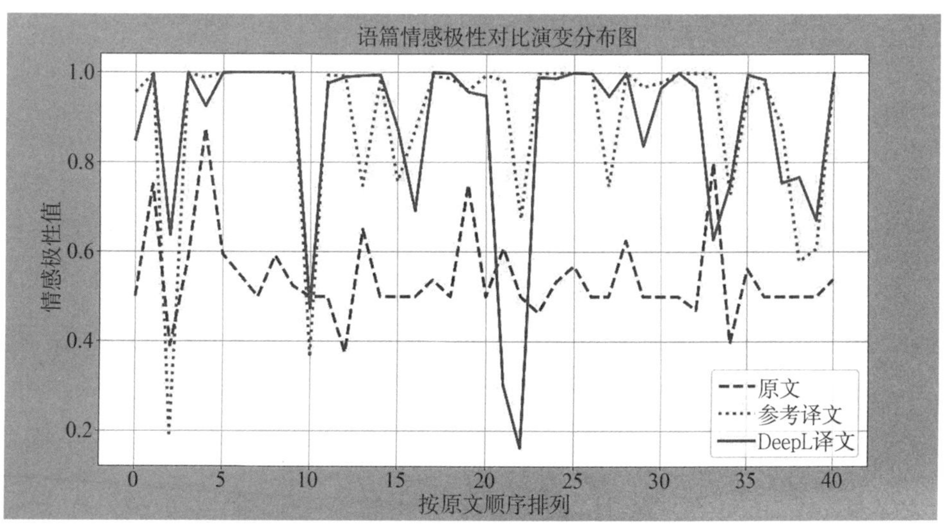

【分析与讨论】

从极性对比演变图可知,原文与两个译文的曲线分布走势并不趋同,甚至是不同的呈现,仅在某个点位上如第 1 至 3 个句子之间有些相似(但数值仍有较大差异),其余的点位几乎难以概述。两个译文的分布走势除了个别点位(如第 21 至 22 句)有较大区别,其余分布走势颇有相似之处。为进步明晰极性值分布之间的异同,采用 from scipy. stats import pearsonr 进行关联性检验。其结果显示:原文与参考译文之间为弱相关(0. 3131, p 值=0. 046),具有较弱的显著性;两个译文之间为中等程度相关(0. 5636, p 值=0. 0001),具有较强的显著性。

依据上述可视化和关联性检验结果,或可得出结论:原文与译文之间的情感极性分布存在差异性;参考译文与机翻译文之间的差异性虽赶不上原文与译文之间的差异程度,但的确存在。究其原因:

- 可能是英文 TextBlob 和中文 SnowNLP 两种工具的可比性不强,亦可能是两种语言文字的区别所致,或者是前两种可能性的组合影响。
- 参考译文与机翻译文之间仅为中等程度相关,尚达不到强相关水平,这说明产生两种译文的情感传递方式之间存在一定程度的差异性。

选取图示效果差别较大的第 3 句如例 8. 1 所示。

例 8. 1:

原文: Knowledge, no matter how broad, is useless until it is applied.
参考译文:不管知识面有多宽,如果得不到应用,就毫无用处。
机翻译文:知识,无论多么广泛,在被应用之前都是无用的。

原文极性值为 0. 3906,参考译文为 0. 1943,机翻译文为 0. 6375。所得结果显示,原文和参考译文均为负面情感,参考译文甚至更为负面,而机翻译文为偏中性的正面情感。这一真实数据已经表明了三者之间存在差异性。具体阅读实例发现,这是三个数值还是能够说明问题的,即参考译文的“毫无用处”与机翻译文的“无用的”相比,明显增强了负面情感程度,而就 useless 一词而言,两者都是对应的。参照上下文发现,给人的感觉是参考译文加重了负面情感,而机翻译文则是偏向中立。

选取图示效果差别较小的第 11 句如例 8.2 所示。

例 8.2:

原文: I have a modest proposal: Embrace a highly personal practice aimed at improving these four adaptive skills.

参考译文: 我有个小小的建议: 积极进行自我训练,努力提高以下四项适应性技能。

机翻译文: 我有一个适度的建议。拥抱一种高度个人化的实践,旨在提高这四种适应性技能。

原文极性值为 0.5,参考译文为 0.3701,机翻译文为 0.4738。这一对比结果显示,原文为中性,参考译文加重了负面情感(以"努力"为标志),机翻译文极性虽低于 0.5,但偏离不大。阅读上下文,给人的感觉如同例 8.2 一样。

仅从上述两个实例看,参考译文的译者在翻译过程中有明显加重情感表现的趋势,而机翻译文则是趋于保持中立。根据情感极性这一变量判断,参考译文译者的情感过去丰富,似乎应当有所收敛;机翻译文更趋向于原文的情感表示。所以,针对本案例体裁的翻译实践而言,不妨借助机翻译文对情感传递进行适度控制。本案例的不足之处是仅设置了一个变量——情感极性分布,而且是仅仅采用了极性工具,未呈现工具模型的组合应用。

参考文献

[1] Al-Rowaily, K., M. Abulaish, N. A.-H. Haldar & M. Al-Rubaian. 2015. BiSAL — A bilingual sentiment analysis lexicon to analyze Dark Web forums for cyber security [J]. *Digital Investigation* 14: 53 - 62.

[2] Chang, C.-H., S.-Y. Hwang & M.-L. Wu. 2021. Learning bilingual sentiment lexicon for online reviews [J]. *Electronic Commerce Research and Applications* 47: 101037.

[3] Huan, C. P. 2017. The strategic ritual of emotionality in Chinese and Australian hard news: A corpus-based study [J], *Critical Discourse Studies* 14(5): 461 - 479. DOI: 10.1080/17405904.2017.1352002.

[4] Kocich, D. 2018. Multilingual sentiment mapping using twitter, open source tools, and dictionary based machine translation approach [A]. In I. Ivan, J. Horák & T. Inspektor (Eds.). *Dynamics in GIscience* [C]. Cham: Springer. 223 - 238. DOI 10.1007/978-3-319-61297-3_16.

[5] Llopis, M. Á. O. 2021. Emotion to forecast a recession: A bilingual lexical and sentiment analysis of the UN and IMF world economy reports for 2019 [J]. *Ibérica* 40.

[6] Martin, J. R. & P. R. R. White. 2008. The Language of Evaluation: Appraisal in English [M]. Beijing, New York: Foreign Language Teaching and Research Press, Palgrave Macmillan.

[7] Meng, X. F., F. R. Wei, X. H. Liu, M. Zhou, G. Xu & H. F. Wang. 2012. Cross-lingual mixture model for sentiment classification [A]. *Proceedings of the 50th Annual Meeting of the Association for Computational Linguistics* [C]. Association for Computational Linguistics: 572 - 581.

[8] Wan, X. J. 2011. Bilingual co-training for sentiment classification of Chinese product review [J]. *Computational Linguistics* 37(3): 587 - 616.

[9] Wedel, I., M. Palk & S. Voß. 2021. A bilingual comparison of sentiment and topics for a product event on Twitter [J]. *Information Systems Frontiers*. https://doi.org/10.1007/s10796-021-10169-x.

[10] Yan, G. J., W. He, J. C. Shen & C. Y. Tang. 2014. A bilingual approach for conducting Chinese and English social media sentiment analysis [J]. *Computer Networks* 75: 491 - 503.

[11] Zhang, P., S. Wang & D. Y. Li. 2016. Cross-lingual sentiment classification: Similarity discovery plus training data adjustment [J]. *Knowledge-based Systems* 107: 129 - 141.

[12] Zhou, J. & J. M. Ye. 2020. Sentiment analysis in education research a review of journal publications [J]. *Interactive Learning Environments*. DOI: 10.1080/10494820.2020.1826985.

[13] 冯正斌, 苏攀. 2021. "评价等效"视域下"习式"讲演辞的英译研究: 以习近平抗疫国际讲话为例[J]. 解放军外国语学院学报(4): 133 - 141.

[14] 管新潮. 2021. Python 语言数据分析[M]. 上海: 上海交通大学出版社.

[15] 黄立波. 2014. 基于语料库的翻译文体研究[M]. 上海: 上海交通大学出版社.

[16] 栗雨晴, 礼欣, 韩煦, 宋丹丹, 廖乐健. 2016. 基于双语词典的微博多类情感分析方法[J]. 电子学报(9): 2068 - 2073.

[17] 罗天, 吴彤. 2020. 基于语料库的译文显性情感变化研究: 以《扬子前线》翻译为例[J]. 重庆交通大学学报(1): 82 - 88.

[18] 邵珊珊, 王立非, 刘智洋. 2019. 基于大数据的中外标准中英文本情感分析[J]. 中国标准化(17): 62 - 67.

[19] 徐珺, 夏蓉. 2013. 评价理论视域中的英汉商务语篇对比研究[J]. 外语教学(5): 16 - 21.

[20] 赵丽珠, 张艳玲. 2021. 评价理论视域下法律翻译中译者主体性分析: 以《中华人民共和国民用航空法》英译本为例[J]. 中国 ESP 研究(24): 103 - 111.

第9章　双语工具开发与应用

无论是语料库语言学还是语料库翻译学,学科理论的发展都离不开相应技术或工具的应用。技术或工具的助力可以使学术研究获取更多所需要的有效信息。语料库翻译实践更是如此,机器翻译技术的应用已不言自明,企业的翻译实践也有诸多实证。因此,语料库翻译是一次与技术或工具实现水乳交融的学术和译术实践。本书的前述章节已经在践行这一理念,如多变量协同效应、译文可读性、翻译对等的短语特征、翻译知识库的构建与应用、语言结构识别与译后编辑、翻译质量评估、文本情感对比分析等都是成体系地尝试双语语言数据的处理和分析。本章将尝试描述尚未系统论述的双语技术或工具,探索此类技术或工具的开发理论及其与应用场景的关联性,旨在为语料库翻译提供更为丰富的实现可能性。

9.1　工具演变概述

所谓的双语工具并非仅仅是指同时可检索应用双语文本的工具,单语工具也可以分别为双语文本提供各种检索和信息提取可能,以构成双语对照可比模式。严格意义上说,本书所指的双语工具应该涵盖这两类。我国学术界目前应用最为广泛的单语语料库工具恐怕就是 WordSmith 或 AntConc,双语工具就是 ParaConc,后者有多种版本可供使用。语料库事业蓬勃发展,但企业因自身利益的缘故,在很大程度上是不可能向社会公开或免费公开自身的专有语料库技术或工具(甚至是更为先进的技术或工具)。我们不能因此就判断说，可供使用的语料库工具并不是很多或很有效，因为企业的工具直接服务于生产发展和利润增长。

语料库的数据检索和统计研究表明，用于汉语翻译语言分析的工具还不够丰富，尤其是缺少特别适合汉语语言分析的工具；有不少研究使用的统计方法老套，只是统计对象有些许差异，难以获得有真正意义的发现（秦洪武等 2014）。许家金（2019）通过梳理美国语料库语言学的百年历史，指出语料库研究应兼顾技术创新和理论深化，两者不可偏废；仅把语料库研究视作一门技术或研究方法，其学科地位必将难以稳固。总之，语料库翻译的工具应用存在三方面的不足（黄慧等 2021）：一是由于领域的独特性，工具的使用情况呈现不均衡性；二是工具使用水平不高，即掌握了如何利用工具分析处理研究数据，但缺乏对工具分析处理原理的了解，如统计分析理论等，缺乏对各类工具优缺点的认识；三是数据阐释力不强，即工具的使用体现非常强的工具理性，但工具理性会在一定程度上束缚思想，影响研究的全面性和深入性，大多数的数据分析仅停留在浅层次的描述性数据分析上，未触及数据深层次蕴含的翻译规律，因此没有最大限度地挖掘出数据的潜在价值。

在语料库翻译研究或实践中，实际上也不缺乏技术或工具的实践性探索。由于技术发展的突飞猛进，有许多技术并未进入学术研究领域，尚需更多的探索研究。胡加圣和管新潮（2020）提出了信息贡献度方法，这是一个结合了文本语义结构的定义或方法，不再仅仅独立地看待文本中的各种词汇。它与经典而又传统的语料库技术工具相比有着较为本质的区别，同时它也有别于时下利用大数据进行训练的词向量模型方法。这一方法须借助 Python 进行，过程加载多个与语料库语言学相关的工具包，有机地构成文本研究所涉算法的各个环节。在研究中引入新技术，其立足点应该是对既有经典技术的补充，为研究展示一个可供探索的维度；将信息贡献度方法应用于翻译文学和文化研究也仅仅是一次小小的创新尝试，期待有更多语言智能技术方法应用于翻译文学研究。

许家金（2020）认为，概率性多因素语境共选即多因素分析是语料库语言学的新近热点，致力于探讨语言形式和语义之间的对应关系。多因素分析可广泛运用于词语义项区分、近义词辨析、近义构式选择、语法标记选择、语序选择等方面。随着多因素分析出现的常见多元统计方法有线性分类器、聚类分析、对应分析、逻辑斯蒂回归、多维尺度、条件推断树、随机森林等。这是基于概率性语境共选的语言观，认为语言使用所体现出的概率属于条件概率。以往基于简单频数的统计将语言视作随机性现象，这种认识有必要更新。以逻辑斯蒂回归建模为例，考虑到将语言特征选择作为反应变量，这种选择往往有两种或两种以上的可能。逻辑斯蒂回归模型中还可加入随机效应变量。具体到某个语法范畴变量，可能包含多个具体形式。如果语料中将具体的作者或说话人作为变量，也可作为随机效应变量加以处理。

秦洪武(2021)指出，采用计算方法进行文学研究并非全新的话题，但随着当代信息技术的迅猛发展，数字技术与文学研究融合的范围和途径正在经历巨大变化。数字人文研究不是单纯的计量文体研究，而是质性和量化结合的混合型研究，其具有以频次为基础、比较为方法、体现为探索性与证实性的基本特征。随着文本数据挖掘技术和人工智能技术的广泛应用，大规模数据分析和深度文本分析正在为文学研究带来更大潜能。数字人文助力文学研究在大范围、多层次、多来源和多形式的信息支持下纵横驰骋于文本和语境之间，获得高质量的研究数据和统计分析结果，将文学研究追求的“致广大而尽精微”落到实处。

上述有关语言学、翻译学和文学研究的描述突出体现了一个观点，即大数据时代下的人工智能技术与人文学科研究的结合是一种历史的必然，其所起的作用、产生的效果、取得的成就必定会超出传统的方式方法，到达数字人文研究的彼岸。基于上述认知，本章后续部分将致力于语料库翻译双语工具的开发和应用，致力于新技术与人文学科教学研究的真实融合。相关案例既有新技术的应用，也有传统工具的新改进，其目的均为提升人文数字研究的新感受。改进型工具是指针对传统语料库工具所实现的技术进步，而新设计工具则是依托大数据时代下的各种工具或模块所开发的应用工具。

9.2 改进型工具

9.2.1 双语上下文语境关键词

本案例根据 ParaConc 双语检索功能实施改进,因 ParaConc 检索结果的可视化仅为导出 txt 文档。若检索结果句对数量相对较多,则无法实现后续较为便捷的多次有效分类,不利于结果的统计。为解决检索结果的多次分类问题,拟结合 Excel 功能予以实现(后续可应用 Excel 的"筛选"功能,连续或非连续搭配结构均可筛选)。本案例的关键是如何以关键词为中心,同时输出双语对齐并含有中心词的可视化效果。

【ParaConc 检索可视化效果】

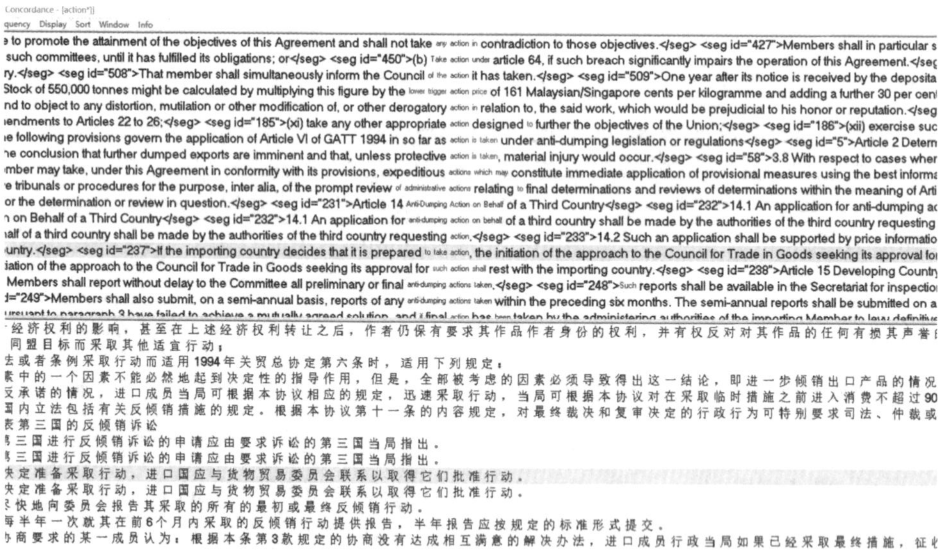

Concordance - [action*]]

quency Display Sort Window Info

e to promote the attainment of the objectives of this Agreement and shall not take any action in contradiction to those objectives.</seg> <seg id="427">Members shall in particular s

such committees, until it has fulfilled its obligations; or</seg> <seg id="450">(b) Take action under article 64, if such breach significantly impairs the operation of this Agreement.</seg

ry.</seg> <seg id="508">That member shall simultaneously inform the Council of the action it has taken.</seg> <seg id="509">One year after its notice is received by the deposita

Stock of 550,000 tonnes might be calculated by multiplying this figure by the lower trigger action price of 161 Malaysian/Singapore cents per kilogramme and adding a further 30 per cent

nd to object to any distortion, mutilation or other modification of, or other derogatory action in relation to, the said work, which would be prejudicial to his honor or reputation.</seg

iendments to Articles 22 to 26;</seg> <seg id="185">(xi) take any other appropriate action designed to further the objectives of the Union;</seg> <seg id="186">(xii) exercise suc

ie following provisions govern the application of Article VI of GATT 1994 in so far as action is taken under anti-dumping legislation or regulations</seg> <seg id="5">Article 2 Detern

ne conclusion that further dumped exports are imminent and that, unless protective action is taken, material injury would occur.</seg> <seg id="58">3.8 With respect to cases wher

mber may take, under this Agreement in conformity with its provisions, expeditious actions which may constitute immediate application of provisional measures using the best informa

e tribunals or procedures for the purpose, inter alia, of the prompt review of administrative actions relating to final determinations and reviews of determinations within the meaning of Arti

or the determination or review in question.</seg> <seg id="231">Article 14 Anti-Dumping Action on Behalf of a Third Country</seg> <seg id="232">14.1 An application for anti-dumping ac

n on Behalf of a Third Country</seg> <seg id="232">14.1 An application for anti-dumping action on behalf of a third country shall be made by the authorities of the third country requesting

ialf of a third country shall be made by the authorities of the third country requesting action.</seg> <seg id="233">14.2 Such an application shall be supported by price informatio

untry.</seg> <seg id="237">If the importing country decides that it is prepared to take action, the initiation of the approach to the Council for Trade in Goods seeking its approval fo

iation of the approach to the Council for Trade in Goods seeking its approval for such action shall rest with the importing country.</seg> <seg id="238">Article 15 Developing Country

Members shall report without delay to the Committee all preliminary or final anti-dumping actions taken.</seg> <seg id="248">Such reports shall be available in the Secretariat for inspectio

d="249">Members shall also submit, on a semi-annual basis, reports of any anti-dumping actions taken within the preceding six months. The semi-annual reports shall be submitted on a

ursuant to paragraph 3 have failed to achieve a mutually agreed solution, and if final action has been taken by the administering authorities of the importing Member to levy definitive

经济权利的影响,甚至在上述经济权利转让之后,作者仍保有要求其作品作者身份的权利,并有权反对对其作品的任何有损其声誉

同盟目标而采取其他适宜行动;

去或者条例采取行动而适用 1994 年关贸总协定第六条时,适用下列规定:

素中的一个因素不能必然地起到决定性的指导作用,但是,全部被考虑的因素必须导致得出这一结论,即进一步倾销出口产品的情况

又承诺的情况,进口成员当局可根据本协议相应的规定,迅速采取行动,当局可根据本协议对在采取临时措施之前进入消费不超过 90

国内立法包括有关反倾销措施的规定。根据本协议第十一条的内容规定,对最终裁决和复审决定的行政行为可特别要求司法、仲裁或

表第三国的反倾销诉讼

三国进行反倾销诉讼的申请应由要求诉讼的第三国当局指出。

三国进行反倾销诉讼的申请应由要求诉讼的第三国当局指出。

决定准备采取行动,进口国应与货物贸易委员会联系以取得它们批准行动。

决定准备采取行动,进口国应与货物贸易委员会联系以取得它们批准行动。

快地向委员会报告其采取的所有的最初或最终反倾销行动。

每半年一次就其在前 6 个月内采取的反倾销行动提供报告,半年报告应按规定的标准形式提交。

商要求的某一成员认为:根据本条第 3 款规定的协商没有达成相互满意的解决办法,进口成员行政当局如果已经采取最终措施,征

实现以关键词为中心的 Excel 格式输出,须完成关键的三个步骤:一是以正则表达式方法提取主题词及其相应搭配;二是确定主题词的上下文关键词中心位置;三是输出符合要求的 Excel 格式。

正则提取:

```
words = ['action', 'actions']
import re
textList = []
for unit in en_zh:
    for word in words:
        if re.findall(r'.*\s'+word+'\s.*', str(unit).lower()):
            textList.append(unit)
```

主题词分割:

```
import nltk
list1 = []
list2 = []
list3 = []
list4 = []
for lineEN, lineCH in sorted(textList):
    line = lineEN.lower()
    list4.append(lineCH)
    line2 = nltk.word_tokenize(line)
    for word in words:
        if word in line2:
            n = line2.index(word)
            list1.append(" ".join(line2[0:n]))
            list2.append(line2[n])
            list3.append(" ".join(line2[n+1:]))
combine = sorted(zip(list1, list2, list3, list4))
```

输出 Excel 格式:

```
import pandas as pd
df1 = pd.DataFrame(combine)
writer = pd.ExcelWriter(r'D:\...\9.2.1_Excel 输出检索结果.xlsx')
df1.to_excel(writer, header = None, index = None)
workbook1 = writer.book
worksheets = writer.sheets
worksheet1 = worksheets['Sheet1']
AA = workbook1.add_format({'align':'right'})
BB = workbook1.add_format({'fg_color':'#FFEE99', 'bold':True,
                           'font_color':'red','align':'center'})
worksheet1.set_column("A:A", 50, cell_format=AA)
worksheet1.set_column("B:B", 8, cell_format=BB)
```

```
worksheet1.set_column("C:C", 50)
worksheet1.set_column("D:D", 90)
writer.save()
```

【Python+Excel 检索结果】

【分析与讨论】

ParaConc 所呈现的检索结果可在如图所示的界面查看,具体的结果尚须导出 txt 格式(该结果不再呈现软件界面形式)。Python+Excel 所输出的既是检索结果,也是输出结果,两者合而为一,而且是双语对应的检索结果均出现在同一行之内,为大数量检索创造了可后续实施多次筛选的前提条件。检索结果呈现英语为左侧且以主题词为对齐标杆分为三列内容,中文部分为右列,若想同时呈现中文主题词,则须在算法中加入中文部分。本案例的 Excel 输出结果较为简单,但以 Python 方式同样可实现复杂的输出结构呈现,当然视实际需要而定。在输出结果的基础上,既可以采用 Excel 筛选功能,也可以继续使用 Python 进行后续更为细分的筛选。

由于 ParaConc 的格式问题,除汉英双语检索外,会给其他小语种如德语或法语等产生诸多怪符号,不利于检索结果的统计分析。采用 Python+Excel 模式,可以避免出现怪符号现象,可以说这一方法特别适用于小语种的中外双语分析。

上述 Python + Excel 模式的呈现并不是想否定 ParaConc,汉英双语

ParaConc 检索功能仍有其强大之处,可为汉英检索提供诸多便利。

本案例的最佳应用场景:

- 为小语种中外双语对比提供更为便捷和稳定的工具可能性;
- 为大数据检索结果提供可再续细分的方法可能性。

9.2.2 双语平行对齐

双语平行对齐是制作双语平行语料库的必经之路。无论是计算机辅助翻译所使用的翻译记忆库,还是机器翻译所利用的大规模句对库,抑或是教学科研中的平行语料库,都是以句对齐为基础的。基于此,可实施诸多其他形式的双语对比探索实践,如记忆库检索式翻译、双语译后编辑、双语信息提取等。

平行对齐已有不少的实践探索,可供使用的对齐工具也是品种繁多,如 ABBYY Aligner 就是一种相对较为成熟的工具,可极大地减少对齐工作量(相比于传统对齐);或者说某些企业自用的双语自动对齐软件。以 ABBYY Aligner 为代表的对齐工具,所采用的工作模式是段落自动对齐加手动介入调整。以此模式可制作完成规模不是太大的双语平行语料库,对教学科研来说已经足矣。以 Trados 的 WinAlign 为代表的对齐工具,其工作模式是两种语言文本在结构上是否一致,如标题、数字等特殊信息符号。这种对齐模式具有强烈的翻译实践特性。需要手动介入对齐的情况下,后者的对齐效果未必有前者的高效,这也是 ABBYY Aligner 更受人喜欢的原因之一。企业的全自动对齐(此处只能是猜测其对齐模式)可能就是利用了这些特殊信息符号,只要预先知晓两个文本是可以用于句对齐的,加上这些特殊符号(设定句子之间相同符号数量的最低阈值)就可实现自动对齐了。自动对齐的结果可能会删除诸多低于阈值的句对。这种自动对齐模式也可能就是导致现今机器翻译质量徘徊不前的一个关键原因所在。

本案例旨在探索 Python+Excel 对齐模式,以进一步丰富对齐工具,并为手工介入下完全可以句对齐的双语文本实现自动对齐探索其可行性。关键的算法流程如下:一是先将两类文本分段,并构成双语元组列表结构,这一前提是 docx 格式下两种语言文档的段落数必须是相同的;二是为每一个元组实施句对齐,为此须设置一个汉语自定义分句函数。

```
段落对齐
textChn1 = textList[0]. split('\n')
textChn2 = [line for line in textChn1 if len(line) > 0]
textChn3 = []
for line in textChn2:
    textChn3. append(line)
textEng1 = textList[1]. split('\n')
textEng2 = [line for line in textEng1 if len(line) > 0]
textEng3 = []
for line in textEng2:
    textEng3. append(line)
combine = list(zip(textChn3, textEng3))
中文分句:
import re
def cut_sent(para):
    para = re. sub('([。!? \?])([^”’])', r"\1\n\2", para)
    para = re. sub('(\. {6})([^”’])', r"\1\n\2", para)
    para = re. sub('(\…{2})([^”’])', r"\1\n\2", para)
    para = re. sub('([。!? \?][”’])([^,。!? \?])', r'\1\n\2', para)
    para = para. rstrip()
    return para. split("\n")
句对齐:
sentAlignList = []
for line in combine:
    lineChn = cut_sent(line[0])
    lineEng = nltk. sent_tokenize(line[1])
    if len(lineChn) == len(lineEng):
        combine2 = list(zip(lineChn, lineEng))
        sentAlignList += combine2
        sentAlignList += '\n'
        sentAlignList += '\n'
    elif len(lineChn) < len(lineEng):
        num = len(lineEng) - len(lineChn)
        for n in range(num):
            lineChn. append('\n')
```

```
        combine3 = list(zip(lineChn, lineEng))
        sentAlignList += combine3
        sentAlignList += '\n'
        sentAlignList += '\n'
    elif len(lineChn) > len(lineEng):
        num = len(lineChn) - len(lineEng)
        for n in range(num):
            lineEng.append('\n')
        combine4 = list(zip(lineChn, lineEng))
        sentAlignList += combine4
        sentAlignList += '\n'
        sentAlignList += '\n'
```

【对齐结果】

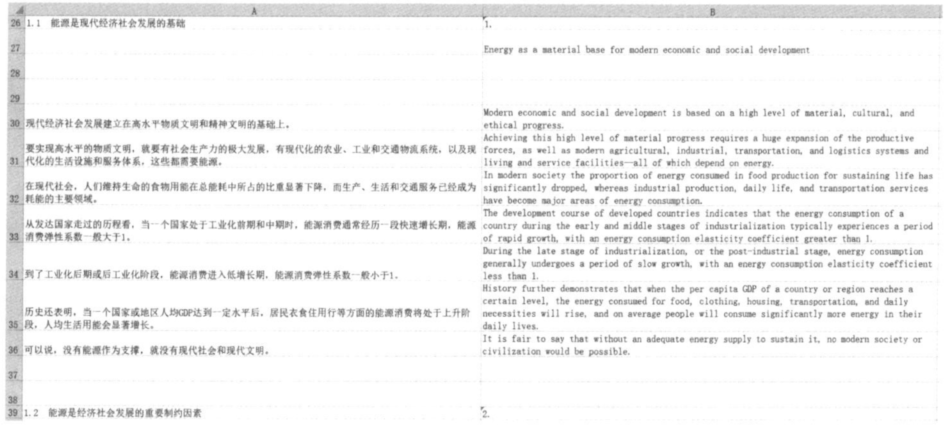

	A	B
26	1.1　能源是现代经济社会发展的基础	1.
27		Energy as a material base for modern economic and social development
28		
29		
30	现代经济社会发展建立在高水平物质文明和精神文明的基础上。	Modern economic and social development is based on a high level of material, cultural, and ethical progress.
31	要实现高水平的物质文明，就要有社会生产力的极大发展，有现代化的农业、工业和交通物流系统，以及现代化的生活设施和服务体系，这些都需要能源。	Achieving this high level of material progress requires a huge expansion of the productive forces, as well as modern agricultural, industrial, transportation, and logistics systems and living and service facilities—all of which depend on energy.
32	在现代社会，人们维持生命的食物用能在总能耗中所占的比重显著下降，而生产、生活和交通服务已经成为耗能的主要领域。	In modern society the proportion of energy consumed in food production for sustaining life has significantly dropped, whereas industrial production, daily life, and transportation services have become major areas of energy consumption.
33	从发达国家走过的历程看，当一个国家处于工业化前期和中期时，能源消费通常经历一段快速增长期，能源消费弹性系数一般大于1。	The development course of developed countries indicates that the energy consumption of a country during the early and middle stages of industrialization typically experiences a period of rapid growth, with an energy consumption elasticity coefficient greater than 1.
34	到了工业化后期或后工业化阶段，能源消费进入低增长期，能源消费弹性系数一般小于1。	During the late stage of industrialization, or the post-industrial stage, energy consumption generally undergoes a period of slow growth, with an energy consumption elasticity coefficient less than 1.
35	历史还表明，当一个国家或地区人均GDP达到一定水平后，居民衣食住用行等方面的能源消费将处于上升阶段，人均生活用能会显著增长。	History further demonstrates that when the per capita GDP of a country or region reaches a certain level, the energy consumed for food, clothing, housing, transportation, and daily necessities will rise, and on average people will consume significantly more energy in their daily lives.
36	可以说，没有能源作为支撑，就没有现代社会和现代文明。	It is fair to say that without an adequate energy supply to sustain it, no modern society or civilization would be possible.
37		
38		
39	1.2　能源是经济社会发展的重要制约因素	2.

【分析与讨论】

由于已实施段落锁定，仅须在段落内实现句对齐。因此，本案例实施句对齐的关键是如何判断相应段落内汉英句子数究竟谁多谁少。解决办法是对于句子数少的一类，添加相应数量的空行，使得从该元组结构得出的句对数左右相同。为了更有效地区分不同的段落，在两个段落之间增设两个空行。所得结果如上述的对齐结果所示，26 行和 27 行因英文分句问题导致英语部分为两行，而中文仅为一行。句对齐操作可在 Excel 表内完成，即把英文的两句合并为一句，注意合并时段落之间的两空行不应删去，这是为确保不影响其他段落对齐而设置的。30 至 36 这一段落的汉英句子数正好相等,因此不必再行句对齐操作。本方法属于自动+人工介入组合一类对齐模式,其对齐效果取决于原文与目的语的翻译关系如何。例如法律条款的对齐相对较为容易,因其翻译对应程度很高。本案例的对齐测试语料为汉译英政治类,其对齐效果亦如此。在手工介入实现完整的句对齐后,操作去重功能可消除空行部分。

本案例的一个最大不足是可能会产生如 26 和 27 这样的对齐现象,这是分句数不同所致。若能解决这一问题,即可实现句对齐的自动化。解决设想如下:使用特殊信息符号用于判断汉英句子数不一致的情形,或者使用有效的汉英词表。借用这一方法,26 和 27 的对齐现象较容易解决。本案例的某两个汉英正文段落句子数不一致的情形是较难解决的对齐问题,即存在一句译成多句或多句译成一句。此时可借助汉英词表,即判断汉英句子内有多少词汇是对等的。除了词表这一对应判断变量之外,使用句长比较也是较为有效的变量工具。

此外,Python + Excel 对齐模式也可克服下述现象的发生,即 ABBYY Aligner 工具对齐结果若不经 Trados 记忆库的清洗可能会产生汉英语言句对错排的现象。

9.2.3 平行文本格式互换

本案例所描述的平行文本格式互换主要是指 tmx 与 xlsx 两种格式之间的互换。自 2019 年 1 月我国开始实施《语料库通用技术规范》起,tmx 格式应该发挥其更大的作用。这一格式不仅已经为计算机辅助翻译和机器翻译所采用,也为学术界的教学科研活动所采纳。因此,能够为不同的格式互换提供更多选项,也是本案例目的之所在。Tmx 是 translation memory exchange 的缩写,称为“翻译记忆库交换”,是一种 xml 格式文档。作为主流的本地化语言之一,其规定了翻译记忆库中文本分段的标准,可用多种语言存储任意格式的双语文本片段。

1) tmx 格式至 xlsx 格式

采用 tmx 格式文档因格式特殊,只能在指定的工具环境下使用,如计算机辅助翻译工具的翻译记忆库。制作 tmx 格式句对的工具相对较多,而将格式从 tmx 转换为其他可能的格式是扩大 tmx 使用范围的有效手段。其中之一就是转换为 xlsx 格式。

【tmx 格式片段】


```
<?xml version="1.0" encoding="UTF-8" standalone="no"?>
<tmx version="1.4">
<header creationtool="ABBYY Aligner" creationtoolversion="1.0" segtype="sentence" o-tmf="ATM" adminlang="en-US" srclang="en-US" datatype="plaintext">
</header>
<body>
<tu>
<tuv xml:lang="en-US"><seg>Berne Convention for the Protection of Literary and Artistic Works
</seg></tuv>
<tuv xml:lang="zh-CN"><seg>伯尔尼保护文学和艺术作品公约
</seg></tuv>
</tu>
<tu>
<tuv xml:lang="en-US"><seg>of September 9, 1886,
</seg></tuv>
<tuv xml:lang="zh-CN"><seg>(1886年9月9日签订)
</seg></tuv>
</tu>
<tu>
<tuv xml:lang="en-US"><seg>completed at PARIS on May 4, 1896, revised at BERLIN on November 13, 1908,
</seg></tuv>
<tuv xml:lang="zh-CN"><seg>1896年5月4日在巴黎补充完备，1908年11月13日在柏林修订，
</seg></tuv>
</tu>
<tu>
<tuv xml:lang="en-US"><seg>completed at BERNE on March 20, 1914, revised at ROME on June 2, 1928,
</seg></tuv>
<tuv xml:lang="zh-CN"><seg>1914年3月20日在伯尔尼补充完备，1928年6月2日在罗马修订，
</seg></tuv>
</tu>
<tu>
<tuv xml:lang="en-US"><seg>at BRUSSELS on June 26, 1948, at STOCKHOLM on July 14, 1967,
</seg></tuv>
<tuv xml:lang="zh-CN"><seg>1948年6月26日在布鲁塞尔修订，1967年7月14日在斯德哥尔摩修订，
</seg></tuv>
</tu>
```


```
提取语言对:
chnList = [ ]
engList = [ ]
for sent in sentList:
    if '<tuv xml: lang="zh-CN">'in sent:
        sent1 = sent. strip( ). replace('<tuv xml: lang="zh-CN">','')
        sent11 = sent1. replace("<seg>", ''). replace("<seg/></tuv>", ""). replace
("</seg></tuv>", '')
        chnList. append(sent11)
    elif '<tuv xml: lang="en-US">'in sent:
```

```
            sent2 = sent. strip( ). replace('<tuv xml: lang="en-US">','')
            sent21 = sent2. replace("<seg>", ''). replace("<seg/></tuv>"," "). replace
("</seg></tuv>", '')
            engList. append( sent21)
combine = list( zip( chnList, engList) )
数据清洗:
pairList0 = [ ]
for pair in combine:
    if len( pair[0]) = = 0 or len( pair[1]) = = 0:
            pairList0. append( pair)
pairList = [ ]
for pair in combine:
    if pair not in pairList0:
            pairList. append( pair)
pairList1 = [ ]
for pair in pairList:
    if len( pair[1]. split( ) ) ! = 1:
            pairList1. append( pair)
pairList2 = [ ]
for pair in pairList1:
    if len( pair[1]. split( ) ) ! = 2 and "Article" not in pair[1]:
            pairList2. append( pair)
```

【分析与讨论】

从上述的 tmx 格式片段可见,该格式内含的每一个翻译单元均以<tu>开始并以</tu>结束。每个翻译单元内含两个存在翻译关系的对应句子,均以<tuv>开始并以</tuv>结束,紧随开始标记的符号 xml: lang="en-US"或 xml: lang="zh-CN"用于区分具体语种。每个语种句子的前后含有<seg>和</seg>,用于表示相应句子的开始和结束。上述有关翻译单元的描述提示,只要识别出这些标记符即可提取出具体语言对。算法的设计考虑了这一点,同时还顾及无效单元的清洗问题,即那些含有零字符或极少量字符或特定字符的单元。

已有的格式转换工具如 TMX Editor 已提供此类从 tmx 格式转换为 xlsx 格式的功能。而开发本案例的目的在于工具所能形成的一个优点——可避免

ABBYY Aligner 导出的 tmx 格式无法直接使用 TMX Editor 的尴尬,或者减少语料库制作流程中的数据转换环节。笔者在之前对外发布的“170214_语料库制作演示步骤. pdf”操作流程中介绍说,达成同样的目的须从 ABBYY Aligner 到“Trados 翻译记忆库”再到 TMX Editor 三款工具的操作步骤,而本案例仅用一个步骤即可完成。

引入本案例的意义: 一是翻译技术工作流在新技术的介入之下可以得到显著优化,达成提高管理效率、改善质量的目的;二是培养技术逻辑思维意识,任何技术都可以优化,关键在于技术的应用必须针对一定的任务目的。

2) xlsx 格式至 tmx 格式

本小节将 xlsx 格式转换为 tmx 格式是上一小节流程的逆向操作,旨在把 Excel 格式双语文本应用于计算机辅助翻译或机器翻译实践。因此,本案例仅仅是为配合上一小节案例而设置。其算法所含关键环节如下:

```
tmxList = [ ]
for pair in pairList:
    headWord = '''<tu>\n<tuv xml: lang="en-US"><seg>'''
    middleWord = '''</seg></tuv>\n<tuv xml: lang="zh-CN"><seg>'''
    endWord = '''</seg></tuv>\n</tu>'''
    wholeWord = headWord + pair[0] + middleWord + pair[1] + endWord
    tmxList. append(wholeWord)
tmxList. insert(0, '</header>\n<body>')
tmxList. append('</body>\n</tmx>')
foreWord = '''<? xml version="1.0" encoding="UTF-8" standalone="no"? >
<tmx version="1.4">
<header creationtool="GUAN Xincaho" creationtoolversion="1.0" segtype="sentence"
datatype="plaintext">'''
tmxList. insert(0, foreWord)
```

【转换结果】

(可参照本 9.2.3 节 1)的 tmx 格式片段)

【分析与讨论】

本案例所设置的算法流程是先逐一制作完成所有的翻译单元格式,然后再添加整个 tmx 文档格式。以英汉语言对为例,第一环节须在英语句子之前添加符号<tu>\n<tuv xml: lang="en-US"><seg>,英汉之间添加符号</seg></tuv>\n<tuv xml: lang="zh-CN"><seg>,在汉语句子之后添加</seg></tuv>\n</tu>。以此可构成一个完整的翻译单元。之后添加文档信息开始和结束符号</header>\n<body>和</body>\n</tmx>以及文档开始时的说明文字。注意生成 tmx 文档时须将列表结构转换为字符串("\n". join(tmxList))。

上述过程所得到的 tmx 文档可直接导入 Trados 的翻译记忆库并用于计算机辅助翻译实践。另须说明,本案例采用的 tmx 格式仅为简洁型的一种。

9.3 新思路工具

9.3.1 平行文本信息提取

从平行文本中提取所需信息,其方法有多种:既可以是字符串直接匹配提取,也可以通过相似性匹配或语义匹配提取。不同的提取方法之间似乎不能直接判定哪一种工具更具优势,简言之,能够适应具体任务的具体要求才能证明相应方法的技术适用性。本节拟以下述三个案例说明双语信息提取的方法多样性,即双语跨语言句对检索、含成语的双语句对提取、含指定结构的双语句对提取。

1) 双语跨语言句对检索

本案例旨在以相似性匹配方式实现双语跨语言检索,即以双语平行语料库为基础,通过相似性匹配源语句子进而检索得出语义相似的目的语句子。实现相似性匹配的模型有多种,如 gensim、sklearn、spacy 等,本案例拟采用 gensim 模型。所用双语平行语料库为 20 部联合国公约,计 8 745 英汉句对。本案例所设计的算法与“6.2.2　新闻话语与中译外”基本相似,两者主要区别在于:一是本案例输入的数据结构为双语句对元组列表结构,而 6.2.2 节仅为单句列表结构;二是本案例输出的结果是中文检索句子,实现以英文检索中文的目的。

```
sentValueList = [ ]
for item in noValueList:
    sent = en_zh[item[0]][1]
    combine = (item[1], sent)
    sentValueList.append(combine)
sentLength = len(sentTest.split())
sentLength2 = sentLength * 1.55
sentValueList2 = [ ]
for line in sentValueList:
    if sentLength2 - 6 < len(line[1]) < sentLength2 + 6:
        if line[0] > 0.2:
            sentValueList2.append(line)
sentValueList2[:10]
```

【检索结果】

```
[(1.0, '5. 执行主任应按照理事会制订的条例任命工作人员。'),
(0.43731236, '1. 理事会应以特别表决任命 1 位执行主任和 1 位缓冲储存经理。'),
(0.2706521, '该报告应按照本组织制订的机密资料处理规章加以处理。'),
(0.23933907, '若理事会未能作出决定,成员应按照执行主任的通知缴付分摊额。'),
(0.23588085, '如果执行理事会如此决定,总干事应立即提供援助。'),
(0.22215675, '每一会员可指派一名或多名代表与秘书长保持联系。'),
(0.21954843, '2. 执行主任和缓冲储存经理的任用条件应由理事会决定。'),
(0.2175645, '总干事应将根据本款采取的行动随时告知执行理事会。'),
(0.2081519, '6. 联合国秘书长应在本协定生效后尽早召开理事会第一届会议。'),
(0.20730674, '财务条例应尽可能依据 GATT1947 的条例和做法。')]
```

【分析与讨论】

本案例采用 gensim 模型实施待测试句子(The Executive Director shall appoint the staff in accordance with regulations established by the Council.)与双语语料库中的英文部分进行句级相似性匹配,并按相似性高低排序,而最后输出的则是双语语料库中所对应的中文句子。如检索结果所示,第一句的相似性为 1.0,表示完全相同,其实这句中文就是待测试句子的中译文。其他所示句子的相似性递减,本案例仅呈现相似性数值大于 0.2 的匹配句子,因其他检索结果的内容已经过于“不相似”。从运用 gensim 模型所积累的经验看,所检索出的英英匹配结果在句级语言结构上颇有令人意想不到的效果,即提供了基于语料库质量的句级语言结构。若英语部分为高水平母语者所撰写,的确可为中译英呈现地道的句子结构。本案例所用的双语平行语料库是联合国公约,其语言质量属于上乘水平。因此对本案例实施反向操作,便可实现较为优质的中译外(对比本书 6.2.2 节结果)。

本案例仅测试了 gensim 一种模型,其可同时适用于中英文两种语言的相似性匹配。其他模型如 sklearn 和 spacy 亦各具优势。以 spacy 为例,设有不同的中英文语言模型(也设有德日法西等语言模型),可借助不同模型分别计算中文和英文的相似性。这是与 gensim 模型的显著区别。

从检索结果看,第二句的相似性大幅度降低,其原因在于本案例的语料库规模过小所致(6.2.2 节曾对语料库规模有所描述)。结合本书 6.2.2 节内容,建议可将单语和双语优质语料库同时应用于解决中译外的语言结构选择问题。

2)含成语的双语句对提取

中译外或外译中文本的成语分布始终是诸多研究的关注焦点。成语是中华文化的瑰宝和精髓,它的出现会使文本的文字表述更能引人入胜,文学文本如此,其他文本可能也是如此。不同的文本体裁,其成语运用情形肯定互有区别。为检测其他文本的成语分布,本案例尝试从 8 745 英汉句对的 20 部联合国公约中提取含有成语的双语句对,以考察法律条款文本翻译中的成语应用。

实施本案例的前提条件是需要一个成语表,通过遍历双语句对并检查其中是否含有成语的方式来提取成语句对。该成语表所能包含的成语越多,其提取效果肯定会越好。本案例的算法并不复杂,仅为简单的遍历操作即可。

```
uIdiom = []
u1 = []
u2 = []
for unit in zh_en:
    for w in text1:
```

```
            if w in str(unit):
                uIdiom.append(w)
                u1.append(unit[0])
                u2.append(unit[1])
combine2 = list(sorted(zip(uIdiom, u1, u2)))
```

【提取结果】

	A	B	C
1	成语	中文	英文
2	不可分割	7.本协议的附件部分构成本协议的不可分割部分。	18.7 The Annexes to this Agreement constitute an integral part thereof.
3	不可分割	本协定的附件是本协定不可分割的组成部分。	The Annexes to this Agreement are an integral part of this Agreement.
4	不可缺少	3.联合国承认电联是在它的专业领域内负责搜集、分析、刊印、统一、改进和分发统计资料	The United Nations recognizes the Union as the central agency responsible for the
5	不可避免	(2) 为本公约不加禁止的目的进行活动时不可避免地附带生产出或曾经附带生产出(a)项(1)	(ii) Any facility in which a chemical specified in subparagraph (a) (i) is or was
6	不可避免	但如该机构认为这种拖欠系由于非常及不可避免之情况，则可允许该国保留行使其表决权。	However, any organ of the Union may allow such a country to continue to exercise
7	人道主义	(b) 至迟于本公约生效后180天，协调建立并维持各缔约国按照第十条第7款(b)和(c)项提供	(b) Not later than 180 days after entry into force of this Convention, coordinate
8	人道主义	1. 按照第9条第1款所规定的缔约国的义务，对于儿童或其父母要求进入或离开一缔约国以	In accordance with the obligation of States Parties under article 9, paragraph 1,
9	人道主义	1. 缔约国应采取适当措施，确保申请难民身份的儿童或按照适用的国际法或国内法及程序	States Parties shall take appropriate measures to ensure that a child who is seek
10	人道主义	1. 缔约国承担尊重并确保尊重在武装冲突中对其适用的国际人道主义法律中有关儿童的规	States Parties undertake to respect and to ensure respect for rules of internatio
11	人道主义	4. 缔约国按照国际人道主义法律规定它们在武装冲突中保护平民人口的义务，应采取一切	In accordance with their obligations under international humanitarian law to prot
12	人道主义	总干事应将请求即时送交已根据第7款(b)和(c)项表示愿意至迟于收到请求后12小时在使用	The Director General shall immediately forward the request to States Parties whic
13	令人满意	1.当收到出口商令人满意的主动承诺修改其价格或停止以倾销价格向该地区出口，从而使当	8.1 Proceedings may be suspended or terminated without the imposition of provisio
14	令人满意	21. 最后报告应载有事实调查结果以及视察组对于旨在使质疑性视察以令人满意的方式进行	The final report shall contain the factual findings as well as an assessment by t
15	令人满意	254.h）审批电联的年度预算和下一年度预算的估算，审批时须顾及全权代表大会所确定的	254 (h) review and approve the annual budget of the Union, and the budget forecas
16	完整无缺	3. 各缔约国均应当根据本国法律的基本原则，采取必要的民事和行政措施，以维持与公共	Each State Party shall take such civil and administrative measures as may be nece
17	尽其所能	1. 除非缔约国无此要求，飞机机长或其代表在飞行期间或在着陆于缔约国领土的第一个机	The pilot in command of an aircraft or the pilot' s agent, in flight or upon land
18	必不可少	2.当一缔约国领土的产品输入到另一缔约国领土时，只要求提供必不可少的原产国证书，应	It would be consistent with paragraph 1 if, on the importation of products from t
19	毫无疑问	但根据作者采用的假名可以毫无疑问地确定作者身份时，该保护期则为第1款所规定的期限。	However, when the pseudonym adopted by the author leaves no doubt as to his ident
20	毫无疑问	即使作者采用的是假名，只要根据作者的假名可以毫无疑问地确定作者的身份，本款也同样	This paragraph shall be applicable even if this name is a pseudonym, where the ps
21	男女平等	（D）培养儿童本着各国人民、族裔、民族和宗教群体以及原为土著居民的人之间谅解、和	(d) The preparation of the child for responsible life in a free society, in the s
22	至关重要	确信腐败已经不再是局部问题，而是一种影响所有社会和经济的跨国现象，因此，开展国际	Convinced that corruption is no longer a local matter but a transnational phenome
23	身心健康	缔约国确认在有关当局为照料、保护或治疗儿童身心健康的目的下受到安置的儿童，有权获	States Parties recognize the right of a child who has been placed by the competen
24	身心健康	缔约国确认大众传播媒介的重要作用，并应确保儿童能够从多种的国家和国际来源获得信息	States Parties recognize the important function performed by the mass media and s

【分析与讨论】

上述提取结果显示，法律文本的英译中其成语运用非常谨慎。8 745 英汉句对仅提取出 23 个成语，去重后只有 12 个。与同等规模文学文本、科普文本等题材的提取结果相比，法律条款文本的成语使用数量相当之少。分析 12 个成语的分布情况，发现法律条款的翻译显示出尽可能少地使用成语这一趋势，可能与具体成语所隐含的语义较为丰富有关。因为语义越是丰富，其歧义性越强，就越可能导致人们对法律条款的实践应用产生误解。实际上，上述 12 个成语在具体语境内基本上都是偏向中立的。

本案例方法并不仅仅适用于提取成语的情形，但凡能将提取对象制作成一长串列表的，无论是何种语言，皆可采用本方法。

3）含指定结构的双语句对提取

本案例与上一小节内容有所相似，均系采用遍历方式提取考察对象。有所区别的是，本案例所针对的是指定结构，即提取包含有该指定结构的所有双语句对。因此,其提取模式会相对丰富一些,如正则表达式方法、字符串直接匹配方法等。其双语提取方式可进一步分为两类,即单语检索双语输出和双语检索双语输出。

```
单语检索双语输出连续结构:
for unit, value in dict(en_zh).items():
    if 'scientific principles'in unit:
        print(unit, '\n', value)
###
for unit, value in dict(en_zh).items():
    if '科学原则'in value:
        print(unit, '\n', value)
单语检索双语输出非连续结构:
for unit, value in dict(en_zh).items():
    if re.findall('科学原则[\u4e00-\u9fa5]{1,}科学证据', value):
        print(unit, '\n', value)
###
text = []
for unit, value in dict(en_zh).items():
    if re.findall('.* it is .* that .*', unit):
        textU = unit + '\t'+ value
        text.append(textU)
双语检索双语输出:
for unit, value in dict(en_zh).items():
    if 'scientific principles'in unit:
        if '科学原则'in value:
            print(unit, '\n', value)
```

【分析与讨论】

本案例算法涵盖了单语和双语检索模式、连续和非连续检索模式以及两种模式的混合方式。但无论模式如何,都是以双语平行语料库为基础的。那么,双语可比语料库是否可以进行双语检索呢?答案是肯定的,但检索过程的复杂程度与双语可比语料库的可比性相关。检索的前提:一是可将语料库分割成以句子为单位的数据结构;二是设置具有可比性的双语检索项。完成检索后,可根据具体的检索结果进行合理的数据清洗,以满足双语对比的需要。

9.3.2　双语文本清洗

文本清洗是数据挖掘过程中必须实施的一个环节,其实施效果如何将直接影响到最终呈现的数据信息的质量以及统计结果是否精准等方面。有效的文本清洗就是精准地去除文本中所包含的无效信息或干扰信息,使整个文本更为整洁,使其准确性和一致性得到全面提升。不同的文本其数据结构可能会有千差万别,与此相对应的文本清洗手段也必定是多种多样。因此,文本清洗之前对文本的数据结构进行分析是确保文本清洗准确到位的必需。本案例拟对汉英双语混杂的文本进行数据清洗,以构成后续语料库分析工具所需要的数据格式。本案例的文本清洗要求: 去除文本内的英文关键词,仅保留中文关键词,并在中文关键词之前添加符号“KW　- ”。原始文本格式如下:

```
TY  - JOUR
AB  - 19 世纪上半期,俄国哲学思想随着民族意识的高涨而勃发,俄国思想镜像中的中国形象普遍是落后而又停滞的。霍米亚科夫首次深入到中国文化精神内部,在《塞米拉米达》中指出,中国属于综合性文化,它把人类世界的库希特原则和伊朗原则的成分融合于自身,具有某种通用性,这是中国稳定性和有能力对抗外部作用的原因。索洛维约夫在《中国与欧洲》中分析了《孟子》《道德经》等中国经典,认为儒家尊古,道家无为,二者都拒绝创造,两种力量交互形成了中国保守主义的本质。另一方面,以父权制为根基的等级制度通过礼仪不断得到巩固和加强,这是国家稳定的根基。这种以父权制为基础的保守主义,是一种与欧洲的"进步"相对立的"秩序"。
AD  - 莫斯科人文大学;河北师范大学;北京大学哲学系-宗教学系;北京大学外国哲学研究所;
AU  - B·谢尔比年科
AU  - 郭小丽
AU  - 徐凤林
CN  - 31-1843/D
DP  - Cnki
IS  - 06
KW  - 俄国哲学
中国形象
伊朗原则
库希特原则
```

```
父权制
Russian Philosophy,China's Image,Iran Principle,Cushitic Principle,Patriarchy
LA  - 中文;
PY  - 2013
SN  - 1009-721X
SP  - 111-129
ST  - 19 世纪俄国哲学中的中国形象?
T2  - 俄罗斯研究
TI  - 19 世纪俄国哲学中的中国形象?
ID  - 2654
ER  -
```

算法设计如下:

```
textList = textFile.readlines()
pattern = 'KW  - '
for x in textList:
    if x >= '\u4e00'and x <= '\u9fa5':
        n = textList.index(x)
        textList.remove(x)
        textList.insert(n, pattern + x)
signalList = ['TY','AB','AD','AU','CN','DP','IS','KW','LA','PY','SN','SP',
              'ST','T2','TI','ID','ER','\n']
textList2 = []
for line in textList:
    for signal in signalList:
        if line.startswith(signal):
            textList2.append(line)
textJoin = "".join(textList2)
```

【清洗结果】

```
TY  - JOUR
AB  - 19 世纪上半期,俄国哲学思想随着民族意识的高涨而勃发,俄国思想镜像中
的中国形象普遍是落后而又停滞的。霍米亚科夫首次深入到中国文化精神内部,在
《塞米拉米达》中指出,中国属于综合性文化,它把人类世界的库希特原则和伊
```

```
朗原则的成分融合于自身,具有某种通用性,这是中国稳定性和有能力对抗外部作
用的原因。索洛维约夫在《中国与欧洲》中分析了《孟子》《道德经》等中国经典,认
为儒家尊古,道家无为,二者都拒绝创造,两种力量交互形成了中国保守主义的本
质。另一方面,以父权制为根基的等级制度通过礼仪不断得到巩固和加强,这是国
家稳定的根基。这种以父权制为基础的保守主义,是一种与欧洲的"进步"相对立的
"秩序"。
AD  - 莫斯科人文大学;河北师范大学;北京大学哲学系-宗教学系;北京大学外国
哲学研究所;
AU  - B·谢尔比年科
AU  - 郭小丽
AU  - 徐凤林
CN  - 31-1843/D
DP  - Cnki
IS  - 06
KW  - 俄国哲学
KW  - 中国形象
KW  - 伊朗原则
KW  - 库希特原则
KW  - 父权制
LA  - 中文;
PY  - 2013
SN  - 1009-721X
SP  - 111-129
ST  - 19 世纪俄国哲学中的中国形象?
T2  - 俄罗斯研究
TI  - 19 世纪俄国哲学中的中国形象?
ID  - 2654
ER  -
```

【分析与讨论】

上述呈现的仅为待清洗 txt 文本内含的一个代表性单元,每个单元之间隔有一空行。查看数据结构,发现单元内的每一个段落之前除了部分中文关键词和所有英文关键词外均有一个标记符,且各不相同。只有第一个中文关键词标记有 KW,其他的中文关键词均无此标记。根据清洗要求,须在每个中文关键词之前添加标记符 KW 并删除英文关键词。进一步查看其他数据结构,发现段落的数据构成规律: 一是中文与字母单词或数字混排;二是有的段落仅

为字母和数字。据此分析,可采用条件 x >= '\u4e00'and x <= '\u9fa5'识别仅为中文的关键词段落。识别后即可添加 KW 标记符。

设想采用条件(x >= '\u0041'and x <= '\u005a') or (x >= '\u0061'and x<= '\u007a')判断是否仅由字母构成,可能存在其他问题,如英语单词之间可能会存在标点符号等,不如纯中文关键词来得简洁明了。故未采用后者条件识别英文关键词。于是为所有的标记符构建一个列表,因为英语关键词段落不含有标记符;同时,将段落换行符“\n”也列入其中,因为这是空行内表示空行的唯一标记符。

本案例的一个特点是采用编码识别中文和英文。用于区分中英文数字的编码如下:

- 中文编码\u4e00-\u9fa5;
- 大写英文字母编码\u0041-\u005a 和大写英文字母编码\u0061-\u007a;
- 数字编码\u0030-\u0039。

本案例完全实现了初始要求,但这仅代表一种清洗方法。不同的文本清洗方法各异,关键是分析发现文本的数据结构规律。

9.3.3 原文与译文的相似性对比

本案例旨在探析 spacy 模型的双语可比性及其与翻译相关的可应用性。所用语料源自某大学英语教材的一篇题为“How to Cultivate EQ”的课文及其参考译文,双语对齐后共计获得 41 个句子(本案例不包含本书 8.2.3 节语料的机器译文部分)。所采用的 spacy 模型可提供多种语言选项,如英语、中文、德语、法语、日语、西班牙语等,本案例仅选用其中的英语和中文语言模型。每种语言模型一般会设置大中小和 trf 四种,分别用 sm、md、lg 和 trf 表示,如 en_core_web_sm 是一个经网络文本(博客、新闻、评论)预训练而成的小型 spacy 英语言模型。本案例将尝试如下两种对比方法,以检验其适用性与合理性。

1) 句级两两相似性对比

本阶段采用设置相类似的两种语言模型(en_core_web_lg 和 zh_core_web_

lg)就 41 个句子展开两两相似性对比。

```
enl1 = [ ]
enl2 = [ ]
enl3 = [ ]
for enline1 in enList:
    ensent1 = nlp(enline1)
    for enline2 in enList:
        ensent2 = nlp(enline2)
        if enline1 ! = enline2:
            enl1. append(enline1)
            enl2. append(enline2)
            enl3. append(ensent1. similarity(ensent2))
enpair_list = zip(enl3, enl1, enl2)
ensorted_data = sorted(enpair_list, key = lambda result: result[0], reverse = True)
endataList = [ ]
for n in range(0, len(ensorted_data), 2):
    endataList. append(ensorted_data[n])
```

【对比结果】

(1)(0.9635095685823729, "As Daniel Goleman suggests in his new book, Emotional Intelligence, the latest scientific findings seem to indicate that intelligent but inflexible people don't have the right stuff in an age when the adaptive ability is the key to survival.", 'In a recent cover story, Time magazine sorted through the current thinking on intelligence and reported, "New brain research suggests that emotions, not IQ, may be the true measure of human intelligence."'), (3)(0.9552080869411138, 'He says it is impossible for any two people to see the world exactly alike.',	(5)(0.9356433717698902, '每当发生重要事情时,要尽可能从多方面去看问题,甚至作异乎寻常的理解,然后照着最有利于自己理想的那种理解去做。', '下次如果有人对某件事与你有不同的看法,比如对某个有争议的政治事件,停下来想想这其实是生活阅历使然,应把它看作一种感知能力的馈赠。'), (8)(0.9319770816523966, '正如丹尼尔·戈尔曼在他的新书《情感智能》中所说,最新的科研结果似乎表明,在一个适应能力对生存很关键的年代,聪明但缺乏灵活性的人并不具备这种能力。',

'So unique is the personal experience that people would understand the world differently.'), (4)(0.9549808723823342, 'Every time something important happens, assign as many interpretations to it as possible, even crazy ones. Then go with the interpretation most supportive of your dreams.', 'The next time someone interprets something differently from you — say, a controversial political event — pause to reflect on the role of life experience and consider it a gift of perception.'),	'《时代周刊》最近的封面故事列举了目前关于智能的一些看法,报道说:"新的人脑研究表明,衡量人的智能的真正尺度可能是情感,而不是智商。"'), (9)(0.9311123416982701, '他说任何两个人都不可能对外界有完全一样的看法。', '个人的体验都是独一无二的,因此人们对外界的理解都不相同。'),

两两对比结果显示,前十相似性数值中只有三组内容完全一致(仅占30%),但其排序差异性仍较大,几乎无法根据相似性数值大小进行英汉对比。其余七组内容有部分是组内单个句子相同,或者就是两个句子完全不同。鉴于此,句级两两相似性对比方法似乎无法助力获取较为可靠的双语对比信息。而且本案例仅采用含有 41 句单位的语篇,其对比结果已经如此。因此,可以说本方法并不十分适合这一体裁文本的双语对比。

2)以平均句长为标杆的相似性分布

本案例所用英文文本仅为 741 个单词,无法采用信息贡献度方法计算其词汇关键性,也就无法经计算得出最大句子关键性。因此采用平均句长作为标准,用于选择合适的句子作为相似性分布的标杆。文本的平均句长为 18,共有如下三句:

```
[('And application takes judgment, which involves something of a sixth sense — a high performance of the mind.',
'而知识的应用需要判断力,判断力涉及某种第六感觉——思维的高度运用。'),
('Learning to incorporate the useful perspectives of others is nothing less than a form of enlarging your senses.',
'学会吸纳他人有用的观点是一种扩大自己见识的方式。'),
```

```
("Keep at it, however, because they are based on what we're learning about the mechanism of the mind.",
'然而要坚持下去,因为它们是以对思维机制的认识为基础的。')]
```

考虑到英文句子的主谓宾结构完整性,选择第二句作为相似性对比的标杆。中文部分也以对应的第二句作为对比标杆。具体计算过程如下:

```
enSimValue = []
enSentList = []
enSample = '''Learning to incorporate the useful perspectives of others is nothing less than a form of enlarging your senses.'''
enSample1 = nlp(enSample)
for line in enList:
    sentN = nlp(line)
    enSimValue.append(enSample1.similarity(sentN))
    enSentList.append(line)
enPair_list = zip(enSimValue, enSentList)
enSorted_data = sorted(enPair_list, key = lambda result: result[0], reverse = True)
```

【提取结果】

[(1.0, (1)'Learning to incorporate the useful perspectives of others is nothing less than a form of enlarging your senses.'), (0.9380794563501172, (2)'But the latest research seems to imply that without the software of emotional maturity and self-knowledge, the hardware of academic training alone is worth less and less.'), (0.9357804772374314, (3)'Raise your consciousness by catching yourself in the act of thinking as often as possible.'), (0.9270751824406781,	[(1.0,(1)'学会吸纳他人有用的观点是一种扩大自己见识的方式。'), (0.893987487736798,(6)'习惯的力量——确切说就是头脑里已建立的思维方式——会妨碍你操练这些技能。'), (0.8925203421191313,(7)'个人的体验都是独一无二的,因此人们对外界的理解都不相同。'), (0.8893721620892365, (4)'下次如果有人对某件事与你有不同的看法,比如对某个有争议的政治事件,停下来想想这其实是生活阅历使然,应把它看作一种感知能力的馈赠。'),

(4)'The next time someone interprets something differently from you — say, a controversial political event — pause to reflect on the role of life experience and consider it a gift of perception.'), (0.9259829473340012, (5)'Every time something important happens, assign as many interpretations to it as possible, even crazy ones. Then go with the interpretation most supportive of your dreams.'), (0.924936040357949, (6)'The force of habit — literally the established wiring of your brain — will pull you away from practicing these skills.'), (0.9211388146796933, (7)'So unique is the personal experience that people would understand the world differently.'), (0.9208789520869877, (8)"As Daniel Goleman suggests in his new book, Emotional Intelligence, the latest scientific findings seem to indicate that intelligent but inflexible people don't have the right stuff in an age when the adaptive ability is the key to survival."), (0.9201109769494763, (9)'And application takes judgment, which involves something of a sixth sense — a high performance of the mind.'), (0.9175329551553266, (10)'If the evolutionary pressures of the marketplace are making EQ, not IQ, the hot ticket for business success, it seems likely that individuals will want to know how to cultivate it.')]	(0.8666385879915244,(2)'但最新的研究似乎表明,缺乏情感成熟和自我了解这一软件单靠纯学术性的培训这一硬件是没有用的。'), (0.861494691966293,'要习惯性地注意自己的情感,问问自己是在面对还是在逃避事实。'), (0.8597717982952573, (8)'正如丹尼尔·戈尔曼在他的新书《情感智能》中所说,最新的科研结果似乎表明,在一个适应能力对生存很关键的年代,聪明但缺乏灵活性的人并不具备这种能力。'), (0.8543901180877337,'员工对公司最有价值的贡献是什么,是知识还是判断力?我说是判断力。'), (0.854084541858415,(3)'尽可能多地注意思考时的自己,以此来提高意识程度。'), (0.853163797564004, '《时代周刊》称之为"情商"的情感智能的根本意义可从企业管理专家卡伦·波尔斯顿的话中窥见一斑:"顾客对企业说'我可不在乎是否你的每个员工都毕业于哈佛,我只愿意与能理解我、尊重我的企业打交道。'"')]

英汉对比结果显示,两者有七个句子(70%)处在前十范围之内,表明平均

句长标杆方法的可行性明显高于两两对比方法,提供了更多可供对比的数据信息。检索结果显示,前十的最大句长为第八句,计39,约为平均句长的两倍。所选平均句长的对应中文字数为24,但相似性排序第十的句子字数为94,为平均句长的3.92倍。英文的最小相似性匹配句长为13(第七句),所对应的中文句子字数为28且出现在前十范围之内(前十句子的最少字数为24)。从最大和最小句长对比效果看,句长参数似乎应该有所限制,即应该选择句长相同或相似的句子作为对比其效果可能会更好,因为英文和中文的最大句长句子之间并不存在翻译关系,而相似句长的翻译关系更容易出现。

上述分析表明,本小节的对比方法似乎更为有效。但也有其不足之处:一是词数过少不足以支撑更为有效的句子选择方法;二是平均句长方法的代表性仍然存疑,因其不是语义层面上的对比,而本案例所采用的相似性方法已经是语义层面的词向量方法;三是分析句子仅选择前十范围。但在本案例对比过程中发现句子关键性这一概念(相对于信息贡献度的"词汇关键性"概念而言),笔者将另文案例处理。

参考文献

[1] 胡加圣,管新潮. 2020. 文学翻译中的语义迁移研究:以基于信息贡献度的主题词提取方法为例[J]. 外语电化教学(2):28-34.

[2] 黄慧,陈翠翠,丁松. 2021. 国内近十年外语教育研究中的技术工具使用情况分析[J]. 外语电化教学(4):73-79+11.

[3] 秦洪武. 2021. 数字人文中的文学话语研究:理论和方法[J]. 中国外语(3):98-105.

[4] 秦洪武,李婵,王玉. 2014. 基于语料库的汉语翻译语言研究十年回顾[J]. 解放军外国语学院学报(1):64-71.

[5] 许家金. 2019. 美国语料库语言学百年[J]. 外语研究(4):1-6.

[6] 许家金. 2020. 多因素语境共选:语料库语言学新进展[J]. 外语与外语教学(3):1-10+21.

附录　汉英术语对照表

阿尔茨海默病	Alzheimer's disease
版权法	copyright act
被动句	passive sentence
标准化可读性	standardized readability
抽象性	abstractness
初似对应词	prima facie corresponding lexical item
垂直领域	vertical field
词汇独特性	lexical originality
词汇多样性	lexical diversity
词汇复杂性	lexical complexity
词汇共现	lexical co-occurrence
词汇关系	lexical relation
词汇具体性	lexical concreteness
词汇密度	lexical density
词汇难度	lexical difficulty
词汇语义对	lexical semantic pair
词向量模型	word vector model
词形还原	lemmatization
词语搭配	collocation
词长	word length
词长平均数	average word length
错误分析法	error analysis
错误扣分法	error-penalization, point-deduction
错误类型	error type
错误-量表转换法	error-to-scale transformation
搭配库	collocation base
单一变量	single variable
单因素方差	one-way variance
低想象力动词	low-imageability verb

动态对等	dynamic equivalence
独特词	unique words
短语单位	phrasal unit
对比短语学	contrastive phraseology
对等关系	equivalent relation
多变量	multi-variable
多词意义单位	multi-word unit of meaning
多连词	N-gram
多因素分析	multifactorial analysis
多因素语境共选	multifactorial contextual co-selection
多元线性回归	multiple linear regression
二元线性回归	binary linear regression
翻译对等	translation equivalence
翻译共性	translation universal
翻译共选	translation co-selection
翻译关系	translation relation
翻译规范	translational norms
翻译知识库	translation knowledge base
翻译质量	translation quality
翻译质量评估	translation quality assessment
范化	normalization
非定指名词	non-specific noun
非对称性	asymmetry
非连续结构	discontinuous structure
风格对等	style equivalence
风格特征	style characteristics
风险事件	risk event
负面情感	negative sentiment
复杂词汇	complicated vocabulary
复杂结构	complex construction
概率	probability
概率分布	probability distribution
概率性多因素语境	probabilistically-motivated multifactorial context
概念层次网络	hierarchical network of concepts
概念库	conceptual base
概念密度	concept density
概念意义	conceptual meaning
功能对等	functional equivalence
共现分析	co-occurrence analysis
共现频率	co-occurrence frequency

共性知识	universal knowledge
共选关系	co-selection relation
共选理论	co-selection theory
关联词	associated word
规则库	rule base
国际传播	international communication
国际关系	international relations
国家态度	national attitude
国家形象	national image
罕用词	rare word
汉语分词	Chinese word segmentation
汉字类符数	number of different Chinese characters
汉字总数	number of Chinese characters
核心词	core word
互信息	mutual information
互信息共现	co-occurrence of mutual information
互信息值	MI value
话题链	topic chain
话语分析	discourse analysis
话语体系	discourse system
话语填充词	filler words
混合评分法	mixed-methods scoring
机器翻译	machine translation
机器学习	machine learning
基于二分项的校准法	calibration of dichotomous items
基于评分点的评估	item-based assessment
基于语料库的评估	corpus-based evaluation
极差	graduation
极强相关	very strongly correlated
计量语言学	quantitative linguistics
计算机辅助翻译	computer-aided translation
计算语言学	computational linguistics
检索信息	information retrieval
简化	simplification
介入	engagement
局部语法	local grammar
句法共性	syntax universal
句法树	syntax tree
句长	sentence length
句长分布	sentence length distribution

句长跨度	span of sentence length
句长平均数	average sentence length
句子相似性	sentence similarity
具体性	concreteness
绝对频率	absolute frequency
卡方检验	chi-square test
可读性	readability
可读性等级	readability level
可读性公式	readability formula
跨语言情感分类	cross-lingual sentiment classification
类符形比	type-token ratio
类联接	colligation
连续结构	continuous structure
量表评分法	rubrics-referenced，scale-based scoring
论辩图式	argument schema
拟合可视化	fitting visualization
拟合优度	goodness of fit
欧化翻译	europeanized translation
配对比较评估	comparative judgement
平均句长	average sentence length
平均音节数	average number of syllables
评价等效	appraisal equivalence
评价理论	appraisal theory
普遍语法	universal grammar
浅层句法特征	shallow syntactic feature
轻度译后编辑	light post-editing
情感传递	emotional conveyance
情感词汇本体	sentiment lexicon ontology
情感词汇密度	density of emotional words
情感分类	sentiment classification
情感分析	sentiment analysis
情感极性	sentiment polarity
情感倾向	sentiment preference
情感资源	emotional resource
弱相关	weakly correlated
筛选条件	screening condition
社会价值	social value
深层句法特征	deep syntactic feature
实例库	example base
实体	entity

实体关系	entity relation
实义词	content words
市场接受度	market acceptance
市场营销	marketing
视听媒介文本	audio-medial text
术语对等	terminological equivalence
术语知识	terminological knowledge
术语知识库	terminological knowledge base
数据结构	data structure
数据清洗	data cleaning
数据挖掘	data mining
数值对比法	numerical comparison
双语情感词表	bilingual sentiment lexicon
态度	attitude
停用词	stop word
统计学检验	statistic test
统计学显著性	statistically significant
维多分析法	multidimensional analysis
文本可读性	text readability
文本情感	text sentiment
文本体裁	text genre
文化过滤	cultural filter
文献计量学	bibliometrics
无标签中文评论	unlabeled Chinese review
习得年龄	acquisition age
显化	explicitation
显性翻译	overt translation
显性知识	explicit knowledge
显著性	significance
显著性共现	significant co-occurrence
线性回归模型	linear regression model
相关性检验	correlation test
相互对应率	mutual correspondence
相似性检验	similarity test
想象力实词	imageability content word
协同效应	synergy
新冠疫情	coronavirus pandemic
新闻当事人	news actor
新闻话语	news discourse
信息贡献度	informativeness

信息可视化	information visualization
行文连贯性	textual coherence
形合	hypotaxis
形象构建	image construction
吁请功能文本	appeal-focused
虚词密度	density of function words
虚假评论	fake review
学习者满意度	learners' satisfaction
一元线性回归	unary linear regression
依存关系	dependency relation
依存句法	dependence grammar
依存距离	dependency distance
依存树库	dependency treebank
译后编辑	post-editing
译文可读性	translation readability
译文匹配	translation match
译文适用性	translation applicability
译文校订	translation revision
译者风格	translator's style
意合	parataxis
意义对等	meaning equivalence
隐化	implicitation
隐性翻译	covert translation
隐喻表达	metaphorical expression
印象评分法	intuitive assessment
硬新闻	hard news
有标签英文评论	labeled English review
有限多样性	limited diversity
余弦相似性	cosine similarity
舆情	public opinion
语场	field
语际对比	interlingual comparison
语块	chunk
语料库翻译	corpus-based translation
语料库翻译学	corpus-based translation studies
语料库规模	corpus size
语料库文体学	corpus stylistics
语料库语言学	corpus linguistics
语内对比	intralingual comparison
语式	mode

语言服务	language service
语言概念	language concept
语言共性	language universal
语言计量特征	linguistic quantitative characteristics
语言结构	language structure
语言结构识别	language structure recognition
语言模式	language pattern
语言特征	language feature
语言形式	linguistic form
语言智能	language intelligence
语义表征	semantic representation
语义场	semantic field
语义抽象性	semantic abstractness
语义独特性	semantic originality
语义对等	semantic equivalence
语义覆盖面	semantic coverage
语义共性	semantic universal
语义关系	semantic relation
语义技术工具	semantic tools
语义偏好	semantic preference
语义迁移	semantic transfer
语义趋向	semantic preference
语义特征	semantic feature
语义透明度	semantic transparency
语义推理	semantic reasoning
语义网络	semantic network
语义相似性	semantic similarity
语义韵	semantic prosody
语义知识库	semantic knowledge base
语音共性	phonological universal
语旨	tenor
预选项评估法	pre-selected item evaluation
预训练词向量	pre-trained word vector
源语透射效应	shining-through effect of source language
阅读速度	reading speed
正面情感	positive sentiment
正则表达式	regular expression
政治等效	political equivalence
政治立场	political stand
政治倾向	political preference

支持向量机	support vector machine
知识表达	knowledge representation
知识共享	knowledge sharing
知识化翻译	knowledge-based translation
知识库	knowledge base
知识图谱	knowledge graph
中度译后编辑	medium post-editing
重度译后编辑	full post-editing
重内容文本	content-focused text
重形式文本	form-focused text
主成分分析	principal component analysis
主题建模	topic modelling
著作权法	copyright act
专业审读	professional review
专业通用词	general words for specific purposes
转述动词	reporting verb
子词特征	sub-word characteristics
字符熵	character entropy